陕西师范大学"中央高校基本科研业务费专项资金资助"成果

（Supported by the Fundamental Research Funds for the Central Universities）

（13SZYB17）

刘少奇外交思想与实践研究

（1949—1966）

LIUSHAOQI WAIJIAO SIXIANG YU

SHIJIAN YANJIU（1949-1966）

肖娴 著

中国社会科学出版社

图书在版编目 (CIP) 数据

刘少奇外交思想与实践研究（1949—1966）/ 肖娴著 . —北京：中国社会科学出版社，2013.12

ISBN 978 - 7 - 5161 - 3483 - 2

Ⅰ.①刘…　Ⅱ.①肖…　Ⅲ.①刘少奇（1898—1969）– 外交理论 – 思想评论　Ⅳ.①D820

中国版本图书馆 CIP 数据核字（2013）第 252008 号

出　版　人	赵剑英	
责任编辑	宫京蕾	
责任校对	周　昊	
责任印制	李　建	

出　　　版　**中国社会科学出版社**
社　　　址　北京鼓楼西大街甲 158 号（邮编 100720）
网　　　址　http：//www.csspw.cn
　　　　　　中文域名：中国社科网　　　010 - 64070619
发 行 部　010 - 84083685
门 市 部　010 - 84029450
经　　　销　新华书店及其他书店

印刷装订　北京市兴怀印刷厂
版　　　次　2013 年 12 月第 1 版
印　　　次　2013 年 12 月第 1 次印刷

开　　　本　710×1000　1/16
印　　　张　14.5
插　　　页　2
字　　　数　221 千字
定　　　价　45.00 元

目　录

绪　　论

刘少奇是杰出的马克思主义理论家和政治家，是中国共产党和新中国各项事业的卓越领导人，但由于"文化大革命"中刘少奇所蒙受的冤屈，理论界对刘少奇思想和实践的研究起步比较晚。而且由于种种原因，关于新中国成立后刘少奇的外交思想和实践一直没有引起人们充分的重视和研究。事实上，刘少奇在新中国外交舞台上发挥了独特和重要的历史作用，刘少奇的外交思想和实践是中国共产党外交理论和实践的重要组成部分，也是中国特色社会主义理论体系的重要内容。全面深入研究 1949—1966 年刘少奇的外交思想和实践，对于深化刘少奇思想、中国共产党外交思想史的研究以及推动当代中国特色社会主义建设事业的发展有重要的理论、历史和现实意义。

第一节　研究背景与意义

一、研究背景

1980 年 2 月 29 日，中国共产党十一届五中全会通过了《关于为刘少奇同志平反的决议》，"决议"指出："刘少奇同志是伟大的马克思主义者，是为共产主义奋斗终生的无产阶级革命家。几十年来，他作为党和国家卓越的主要领导人之一，对我党的建设，对我国民主革命、社会主义革命与社会主义建设，都有不可磨灭的功绩。"① 这既还原了刘少

---

① 《三中全会以来重要文献选编》上，人民出版社 1982 年版，第 383 页。

奇本来的历史面貌，同时也为从各个方面推动刘少奇思想和实践研究的起步、深化和发展奠定了政治基础。

从 1980 年以来至今的 30 多年中，关于刘少奇思想和实践的研究不断发展，特别是在刘少奇的党建思想、刘少奇与马克思主义中国化以及刘少奇对社会主义建设的理论和实践探索等方面，研究文献不断丰富、研究成果不断厚实、研究影响也不断扩大。不过，与其他方面的研究相比，对刘少奇外交思想和实践的研究总体上比较薄弱。从对刘少奇研究的学术史来看，1998 年是一个非常重要的转折点。1998 年后，在刘少奇研究整体水平不断提升的背景下，刘少奇在外交方面的思想和实践问题开始进入人们的研究视野，学术界关于刘少奇外交思想和实践的研究成果也开始多了起来，构成了最近十多年来刘少奇研究、中共党史研究以及新中国外交史研究领域中的重要问题。1998 年后，关于刘少奇的外交思想和实践的研究能够不断发展，主要是下面三个因素推动的结果：

第一，党的领导人为刘少奇外交思想和实践的研究指明了方向。1998 年 11 月，江泽民在刘少奇诞辰 100 周年的讲话中在高度评价刘少奇的历史地位时指出："刘少奇同志为中国人民的解放和新中国的建设，在政治、经济、军事、外交、文化教育和党的建设等领域，都建树了卓著的功勋。"[①] 这是在党的重要理论文献中第一次把外交与其他方面的工作并列起来，作为刘少奇对新中国发展的突出贡献之一。江泽民的这一讲话在刘少奇思想研究史上有重要的政治和理论意义，是对党的十一届五中全会关于刘少奇历史和政治地位认识的继承和新的发展。2008 年 11 月，胡锦涛在纪念刘少奇同志诞辰 110 周年座谈会上的讲话中高度评价刘少奇对新中国建立的历史贡献和历史功绩时，进一步具体地指出："新中国成立前夕，他（指刘少奇——引者注）率领中共代表团访问苏联，为建立新中国争取了有力的政治支持和经济援助。"[②] 虽然江泽民和胡锦涛的这两个讲话在评价刘少奇外交思想和实践的具体着眼点

[①]　江泽民：《在刘少奇同志诞辰一百周年纪念大会上的讲话》，《人民日报》1998 年 11 月 20 日。

[②]　胡锦涛：《在纪念刘少奇同志诞辰 110 周年座谈会上的讲话》，《人民日报》2008 年 11 月 12 日。

不同，但二者都积极肯定了刘少奇对新中国外交的重大贡献，这就为理论界深入开展关于刘少奇外交思想和实践的研究指明了方向。

第二，关于刘少奇研究的文献材料不断挖掘、充实与丰富。1998年之前，关于刘少奇的研究资料和文献主要是两卷本的《刘少奇选集》、《刘少奇年谱》、一些关于刘少奇研究的专题资料和文集①以及老一代人的有关回忆资料和口述文献。1998年刘少奇诞辰100周年后，关于刘少奇的研究资料和文献进一步丰富，逐步趋向齐整和完善。特别重要的是，1998年后由中央文献研究室编辑、中央文献出版社出版了《刘少奇传》以及《建国以来刘少奇文稿》（1—7卷）。另外，随着中共党史、新中国史研究的其他方面的文献资料的更加丰富，以及中国外交部档案馆相关档案资料文献的公开，这些都为在现有研究成果的基础上，从各个方面进一步推进关于刘少奇思想的研究提供了基础，也为加强和深化刘少奇与新中国外交问题的研究提供了相应的较好的文献基础。

第三，当代中国特色社会主义事业发展的现实需要。20世纪90年代后，世界经济全球化和政治多极化的发展趋势越来越鲜明，"求和平、谋发展、促合作已经成为不可阻挡的时代潮流"。②在这一时代背景下，中国共产党要继续推动中国特色社会主义事业的新发展，必须要不懈地为当代中国的发展创造一个持久稳定、和平的国际环境，必须要"继续高举和平、发展、合作、共赢的旗帜，坚定不移致力于维护世界和平、促进共同发展"。③为此，执政的中国共产党必须要准确判断世界政治的发展和时代方位。从这个意义上说，深入研究包括刘少奇在内的老一辈无产阶级革命家在长期观察和研究国际政治过程中所形成的世界眼光以及在长期领导和开拓新中国外交事业过程中留下的宝贵思想财富，是当代中国特色社会主义深入发展，尤其是在新的时代条件下统筹国际发

---

① 主要是1987年中国财政经济出版社出版的《刘少奇论合作社经济》、中央文献出版社分别在1991年和1993年出版的《刘少奇论党的建设》和《刘少奇论新中国经济建设》三本专题文集。

② 胡锦涛：《高举中国特色社会主义伟大旗帜　为夺取全面建设小康社会新胜利而奋斗》，人民出版社2007年版，第46页。

③ 胡锦涛：《坚定不移沿着中国特色社会主义道路前进　为全面建成小康社会而奋斗》，《人民日报》2012年11月18日。

展和国内发展对党的历史和理论研究提出的迫切的现实需要。

二、研究意义

本书着眼于 1949—1966 年新中国历史发展过程所处的国际政治环境的变化以及对外交往中的重大问题，通过梳理文献资料和借鉴现有的研究成果，力图全面系统地研究从 1949—1966 年期间，刘少奇对新中国外交方面重大活动的决策、参与以及刘少奇的外交思想，以此来推动刘少奇研究、新中国外交史以及中国特色社会主义理论史研究的深入。这一研究具有较为重要的理论和现实意义。

第一，这一研究有利于拓展刘少奇研究的新领域和新视角，从而推动刘少奇研究的深化。20 世纪 80 年代以来，特别是 20 世纪 90 年代以来，关于刘少奇的理论研究取得了长足的发展，形成了许多重要的学术成果。但总的来说，正如著名的刘少奇研究专家黄峥所说的，"目前对刘少奇的研究、宣传，同党中央的要求、人民的期望、社会的需要相比，还有很大的差距。"① 这种差距既包含研究的深度，也包含研究的广度。因此，系统全面地研究新中国成立后刘少奇的外交思想和实践，对于深化关于刘少奇研究的深度，拓展关于刘少奇研究的广度具有重要的学术意义。

第二，这一研究能够深化对中国共产党外交思想和实践以及新中国外交史的研究。目前，关于新中国外交史的研究，主要以毛泽东、周恩来的外交思想和实践为主，关于刘少奇在新中国外交史上的地位，目前的研究中很少有人涉及。事实上，刘少奇作为中国共产党和新中国的主要领导人之一，参与、指导了新中国许多重大的外交活动，为巩固新中国的国家安全和保障中国社会主义建设事业的国际和平环境作出了重大的贡献。因此，加强对刘少奇外交思想和实践的研究，对于推进中国共产党外交思想和实践以及新中国外交史研究的深入具有重要理论意义。

第三，通过对刘少奇外交思想和实践的系统研究，能够深入总结中国共产党领导中国外交事业的基本经验以及老一辈马克思主义者和无产阶级革命家外交思想的基本特点，从而为中国特色社会主义事业的时代

---

① 黄峥：《刘少奇研究》，中央文献出版社 2008 年版，第 330 页。

发展提供有益的借鉴。当前中国外交的路线是新中国成立以来我国外交的发展和继承。在长期的新中国历史中，我党在外交理论改革方面，积累了丰富的经验，也有着深刻的教训，深入挖掘刘少奇的外交思想和实践，对于中国特色社会主义事业的时代发展具有重大意义。此外，在社会层面上说，由于"群众对刘少奇这个人物，很想了解。这是一种社会需要，是一个市场。"① 从群众的这种需求来说，深入研究刘少奇外交思想和实践，对于社会主义精神文明建设、社会主义核心价值体系的建设和传播以及中国特色社会主义和平外交事业的深入发展具有重要的现实意义。

第二节　国内外刘少奇外交思想研究现状评述

20 世纪 80 年代以来至今，国内理论界关于刘少奇的研究取得了许多重要的成果，但关于刘少奇外交思想和实践的研究，总体上非常薄弱②。近十多年来，随着有关刘少奇的文献资料以及相关档案资料的结集出版，刘少奇研究的领域和视角不断深化，关于刘少奇的外交思想和实践也逐渐引起人们越来越多的理论重视和学术上的兴趣。从现有的研究成果来看，关于刘少奇外交思想和实践的研究，主要体现在以下几个方面。

一、关于刘少奇外交活动和思想的整体研究

在这方面，中央文献出版社 1998 年出版的《刘少奇传》作出了开

---

① 黄峥：《刘少奇研究》，中央文献出版社 2008 年版，第 330 页。

② 比如陈君联《刘少奇的思想理论研究》（1988 年版），中央文献研究室编《缅怀刘少奇》（1988 年版）、《刘少奇研究论文集》（1989 年版）、《刘少奇与新中国建设》（1994 年版），陈绍畴主编《刘少奇研究评述》（1997 年版），以及黄峥《刘少奇研究》（2008 年版）、《刘少奇一生》（2003 年版），董一冰《刘少奇社会主义思想研究》（2007 年版），吕斗星编《刘少奇和他的事业》（1991 年版）等刘少奇研究中有代表性的重要著作中，基本上都没有涉及刘少奇的外交思想和实践。人们在对老一辈革命家的研究和认识中，也很少把刘少奇与新中国的外交联系起来。不过，其中也有一些关于对刘少奇从事外交活动的回忆资料和研究，比如师哲《在新中国诞生的前夜》、罗贵波《少奇同志派我出使越南》（两文都载《缅怀刘少奇》，中央文献出版社 1988 年版），戴秉国《试论刘少奇党际关系思想与实践》，见《刘少奇百周年纪念——全国刘少奇生平和思想研讨会论文集》（下），中央文献出版社 1999 年版。

拓性、代表性的贡献。《刘少奇传》记述了新中国成立前夕刘少奇访苏的具体经过、刘少奇在担任国家主席后对中苏争论的参与以及 20 世纪 60 年代刘少奇作为"和平的使者"对东南亚国家外交访问所取得的重要成果，这是改革开放后刘少奇研究中第一次比较系统全面地涉及刘少奇的外交活动和基本思想，因而在刘少奇研究史上具有重要的意义。张文和《走出国门的刘少奇》（2001 年）一书，概述了刘少奇一生的出国经历，较为完整地记述了刘少奇的对外活动，认为刘少奇在这些外交活动中，"以他个人特有的个人魅力，理论家的思辨，外交家的风采，尽显中华民族泱泱大国之风，尽展中华民族襟怀宽广之情，为中国走向世界、让世界了解中国，架起了一座座友谊、友好之桥。"① 这是对新中国成立后刘少奇外交思想和实践非常高的评价。但这一著作带有很强的纪实性特征，因此在理论和历史研究的深度上存在着一些不足和缺陷。张勤、朱超南在《简述刘少奇对我国国际交往事业的发展作出的杰出贡献》一文中，从中苏关系的建立、中苏同盟的破裂、出访东南亚等方面，概述了刘少奇的外交活动，认为刘少奇的这些外交活动为新中国的建立、巩固与发展争取到了宝贵的外援，营造了一个较为有利的周边环境，同时，也很好地树立了新中国的国际形象，为反对帝国主义的武装侵略，捍卫世界和平，为社会主义国家间的正常交往，抵制大国沙文主义的错误做法，推进国际工人运动健康发展作出了积极的重要贡献②。蒋艳丽、肖志宗在《刘少奇对新中国的外交贡献》一文中，从中国和平外交、社会主义国家的关系、国际反对殖民主义三个方面高度评价了刘少奇对新中国外交的贡献，认为刘少奇是和平外交政策的"积极倡导者和执行者"，是发展与社会主义各国关系的"重要奠基人和开拓者"，是国际反殖民主义斗争的"坚决支持者和战斗者"③。章百家在《刘少奇与新中国外交事业》一文中，则围绕着《建国以来刘少奇文稿》1—7 册的出版，从中国与苏联的关系、支持亚洲各国革命、中越

　　① 张文和：《走出国门的刘少奇》前言，河北人民出版社 2001 年版，第 1—2 页。
　　② 张勤、朱超南：《简述刘少奇对我国国际交往事业的发展作出的杰出贡献》，《党史研究与教学》2002 年第 1 期。
　　③ 蒋艳丽、肖志宗：《刘少奇对新中国的外交贡献》，《湖南社会科学》2002 年第 2 期。

关系、中共与兄弟党的关系等方面，分析了刘少奇对新中国外交事业的重大贡献①。该文虽然篇幅短但却提纲挈领地、大跨度地全面分析了关于新中国成立后刘少奇外交思想研究的主要方面和主要着眼点，并列举了刘少奇外交思想和实践研究中一些重要的文献资料，因而具有比较重要的学术意义。

二、关于刘少奇 1949 年访苏问题研究

代表性的成果有：《胡乔木回忆毛泽东》（人民出版社 1994 年版）第一次披露了 1949 年刘少奇访苏的一些鲜为人知的情况，此后这方面的文献材料和研究开始逐步得到了加强。师哲《在历史巨人身边——师哲回忆录》（中央文献出版社 1995 年版）② 一书中回忆和介绍了 1949 年和 1952 年两次随刘少奇赴苏联访问的情况，以口述资料的方式充实了关于这一时期刘少奇外交思想和活动研究的史料。沈志华在《关于刘少奇 1949 年访苏的俄国档案文献》（《党史研究资料》1998 年第 2 期）中翻译和介绍了一批重要的档案文献资料。《建国以来刘少奇文稿》第 1 册关于刘少奇 1949 年访问苏联的档案资料则进一步丰富了关于刘少奇访苏研究的文献材料，从而为深化关于这一问题的研究提供了重要的文献基础。在相关回忆和新档案的基础上，一些学者对于中苏同盟确立中刘少奇的作用进行了研究，比如，张飞虹《刘少奇 1949 年秘密访苏与中苏结盟》一文中，从介绍新中国建国方案、介绍中国革命经验、落实苏联援华项目、传达中共关于处理中苏关系的原则性意见、处理 1945 年苏联与国民党政府的《中苏友好同盟条约》等五个方面分析研究了刘少奇在中苏同盟关系的确立中的重要作用③。任晓伟在《建国前夕刘少奇对新中国社会主要矛盾的新思考——刘少奇〈代表中共中央给联共（布）中央斯大林的报告〉考述》一文中，则围绕着新中国成立

---

① 章百家：《刘少奇与新中国外交事业》，《刘少奇与中国共产党的建设论文集》，中央文献出版社 2010 年版，第 124—126 页。

② 除此之外，还包括后来的《我的一生——师哲回忆录》（人民出版社 2001 年版）和《毛泽东的翻译师哲眼中的高层人物》（人民出版社 2005 年版）。学术界对师哲回忆的一些具体内容是存在一些疑问的，关于这一问题可参见刘明钢、金敏求《师哲回忆录关于中苏关系的几点史实》，《档案天地》2010 年第 10 期。

③ 张飞虹：《刘少奇 1949 年秘密访苏与中苏结盟》，《苏州大学学报》1999 年第 1 期。

前后刘少奇对国内发展主要矛盾的思考，研究了访苏期间刘少奇对国内发展问题的思考①。沈志华在《求之不易的会面：中苏两党领导人之间的会谈与沟通》和《从西柏坡到莫斯科：毛泽东宣布向苏联"一边倒"》中，也涉及了对刘少奇1949年访苏问题的研究，而且在中国革命进程中中苏两党关系整体变化的框架下凸显出了刘少奇这次访苏的意义②。

三、关于刘少奇与新中国成立初期的对越援助研究

这是20世纪90年代后期逐渐展开的一个重要问题。卓爱平、韩永要《刘少奇决策中国援越抗法》（《党史天地》1998年第1期）、牛军《新中国外交的形成和主要特征》（《历史研究》1999年第5期）、杨奎松《新中国从援越抗法到争取印度支那和平解放的政策演变》（《中国社会科学》2001年第1期）等成果，比较早地在研究中涉及刘少奇在新中国成立初期对越政策和援越外交中的重要作用，这对于扩展刘少奇外交思想和实践的研究具有极其重要的意义。但是，这些研究所依据的文献资源，主要是以相关口述和回忆文献为主，随着2005年后《建国以来刘少奇文稿》1—7册的陆续出版，新中国成立初期刘少奇在对越援助中的活动和作用的研究，也继续得到加强，有一定代表性的成果主要是佘湘《建国初期刘少奇对越援助的思想和实践》（《党史研究与教学》2009年第3期）、张玫《试论建国初期中国的对越政策》（《安徽文学》2010年第1期）等，这些成果比较集中系统地探讨了刘少奇在新中国成立初期对越政治、经济、军事等方面外交政策制定中的作用。

（4）关于刘少奇外交思想的提炼和概括。在对刘少奇外交思想和实践研究的过程中，研究者也尝试从不同角度对刘少奇外交思想的特点进行概括。比如，李景全在《刘少奇在开展中国外交中的经济谋略》一文中梳理了刘少奇外交活动中的经济思想，认为着眼于增强经济实力

---

① 任晓伟：《建国前夕刘少奇对新中国社会主要矛盾的新思考——刘少奇〈代表中共中央给联共（布）中央斯大林的报告〉考述》，《党的文献》2007年第5期。

② 沈志华：《求之不易的会面：中苏两党领导人之间的会谈与沟通》，《华东师范大学学报》2009年第1期；沈志华：《从西柏坡到莫斯科：毛泽东宣布向苏联"一边倒"》，《中共党史研究》2009年第4期。

是刘少奇外交活动中的重要内容和基本特点①。戴秉国在《试论刘少奇党际关系思想与实践》一文中，则从各党之间的平等、相互尊重、独立自主等方面分析了刘少奇党际观的主要内容和基本特点②。卢勇在《试论刘少奇的国际统一战线思想》一文中，把刘少奇的外交思想和活动放到国际统一战线的视角下来研究，关于刘少奇的外交思想，该文认为新中国外交的蓬勃发展，与刘少奇践行其国际统一战线思想的重要功劳是分不开的③。

　　总体上看，上述研究对于人们从新中国外交层面来认识和研究刘少奇，有重要的学术意义。这种意义在于：首先，这些研究成果表明，对刘少奇外交思想和实践的研究已经成为刘少奇研究、中国共产党外交思想史和新中国早期外交史研究中一个重要的发展趋势。其次，这些研究成果，分别基于不同视角、运用不同方法对刘少奇的外交思想和实践进行研究，从而提升了人们对刘少奇在新中国外交中重要作用的认识，并且为更加系统和更加全面地研究刘少奇的外交思想和实践提供了重要的学术成果基础。

　　不过，与对刘少奇其他方面的研究相比，目前关于刘少奇外交思想和实践的研究不仅在整个刘少奇研究中所占的分量比较小④，而且整个来说，主要是以记述、材料的梳理为主，研究的深度和广度远远不够⑤。目前研究中的一些不足之处，主要是：

　　一、对 1949—1966 年这一时期中国外交史上刘少奇的活动和作用，还缺少一贯的系统梳理和研究。目前的研究，主要是围绕着某一个具体问题或某一个特定历史阶段来研究刘少奇的外交思想和实践，而对于刘少奇外交思想和活动与新中国外交的整体走向关系的研究不够深入。

---

　　①　李景全：《刘少奇在开展中国外交中的经济谋略》，《外交学院学报》1998 年第 3 期。
　　②　戴秉国：《试论刘少奇党际关系思想与实践》，《高校理论战线》1999 年第 1 期。
　　③　卢勇：《试论刘少奇的国际统一战线思想》，《毛泽东思想研究》2009 年第 6 期。
　　④　从近几年关于刘少奇的研究进展来看，一些重要成果也基本上没有涉及刘少奇的外交思想和活动，可参见董一冰《刘少奇社会主义思想研究》，中共党史出版社 2007 年版。从一些关于中国共产党外交思想的重要研究成果来看，在对新中国建立后中国共产党外交思想的研究中，也很少涉及刘少奇的外交思想和活动，关于这一点可参见刘鹏飞《中国共产党与当代中国外交研究》，中共党史出版社 2009 年版；杨洁勉等《中国共产党和中国特色外交理论与实践》，东方出版中心 2011 年版。
　　⑤　关于刘少奇外交活动和思想研究的现状及其述评，另可参见张飞虹《刘少奇外交活动与思想研究述评》，《党的文献》2011 年第 1 期。

二、对刘少奇在新中国建立后在中共中央外交决策体制中的地位和作用，对于刘少奇关于时代发展认识的研究以及对其外交思想的概括和现实意义的阐发，目前的研究中基本上处于空白，研究成果很少，因此也就没有能够在总体上勾勒出刘少奇在新中国外交史上的地位和所起的重要的作用。

三、一些重要的问题，虽然在目前的研究中已经有比较多的涉及，但还需要进一步的深化。比如，关于刘少奇在中苏同盟关系确立中所作出的理论贡献以及对中苏同盟关系确立的社会基础的形成所起的作用，在目前的研究中还很少涉及。另外，关于刘少奇与20世纪50年代亚洲国际共产主义运动的发展①、中苏论战中刘少奇的活动及其评价、刘少奇的政党外交思想和实践等问题，还缺少相应的文献挖掘和深入研究。

国外学者对刘少奇外交思想和实践并无专门的研究。美国学者迪特默的《刘少奇》（1974年）作为国外学者研究刘少奇思想生平的一部专著，没有注意到刘少奇对新中国外交的贡献②。一些国外学者，如俄国学者列多夫斯基在《米高扬秘密使华》、《刘少奇率团秘访莫斯科》等专题性研究中对刘少奇的外交活动也有一些研究，并披露了俄国的一些相关档案文献③，但与国外学者对李大钊、陈独秀、毛泽东、周恩来、邓小平等人的研究相比，对刘少奇的研究还是非常薄弱的。

总的来说，目前关于刘少奇外交思想和活动的研究，与刘少奇在新中国外交战线上所起的重大作用是不相符合的。

第三节　研究内容、框架和研究方法

一、研究内容和框架

本书在借鉴已有研究成果的基础之上，通过对档案文献和相关学术

---

① 目前这方面也有一些研究，比如陈宇、王家宠、钱大东等《刘少奇对国际工运和中国工会国际活动的历史性贡献》（载《中国工运》1998年第12期）。但这些研究总体上比较空泛，没有涉及刘少奇这一时期对亚洲革命发展战略的认识及其对新中国建立初期外交政策的影响等问题。

② 参［美］洛厄尔·迪特默：《刘少奇传》，萧耀先译，华夏出版社1989年版。

③ 参［俄］A. M. 列多夫斯基：《斯大林与中国》，陈春华、刘存宽等译，新华出版社2001年版，第47—87、93—131页。

资料的系统梳理，以新中国外交史上的重大问题为线索，力图全面研究和分析 1949 年新中国成立前后到 1966 年"文化大革命"爆发之前①刘少奇的外交活动。在此基础上，系统总结刘少奇外交思想的基本特征及其对于当代中国外交和中国特色社会主义事业发展的时代价值。

具体地说，除了绪论和结论外，本书的主体研究内容包括以下七个部分：

一是刘少奇外交思想的理论基础和重要来源。这一部分主要从马克思主义国际政治理论中关于时代本质的认识以及历史唯物主义关于国家问题的认识、马克思主义关于国际政治学说中所涵盖的关于时代主题的判断、革命与战争、反对霸权主义和强权政治、党际关系、和平共处、新型国际政治形态等问题的认识、中国优秀传统文化、美苏冷战的国际环境所形成的时代特征以及在民主革命时期的三个特定阶段里中国共产党外交思想和实践等方面，分析了新中国建立后刘少奇外交思想形成的理论基础和重要来源。

二是 1944—1966 年中共中央外交机构、决策机制与刘少奇作用的考察。这一部分在分析 1944 年以后中共中央外交机构变迁的基础上，着重研究了这一时期中共中央外交决策中的"毛泽东—刘少奇—周恩来"体制以及这一体制的基本特点、这一体制下刘少奇的个性特点，并以 1954 年的日内瓦会议为例，具体分析了在这一体制中，刘少奇对于新中国外交的重大决策性作用，以此来从宏观上把握刘少奇在新中国外交中的重要地位和作用。

三是新中国成立后刘少奇对国际政治和新中国和平外交的理论思考。这一部分主要以 1955 年刘少奇在党的全国代表会议上的讲话、1956 年党的八大政治报告以及 1963 年在中国科学院社会科学部学部委员第四次扩大会议上的报告三篇重要文献为依据，研究了新中国建立后刘少奇外交思想的主要内容，并揭示了在新中国不同发展阶段上刘少奇对新中国和平外交的具体思考。

四是刘少奇与中苏国家同盟关系的确立。这一部分主要从新中国建

---

① 1966 年 6 月 11 日，刘少奇与周恩来、邓小平一起会见越南劳动党主席胡志明，这是刘少奇生前最后一次会见党的外宾。1966 年 8 月 5 日，刘少奇会见了赞比亚工商部长钦巴率领的赞比亚友好代表团，这是刘少奇最后一次会见国家的外宾，也是刘少奇最后的外交活动。

立前后中苏同盟关系确立的理论、政治和社会基础三个层面分析了刘少奇在中苏国家同盟关系确立过程中所起到的独特的重大作用，特别是突出了中苏国家同盟形成和巩固过程中刘少奇在理论和社会层面所起的作用。

五是刘少奇与新中国周边国家外交。这一部分主要研究了新中国建立前后刘少奇的"亚洲革命"思想、20世纪50年代前半期刘少奇对新中国援越外交的具体指导，并在此基础上进一步研究了20世纪60年代刘少奇关于周边国家外交的基本思想、对周边国家两次重大的国事访问活动及其对于新中国睦邻和平外交的重大意义。

六是刘少奇与中国共产党的政党外交。这一部分在对1949—1966年中国共产党政党外交整体特点分析的基础上，着重研究了刘少奇对于1956年波匈事件危机的参与处理、中苏论战中刘少奇的活动来分析刘少奇关于政党外交的基本思想和实践及其对于中国共产党政党外交的意义。

七是刘少奇外交思想的历史特点和时代价值。这一部分着眼于中国共产党外交思想的发展，以中国外交中的意识形态因素和现实主义因素为主线，分析了刘少奇外交思想的历史特点，并从中国共产党对中国与世界关系的认识、当代中国的和平发展、当代中国的周边外交以及当代中国共产党的政党外交等多重视角研究缕析了刘少奇外交思想的时代价值。

二、研究方法

本书属于基础研究，在具体研究中主要运用的是文献研究法，通过搜集和整理大量的文献资料进行研究。关于文献问题，需要特别说明的一点是，本书在研究资料上主要依靠的是改革开放后公开出版的有关刘少奇研究的文献、相关的党的文献、有关的口述、报刊文献、回忆文献以及学术界的研究成果，但为了在研究中进一步丰富有关刘少奇外交思想和活动研究的文献，本书在研究中使用了"文化大革命"时期编辑的一些反映刘少奇外交思想的材料。这些材料，在当时的情况下，主要是为了批判和打倒刘少奇进行的理论宣传，而关于这一点，1980年2月党的十一届五中全会在关于为刘少奇平反的决议中就指出："在外事活动方面，刘少奇同志一向是按照党的对外工作方针、路线行事的。所谓'破坏各国革命运动'，纯系罗织'罪名'。"① 不过，材料本身是一回事，不顾历史条件曲解这些材料则是另外一回事，如果能够本着科学研究的目的而分析这些材料，恰恰能够表明刘少奇对于国际政治发展和中国外交深远的认识和思考。正是在这个意义上，本书在一些必要的地方，使用了一些"文化大革命"期间编印的有关刘少奇著作的文献资料，其中主要是两类文献，一是人民出版社资料室 1967 年 9 月编印的三卷本《批判资料：中国赫鲁晓夫刘少奇反革命修正主义言论集》（书中在引征时统一简称为《刘少奇言论集》），该书大约 2200 多页，对于刘少奇的研究具有非常重要的文献史料价值。二是 1967 年 4 月中国科学院革命历史研究所和近代革命史研究所编印的《刘少奇反革命修正主义言论汇编》（书中在引征时统一简称为《刘少奇言论汇编》），该书主要是分为 15 个专题，对刘少奇的著作文献进行了专题式的汇编，从文献史料本身来说，该书对于刘少奇的研究有比较重要的价值。本书在引用这些材料的过程中，非常注意与公开出版的相关文献的对照使用。

　　本书在写作的过程中，通过在中国外交部档案馆的查阅，直接使用了一部分有关的解密档案资料。另外，通过对美国外交解密档案的查阅，也使用了一些有关的档案文献资料。这样，就使得本书的研究具有较强的文献性特点。

---

① 《三中全会以来重要文献选编》上，人民出版社 1982 年版，第 382 页。

第一章

刘少奇外交思想的理论基础和重要来源

新中国成立后，刘少奇作为党和国家的重要领导人，在马克思主义国际政治学说的基础上，积极地继承优秀传统文化，通过科学判断时代发展和中国所处的时代方位，立足于新中国社会主义建设实践，形成了丰富的外交思想和实践。刘少奇的外交思想和实践是刘少奇思想和实践的重要内容，是中国共产党外交思想和实践的有机组成部分，从更广的意义上看，也是对马克思主义国际政治学说在中国的运用和丰富。

第一节　刘少奇外交思想形成的理论基础

马克思主义国际政治学说是马克思科学社会主义理论的重要内容①。马克思主义国际政治学说是在历史唯物主义的基础上形成的关于国际政治问题的系统的理论学说，它包含了两个层面的问题，一个是关于分析国际政治问题的基本方法，一个是关于在资本主义占主导地位的世界历史时代国际政治中的基本问题以及无产阶级和无产阶级政党在这些问题面前基本的认识与政策。

辩证唯物主义和历史唯物主义是整个马克思主义学说的方法论基础，也构成了马克思主义国际政治学说的方法论基础，是马克思主义国

---

① 我国理论界长期以来没有把国际政治学说列入科学社会主义研究内容，目前在这个问题的认识上也还存在不少分歧（参见张仲云、林德山、赵绪生《马克思主义国际政治理论发展史研究》，重庆出版社 2011 年版，第 1—2 页）。但随着中国特色社会主义国际关系学和中国特色社会主义外交研究的深入，在科学社会主义的理论框架内深入研究马克思主义国际政治学说，客观上已经成为一个重要的学术和理论研究趋势。

际政治学说与其他国际政治理论的根本区别。在一般的广义上说，"马克思主义国际问题理论，都是运用辩证唯物主义和历史唯物主义世界观和认识论，运用唯物辩证法、阶级分析的方法和政治经济学的方法，观察分析国际社会实践的结果"①。但从狭义上说，马克思主义国际政治学说的方法论基础，或者其主要点则在于马克思主义者在历史唯物主义的基础上关于时代发展以及国家和国际政治的本质的阐述上。

关于时代本质的认识，在马克思主义国际政治学说中具有重要的方法论意义。在历史唯物主义看来，历史并不是杂乱无章的，而是有其内在的逻辑规律。同样，国际政治的形成和发展也是有其内在逻辑规律的，是时代本质的表现形式。在马克思主义的学说中，时代的实质在于社会形态的历史变迁。1859 年马克思在《〈政治经济学批判〉序言》中指出："大体说来，亚细亚的、古代的、封建的和现代资产阶级的生产方式可以看作是经济的社会形态演进的几个时代。"② 马克思主义者是从人类社会生产力和生产关系矛盾运动形成的一定的物质生产方式来理解和把握时代的走向及其变迁的。从生产方式和社会形态的发展来看，真正世界历史意义上的国际政治则是资产阶级生产方式的产物，也是资产阶级时代的典型特点。16 世纪以后，随着资本主义时代的形成，特别是 18 世纪机器大生产出现后，资本主义开始了大规模的世界扩张。"资产阶级，由于开拓了世界市场，使一切国家的生产和消费都成为世界性的了。""物质的生产是如此的，精神的生产也是如此。各民族的精神产品成了公共的财产。民族的片面性和局限性日益成为不可能。"③资产阶级时代，人类各个民族和各个社会开始客观地联系在一起，历史走向了真正的"世界历史"，资产阶级在特定民族国家范围内的统治所形成的阶级问题、民族问题、宗教问题等，由此也开始成为了具有世界性和国际性的问题。

列宁则在历史唯物主义关于时代问题理论的基础上，系统阐述了帝国主义时代的特征，认为帝国主义时代是垄断资本主义占统治地位的时

---

① 李慎明等：《马克思主义国际问题基本原理》上卷，社会科学文献出版社 2008 年版，第 18 页。

② 《马克思恩格斯选集》第 2 卷，人民出版社 1995 年版，第 33 页。

③ 《马克思恩格斯选集》第 1 卷，人民出版社 1995 年版，第 276 页。

代。列宁坚持认为，不能脱离开社会经济形态来谈论帝国主义，"'泛泛地'谈论帝国主义而忘记或忽视社会经济形态的根本区别，必然会变成最空洞的废话或吹嘘，就像把'大罗马或大不列颠'相提并论那样"①。正是同资本主义生产方式相联系的帝国主义的殖民扩张和掠夺，成为了国际政治问题的本源。"金融资本和同它相适应的国际政策，即归根到底是大国为了在经济上和政治上瓜分世界而斗争的国际政策，造成了许多过渡的国家依附形式。这个时代的典型的国家形式不仅有两大类型国家，即殖民地占有国和殖民地，而且有各种形式的附属国，它们在政治上、形式上是独立的，实际上却被金融和外交方面的依附关系的罗网缠绕着。"② 但是，帝国主义时代也是为人类社会向新型社会形态过渡准备物质条件的时代，是无产阶级社会革命的"前夜"。无产阶级作为政治力量的形成及其上升成为本民族的"统治阶级"则为新型国际政治和国际关系的形成开辟了道路。

历史唯物主义关于国家的理论，在马克思主义国际政治学说中也具有重要的方法论意义。国家是国际政治和外交领域中最重要的行为主体。在历史唯物主义看来，国家并不是什么道德、伦理的产物，也不是某种精神或意志的产物，其实质是一个阶级对另一个阶级的剥削和压迫。"国家是社会在一定发展阶段上的产物；国家是承认：这个社会陷入了不可解决的自我矛盾，分裂为不可调和的对立面而又无力摆脱这些对立面。而为了使这些对立面，这些经济利益互相冲突的阶级，不致在无谓的斗争中把自己和社会消灭，就需要有一种表面上凌驾于社会之上的力量，这种力量应当缓和冲突，把冲突保持在'秩序'的范围以内；这种从社会中产生但又自居于社会之上并且日益同社会相异化的力量，就是国家。"③ 历史唯物主义所深刻阐明的国家的本质，为分析国际政治的本质提供了重要的理论方法。在资产阶级时代，国际政治是以国家利益的名义掩盖着的资本的私人利益，这是"国际政治的秘密"。因此，无产阶级要"洞悉国际政治的秘密，监督本国政府的外交活动，在必要时就用能用的一切办法反抗它；在不可能防止这种活动时就团结起

---

① 《列宁选集》第 2 卷，人民出版社 1995 年版，第 645 页。
② 同上书，第 647—648 页。
③ 《马克思恩格斯选集》第 4 卷，人民出版社 1995 年版，第 170 页。

来同时揭露它"。① 从更长远的历史发展来看，无产阶级则要摆脱这种国际政治中的秘密，在推动人类社会向社会主义和共产主义转变的过程中，用人类的利益来代替国家利益，用真正社会的利益来代替资本的利益。

历史唯物主义关于国家与国际政治的本质的论述，为无产阶级和共产党人观察时代发展和国际政治的变化提供了科学的理论基础。观察国际问题，必须要有这样的世界历史发展眼光，才能了解国际事件的时代性质及其发展趋势，才能把握历史发展也是国际政治发展的规律和方向②。这也是马克思主义者在观察和分析国际政治发展时必须坚持的基本方法。

在历史唯物主义方法论的基础上，从马克思主义经典作家的相关论述来看，马克思主义国际政治学说包括了以下六个方面的基本问题：

第一，关于时代主题的判断问题。马克思恩格斯深刻阐述过关于时代本质的问题，但他们并没有论述过具体的时代主题问题，即同一时代不同发展阶段上的主题问题，对于共产党人，特别是执政的共产党人来说，这一点具有重要的意义，是制定国际政治战略和外交战略最为基本的依据。

十月革命前后，列宁在论述帝国主义的时代问题时，其实就已经开始提出战争与革命的时代主题问题。1915 年列宁在左派社会民主党为国际社会党第一次代表大会起草的决议草案中指出："现时代的一切客观条件正在把无产阶级的群众革命斗争提到日程上来。"社会党人的责任就是把"这场帝国主义战争变为被压迫阶级反对他们的压迫者的国内战争，变为剥夺资本家阶级的战争，变为无产阶级夺取政权、实现社会主义的战争"③。1920 年，在共产国际二大上，列宁则指出："帝国主义世界战争和它所造成的绝境，极其有力地推动和加速了世界革命，这种革命向广度和深度的发展如此迅猛，更替的形式如此丰富，在实践上对

---

① 《马克思恩格斯选集》第 2 卷，人民出版社 1995 年版，第 607 页。

② 张仲云、林德山、赵绪生：《马克思主义国际政治理论发展史研究》，重庆出版社 2011 年版，第 27 页。

③ 《列宁全集》第 26 卷，人民出版社 1988 年版，第 296 页。

一切学理主义的驳斥如此富有教益。"① 在列宁的相关论述的基础上，斯大林则在列宁关于帝国主义理论的基础上形成了"资本主义总危机"的理论。斯大林将第一次世界大战后帝国主义时代资本主义的矛盾归结为五类，即各资本主义国家无产阶级和资产阶级的矛盾；帝国主义和殖民地附属国的矛盾；帝国主义大战中胜利国和战败国的矛盾，各战胜国之间的矛盾；苏维埃国家和一切资本主义国家的矛盾。这些矛盾"就是那些为资本主义所无法克服而决定整个国际形势的矛盾"②。在此基础上，斯大林提出并不断完善关于"资本主义危机"的理论。这一理论把资本主义的危机分为三个时期，第一次世界大战是起点，从第一次世界大战到第二次世界大战前是第一个阶段，第二次世界大战以来是第二个阶段③。随着资本主义总危机的不断发展，对资本主义国家来说，必然要用"战争来解决世界霸权的争端"④，而对于被压迫阶级来说，出路只有革命和民族解放战争，"要消灭危机，就必须消灭资本主义"⑤。这一理论直接为帝国主义战争和世界革命的时代主题判断提供了理论基础。在这一理论的指导下，资本主义与社会主义两个阵营、两个体系、两种制度和两个前途的斗争，被看作革命与战争的时代主题下国际政治发展的实质，无论是对于苏联国际政治理论和外交战略的制定，还是对世界各国共产党人，长期以来都产生了重要的影响。

第二，关于战争与和平的问题。马克思主义战争理论认为，一切战争，包括宗教战争，都根源于生产力与生产关系的矛盾，归根结底是阶级冲突和阶级斗争的产物⑥。资本主义时代的战争，其实质是资本的世界扩张。只要有资本主义和帝国主义这个基础，战争的危险就不会根除。对于无产阶级来说，"必须在战场上赢得自身解放的权利"⑦。马克思主义和新和平主义者的区别在于："我们懂得战争和国内阶级斗争有

---

① 《列宁全集》第 39 卷，人民出版社 1986 年版，第 83 页。

② 《斯大林全集》第 7 卷，人民出版社 1958 年版，第 218 页。

③ 张仲云、林德山、赵绪生：《马克思主义国际政治理论发展史研究》，重庆出版社 2011 年版，第 135 页。

④ 《斯大林全集》第 11 卷，人民出版社 1955 年版，第 172 页。

⑤ 《斯大林全集》第 12 卷，人民出版社 1955 年版，第 215 页。

⑥ 李慎明等：《马克思主义国际问题基本原理》，社会科学文献出版社 2008 年版，第431 页。

⑦ 《马克思恩格斯选集》第 3 卷，人民出版社 1995 年版，第 126 页。

必然的联系，懂得不消灭阶级，不建立社会主义，就不可能消灭战争，再就是我们完全承认国内战争即被压迫阶级反对压迫阶级……的战争是合理的、进步的和必要的。"① 但马克思主义指明战争的阶级根源和从根本上摆脱战争的出路，并不是宣传战争，相反马克思主义者更加珍视和平。1888 年，恩格斯在给法国社会党领导人左尔格的信中说，如果发生战争，"将会使我们倒退多年。沙文主义将淹没一切，因为这是生死存亡的斗争"②。1893 年，恩格斯在回答德国社会民主党对欧洲战争形势的态度时明确指出："毫无疑问，我们将为和平而斗争。"③ 与和平主义者不同的是，当战争不可避免时，无产阶级将用正义的国内战争来反对非正义的帝国主义侵略战争，在新的社会制度基础上建立真正的社会和平。关于这一点，毛泽东在指导中国革命战争的过程中进行了深刻的说明：无产阶级反对战争的方法，在"战争未爆发前，极力阻止其爆发；既爆发后，只要有可能，就用战争反对战争，用正义战争反对非正义战争"，"我们的战争是神圣的、正义的，是进步的、求和平的。不但求一国的和平，而且求世界的和平，不但求一时的和平，而且求永久的和平"④。这极其鲜明地体现出了马克思主义者对待战争与和平问题的科学态度。

第三，关于反对霸权主义和强权政治的问题。马克思恩格斯在研究资本主义的形成和世界扩张的过程中，对殖民主义进行了强烈的谴责，指出："殖民地为迅速产生的工场手工业保证了销售市场以及由市场垄断所引起的成倍积累。在欧洲以及直接靠掠夺、奴役和杀人越货而夺得的财宝，源源流入宗主国。"⑤ 当资本开始大规模地走向世界扩张后，大工业时期的殖民主义比早期原始积累时期的殖民主义要残酷得多，马克思曾强烈谴责了欧洲资本主义国家在使"东方服从西方"的过程中对中国等非欧洲国家的殖民掠夺。霸权主义和强权政治是资产阶级时代国际政治中的典型特征。在这样一个时代"民族被买进和卖出，被分割

---

① 《列宁选集》第 2 卷，人民出版社 1995 年版，第 510 页。
② 《马克思恩格斯全集》第 37 卷，人民出版社 1971 年版，第 11 页。
③ 《马克思恩格斯全集》第 22 卷，人民出版社 1965 年版，第 634 页。
④ 《毛泽东选集》第 2 卷，人民出版社 1991 年版，第 476 页。
⑤ 马克思：《资本论》第 1 卷，人民出版社 2003 年版，第 864 页。

和合并，只要完全符合统治者的利益和愿望就行了"①。恩格斯曾详细研究了俄国的外交史，揭露了俄国的霸权主义和强权政治。对于欧洲弱小国家和民族，马克思恩格斯则给予了伟大的同情，坚持支持民族解放斗争。马克思把波兰称作"实现俄国对世界霸权的食欲的最重要的工具"②。"欧洲工人一致宣称恢复波兰是自己政治纲领的不可分割的部分，是最能表达他们对外政策的一种要求。"③ 马克思主义经典作家在反对资产阶级霸权主义和强权政治的同时，指出："胜利了的无产阶级不能强迫他国人民接受任何替他们造福的办法，否则就会断送自己的胜利。"④ 这就表明，不搞扩张和霸权，是社会主义对世界历史的庄严承诺。

第四，关于和平共处的问题。马克思恩格斯设想的社会主义，是在世界历史上"共同胜利"的结果，因此没有涉及不同社会制度之间能否和平共处的问题。十月革命后，特别是新经济政策时期，列宁面对着在俄国单独胜利的环境下如何巩固和发展社会主义的特殊难题。在认识这一问题的过程中，列宁提出利用资本主义来建设社会主义的重要思想，从而也开始涉及不同社会制度和平共处的问题。1920 年 11 月，在战时共产主义后期列宁就提出："有一个极大的因素，使我们能够在这种复杂而又十分特殊的情况下存在下去，这一因素就是社会主义国家同资本主义国家建立贸易关系。"⑤ 进入新经济政策时期后，列宁更是认识到离开了世界，苏维埃社会主义就不能生存下去，多次强调同英法等国家"建立十分友好的关系是完全可能的"⑥。斯大林时期，斯大林进一步发展了列宁的和平共处思想，试图利用资本主义国家的矛盾来实现苏联的和平以及不同社会制度之间的和平共处，特别是经历了第二次世界大战后，苏联看到了与西方国家之间存在的共同利益，更加重视和平共处。1947 年斯大林在接见美国共和党活动家史塔生时说："两种不同的制度既然在战时能够合作，在和平时期又为什么不能合作呢？这里当

---

① 《马克思恩格斯全集》第 2 卷，人民出版社 1957 年版，第 641 页。
② 《马克思恩格斯全集》第 16 卷，人民出版社 1965 年版，第 226—227 页。
③ 同上书，第 170 页。
④ 《马克思恩格斯选集》第 4 卷，人民出版社 1995 年版，第 649 页。
⑤ 《列宁全集》第 40 卷，人民出版社 1986 年版，第 25 页。
⑥ 《列宁全集》第 43 卷，人民出版社 1987 年版，第 237 页。

然是指，如果有合作的愿望，那末，尽管经济制度不同，而合作是完全可能的。"① 不过，在斯大林的思想中，和平共处是从属于"资本主义总危机"理论、战争与革命的时代主题认识的，并没有把它上升到社会主义对外战略的根本原则的高度。因此，当国际环境，特别是美苏关系发生变化后，斯大林的和平共处思想很快就被与西方国家的冷战对抗政策所取代。

第五，关于党际关系的问题。党际交往是马克思主义国际政治和外交领域中的一个重要问题。《共产党宣言》在关于共产党对其他政党关系的论述中指明，共产党必须要与其他进步的政党和政治力量联合进行斗争。在政党交往的过程中，共产党必须要坚持以下几个基本原则，一是求同存异。第一国际创立后，面对欧洲许多工人阶级组织，马克思并没有起草一个完全是科学社会主义的章程，而是充分考虑到了不同组织的认识水平，把科学社会主义的希望"完全寄托于共同行动和共同讨论必然会产生的工人阶级的精神的发展"②。二是坚持国际主义与爱国主义的统一。社会主义是世界各国无产阶级及其政党共同的历史事业，"无论是法国人、德国人或英国人，都不能单独赢得消灭资本主义的光荣"，"无产阶级的解放只能是国际的事业"③。社会主义在具有国际性的特点的同时，也具有民族性的特点。因为国际的事业只有在民族国家的范围内才能够完成，在这个意义上恩格斯肯定了爱国主义的重要性，指出："工人党对'爱国主义'采取的新立场就其本身而言是很有道理的。"④ 关于国际主义与爱国主义的关系问题，毛泽东后来的分析更为直接："我们是国际主义者，我们又是爱国主义者"，"爱国主义就是国际主义在民族解放战争中的实施"⑤。毛泽东的这一思想是对于马克思主义政党交往理论的重要丰富和发展，也是新中国成立后中国共产党开展政党外交的一个重要原则。三是尊重各民族的独立自主。在社会主义运动中，要坚决反对大国主义和大党主义，"民族独立是一切国际合作

① 《斯大林文选》下，人民出版社1962年版，第491页。
② 《马克思恩格斯选集》第1卷，人民出版社1995年版，第263页。
③ 《马克思恩格斯全集》第39卷，人民出版社1974年版，第87页。
④ 同上书，第84页。
⑤ 《毛泽东选集》第2卷，人民出版社1991年版，第520、521页。

的基础"①。恩格斯在关于波兰解放的问题上，明确指出："一个独立强盛的波兰的复兴是一件不仅关系到波兰人而且关系到我们大家的事情。欧洲各民族的真诚的国际合作，只有当每个民族在自己家里完全自主的时候才能实现。"

第六，关于新型国际政治形态的问题。无产阶级是具有新型世界观的阶级，承担着创造一个完全不同于一切旧社会的新社会的历史使命。无产阶级将把人类社会带到一个新的阶段，"使人类社会作为一个团结一致的兄弟社会，而与另一个矿物、植物和动物的世界相对立"②。在这一个阶段，国际政治的性质将发生根本性改变，要"努力做到使私人关系间应该遵循的那种简单的道德和正义的准则，成为各民族之间的关系中地位至高无上的准则"，无产阶级"为这样一种对外政策进行的斗争，是争取工人阶级解放的总斗争的一部分"③。马克思主义经典作家其实在这里提出了构建一个新型的国际政治形态和秩序的问题，这一问题是社会主义理论发展的必然逻辑，也是社会主义实践发展的重要内容。

马克思主义国际政治学说为刘少奇外交思想和实践奠定了科学的理论基础。与其他同时代人一样，刘少奇也是在十月革命和五四运动的时代浪潮中接受了马克思主义的。1919 年，刘少奇在保定育德中学读书期间，接受了十月革命和五四运动的影响，开始"与社会主义派的人物接近"④。1921—1922 年期间，刘少奇在莫斯科东方劳动者共产主义大学学习期间，系统学习了《共产党宣言》、政治经济学等马克思主义理论，是"确定对马克思主义的坚定信仰和实现向共产主义世界观的根本转变的重要时期。在这段时间，他系统地学习了马克思主义的理论，学习并考察了苏联十月革命和国际工人运动的经验，并且联系实际，反复思考和研究了中国革命的问题"⑤。后来刘少奇在回忆接受马克思主义和参加共产党的思想转变情况时说，"当时我把《共产党宣言》看了又

① 《马克思恩格斯选集》第 4 卷，人民出版社 1972 年版，第 428 页。
② 《马克思恩格斯全集》第 34 卷，人民出版社 1972 年版，第 164 页。
③ 《马克思恩格斯全集》第 21 卷，人民出版社 2003 年版，第 15 页。
④ 刘少奇：《我的历史》，见《刘少奇自述》，解放军文艺出版社 2003 年版。
⑤ 黄祖林：《刘少奇早期思想发展中的一个重要转折》，《刘少奇和他的事业》，中央文献出版社 1991 年版，第 670 页。

看，看了好几遍”，“从这本书中，我了解共产党是干什么的，是怎样的一个党，我准不准备献身于这个党所从事的事业，经过一段时间的深思熟虑，最后决定参加共产党，同时也准备献身于党的事业”①。确立了马克思主义的理论信仰后，刘少奇在中国革命的过程中不断深化对马克思主义的学习，开始自觉运用马克思主义的方法论和基本观点来认识和指导中国革命各个方面的实践。杨尚昆在评价刘少奇的理论和实践能力时说，刘少奇“善于运用马克思主义、毛泽东思想来分析和解决实际生活提出的各种新问题，并经过深思熟虑，把丰富的实践经验提到理论高度，作出富有创造性的理论概括。他又是实干家，总是脚踏实地，深入实际，进行调查研究，工作抓得十分细致扎实”②。表现在对新中国外交的理论和实践的指导上，这一点则鲜明地体现在刘少奇在马克思主义国际政治学说指导下，对新中国外交领域中许多复杂问题深刻的理论思考和实践探索上。

第二节　刘少奇外交思想形成的文化根源

1939 年刘少奇在《论共产党员的修养》中说：“我们共产党不是天上掉下来的，而是从中国社会中产生的。每个党员都是从中国社会中来的，并且今天还是生活在这个社会中。”③ 这表明，中国共产党虽然是一个马克思主义指导下的政党，但不可能外在于中国社会发展以及在中国社会长期发展中积淀下来的文化。这正如毛泽东所说的：“我们这个民族有数千年的历史，有它的特点，有它的许多珍贵品。对于这些，我们还是小学生。”④ 对优秀传统文化的吸收，成为中国共产党思想的重要来源，也是刘少奇外交思想和实践的重要来源。

刘少奇在成长的过程中系统学习过以儒家文本典籍为基础的传统文化。新中国成立后，刘少奇反思自身的思想发展时说，自己“在年幼

① 刘维孔：《对我们晚辈的亲切关怀》，见《缅怀刘少奇》，中央文献出版社 1988 年版，第 399—400 页。

② 杨尚昆：《刘少奇与中国人民的事业同在》，见《刘少奇和他的事业》，中央文献出版社 1991 年版。

③ 《刘少奇选集》上卷，人民出版社 1981 年版，第 103 页。

④ 《毛泽东选集》第 2 卷，人民出版社 1991 年版，第 533—534 页。

时，是随着母亲求神拜佛的，在读了孔孟之书以后，也深信中国的封建制度和封建道德是最好的东西"①。虽然这里刘少奇着意强调的是传统文化中消极的一面，但这本身也表明了传统文化对刘少奇的深刻影响。在早年上学期间，刘少奇就系统学习了《大学》、《中庸》、《论语》等，在读书学习时"很专心"，"学习成绩总是名列第一"②。此后，在成长的过程中，刘少奇不懈地阅读过《西游记》、《古今传奇》、《三国演义》、《唐诗三百首》、《资治通鉴》等著作。在学习传统典籍的过程中，刘少奇非常重视独立思考。比如，在学习《资治通鉴》时，刘少奇并不满意仅仅从政党斗争和宫廷斗争的角度来解读，认为经济斗争也是不容忽视的③。在留学苏联期间，虽然刘少奇的世界观已经开始发生根本性的改变，但却并没有对中国传统文化采取排斥的态度，而是奋力为传统文化进行辩护④。刘少奇在七大上阐述对待传统文化的态度时指出："对于中国的和外国的历史遗产，我们既不是笼统地一概反对，也不是笼统地一概接受，而必须以马克思主义的辩证唯物主义和历史唯物主义为基础，批判地接受其优良的和适用的东西，反对其错误的和不适用的东西。"⑤ 这是刘少奇代表整个中国共产党所表明的一种开放多元的文化态度。新中国成立后，刘少奇仍然坚持不懈地学习传统文化和历史。据刘少奇身边工作人员回忆，"少奇同志对自己的学习抓得很紧。他的书架上摆满了马恩列斯和毛主席的著作，还有《资治通鉴》等历史书籍。我们经常看见他翻阅这些书籍"。1951 年刘少奇去杭州休假期间，"别的东西不带，只把厚厚的几本《中国通史》塞进皮包。在杭州住了一个月，他很少出去浏览名胜古迹，而是每天用 10 多个小时攻读《中国通史》"⑥。在不同历史时期，刘少奇不仅刻苦学习中国传统文化典籍，而且在马克思主义理论的基础上，把传统文化中的优秀思想运用到

---

① 《刘少奇论党的建设》，中央文献出版社 1991 年版，第 605 页。
② 《刘少奇传》上，中央文献出版社 1998 年版，第 4 页。
③ 黄峥、周志兴：《刘少奇同志的读书生活》，《社会科学战线》1983 年第 2 期。
④ 肖自力：《刘少奇与中国传统文化》，《华南师范大学学报》1998 年第 6 期。
⑤ 安子文：《把我们的党建设好——纪念刘少奇同志》，《人民日报》1980 年 5 月 8 日。
⑥ 吴振英、刘振德：《跟随少奇同志十九年》，见《在少奇同志身边的日子》，中央文献出版社 2010 年版，第 108 页。

政治、军事、党的建设等各个领域①，既丰富了马克思主义的思想宝库，又发扬了优秀传统文化的时代价值。从外交理论和实践的角度来看，优秀传统文化中的和合思想和中庸之道，对刘少奇的外交思想和实践有着重要的影响。

中国传统文化中的优秀成分，是指传统文化中超越了反映古代统治阶级意识形态和维护传统政治和社会秩序需要而具有恒久价值的精神文化资源，和合思想和中庸思想则是这一精神文化资源的重要组成部分。在传统文化中，特别是在儒学思想中，"和"作为一种特定的关系范畴，在天人之间、个体与他人之间、人与社会之间等不同指向性上呈现出多层面的含义，就整个世界的面向性而言，"和"的思想着重强调的则是"泛爱众，而亲仁"。从历史来看，中华民族历来热爱和平、崇尚和睦、追求和谐、力图构建一个德化世界，因此在对外交往中始终秉承"礼之用，和为贵"、"协和万邦"。虽然传统文化中的"和"仍然是建立在"夷夏之防"这一文化优越性的基础之上而具有文化中心主义的特点②，但"和"的思想在超越了具体的历史条件后已经深深融入中华民族对世界的理解之中，具有恒久的价值。"合"也由于指向性的不同而具有多种含义，但同样从对外部世界的理解来说，"和而不同"体现的是对差异的尊重和包容。正是由于这一精神，"中华民族以'海纳百川，有容乃大'的胸怀，接受了一切有益的外来文化，促进了中外文化融合，留下了不少对外文化交流的千古佳话。中国人具有强烈的集体意识和社会责任感，崇尚'己所不欲，勿施于人'，尊重不同文化、不同观念，注重推己及人、将心比心，不将自己的意志强加于人。对外待之以礼，实行睦近交远"。③

中庸精神，也是中国传统文化中重要的思想资源。如果从对外交往的角度来理解，它更侧重的是在对外交往中对人的言行的规范。"不偏谓之中，不易谓之庸，中者，天下之正道，庸者，天下之定

---

① 肖自力：《刘少奇与中国传统文化》，《华南师范大学学报》1998年第6期。
② 楚树龙、金威：《中国外交战略和政策》，时事出版社2008年版，第7页。
③ 中华人民共和国国务院新闻办公室：《中国的和平发展》，人民出版社2011年版，第21—22页。

理。"从个体的行为规范来说，"喜怒哀乐之未发，谓之中；发而皆中节，谓之和。中也者，天下之大本也；和也者，天下之达道也"①。这一思想塑造了中华民族在对外交往中不卑不亢、文质彬彬、有礼有节、不好极端的民族性格以及注重均衡性的战略思维特征②。

上述中国优秀传统文化中的"和合"思想和中庸思想，在新中国成立后刘少奇的外交思想和实践中有鲜明的体现。如同刘少奇在社会主义建设中不断努力挖掘优秀传统文化价值一样，这也体现于刘少奇在外交领域中对传统文化思想的继承和发掘。

第三节　刘少奇外交思想形成的时代条件

从 1949—1966 年刘少奇外交思想和实践形成的时代背景看来，这一时期正处于美苏冷战对抗的时期。冷战是世界政治发展中一个非常特殊的时期，"冷战发生在 20 世纪，是东西方之间长达 40 年的较量，其最大的特征就是，既是和平，也是战争。换句话说，冷战是战争与和平的混合状态"。这一点"始终贯穿于冷战始终"③。冷战的时代环境，以美苏为代表的两大国家集团的对抗决定了这一时期国际政治和外交领域中一系列新的特点。

一、刚性对立的国际政治思维

冷战时期，对抗的两大国家都诉诸不同的意识形态。美国以自由主义划线，把世界分为自由主义和极权主义两种政治状态和生活方式，认为"在目前的世界历史中，几乎所有国家必须在两种生活方式中挑选一种。此种选择，往往不能自由。一种方式基于多数人之愿望，表现于自由制度、代议式政府、自由选举、个人自由之保障、言论自由、宗教自由以及免于政府压迫之自由。另一种生活方式乃基于少数人之愿望，以强制加诸多数人。此全赖于恐怖、压迫、报纸统

---

① （宋）朱熹：《四书章句集注》，中华书局 1983 年版，第 17、18 页。
② 关于当代中国外交理论与实践中的"中庸之道"，可参见朱立群《中国外交的"中庸"特色》，《外交评论》2009 年第 3 期。
③ 张小明：《冷战及其遗产》，上海人民出版社 1998 年版，第 375 页。

制、无线电统制、圈定式选举以及个人自由之压制"①。苏联则以社会主义画线，把世界划分为社会主义和帝国主义两大阵营。帝国主义阵营的"基本目的是建立帝国主义的世界霸权和摧毁民主"，社会主义阵营的"基本目的是摧毁帝国主义、巩固民主和根除法西斯主义残余势力"②。虽然意识形态的思想因素在近代以来国际政治和国家外交中一直起着重要的作用，但却没有哪个时期像冷战时期一样，把意识形态放置到如此凸显的地位，反映出冷战时期刚性对立的国际政治思维特点。

二、战略同盟式的外交方式

在刚性对立的国际政治思维特点的推动下，冷战时期组建不同的国家同盟，以结盟的方式来参与世界政治并进行外交活动，也是一个重要的特点。也就是说，刚性对立的政治思维决定了一个国家或者加入以苏联为代表的国家集团，或者加入以美国为代表的国家集团。关于冷战背景下外交方式的这一特点，1948 年 11 月毛泽东在《全世界革命力量团结起来反对帝国主义的侵略》一文中指出，自十月革命以来"三十一年的历史难道没有证明：一切既不满帝国主义，又不满苏联的人们，一切企图站在帝国主义者的反革命战线和反帝国主义及其在各国的走狗的人们的革命战线之间的所谓'中间路线'，所谓'第三条道路'的彻底虚伪和彻底破产吗？"③ 1949 年毛泽东在《论人民民主专政》中则把这一点概括为"一边倒"的外交战略，指出："积四十年和二十八年的经验，中国人民不是倒向帝国主义一边，就是倒向社会主义一边，绝无例外。"④ 毛泽东这里所说的"绝无例外"这一点，反映的正是冷战背景下结盟外交的客观性和现实性。

三、分化争取国际政治中的中间政治力量

冷战时期，虽然在美苏的意识形态划分中世界已经被分为截然不同

---

① 齐世荣编：《当代世界史资料选辑》第一分册，北京师范学院出版社 1990 年版，第 92 页。
② 同上书，第 98 页。
③ 解放社编：《国际主义与民族主义》，东北新华书店 1949 年版，第 2 页。
④ 《毛泽东选集》第 4 卷，人民出版社 1991 年版，第 1473 页。

的两个部分，但在世界政治版图中还存在两个阵营之外的庞大的中间政治力量，分化争取国际政治中的中间政治力量以及构建对对立国家集团的战略包围或打破这一战略包围则成为冷战时期国际政治行为中的另一个重要特点。1953年美国国务卿杜勒斯在解释美国政府的"解放"外交政策时说，"只要苏维埃共产主义统治着现有各国人民总数的1/3，只要它正在设法至少把它的统治扩展到许多其它的国家，我们便绝对得不到巩固的和平或是欢乐的世界"。"因此我们必须时刻记住这些被奴役的人民的解放问题。不过，解放并不意味着一场解放战争。解放可以用战争以外的方法达到。这里，我想举一个例子，也许不是一个很理想的例子，但是能够阐明我的观点，即铁托领导的南斯拉夫对苏联共产主义统治的背叛。当然，铁托的统治也并不是我们所赞赏的，他的统治本身在许多方面也是专制的，但这一事实至少说明想要瓦解这一代表世界约1/3人口的铁板一块的（共产主义）组织，还是有可能的。"① 杜勒斯所阐述的"解放政策"，实质上是对社会主义阵营国家以及"两个阵营"之间政治力量的一种分化。在冷战时期美国的外交思维中，用不同方式援助和开发世界上的落后区域，则是"对共产主义最强烈的消毒剂"②。

四、隐忍不发、冷战共处的国际政治心理

虽然在冷战时期整个世界被笼罩在战争的巨大威胁之下，而且事实上以美苏为代表的两大阵营之间也多次出现局部性的"热战"，但从冷战双方的政治心理来说，则是隐忍不发、冷战共处。关于这一点，英国著名历史学家霍布斯鲍姆分析指出，冷战时期"尽管双方大言滔滔，尤其是美国一方，两个超级大国的政府却已默默接受二战结束之际全球武力分布的事实"，"双方两不相犯，互不越雷池一步"。③ 所谓"二战之际全球武力分布"，其实是就在"二战"结束前夕英美苏雅尔塔协定达

---

① 齐世荣编：《当代世界史资料选辑》第一分册，北京师范学院出版社1990年版，第113—114页。

② 同上书，第173页。

③ ［英］艾瑞克·霍布斯鲍姆：《极端的年代》上，郑明萱译，江苏人民出版社1999年版，第339页。

成的关于世界政治和军事秩序的安排。整个冷战时期，对立的两大阵营在政治心理上的"冷和"特点是非常鲜明的，也正是因为这种"冷和"的政治心理，使不同社会制度之间"和平共处"的观念能够得以形成，不过在冷战时期这种冷和状态下的"共处"，是服从于两种社会制度对立和斗争的规定性的。

冷战时期国际政治的特点决定了当时整个时代发展的主题，也决定了刘少奇外交思想和实践所包含的核心问题。从一定意义上说，刘少奇外交思想和实践所试图回答的正是在冷战背景下如何巩固新中国的国家安全和民族利益以及如何推动世界社会主义事业发展这一问题。

第四节　刘少奇外交思想形成的历史根据

革命时期，中国共产党并没有领导全国政权，因此也不具有现代国际法意义上的合法外交权利，但是面对中国革命复杂的时代环境和国内政治环境，中国共产党积极寻求对外部世界的认识，并以此为基础制定中国革命的战略，构建有利于中国革命的国际政治环境。从这个意义上说，自建党以来，中国共产党又存在一种事实上的外交活动。

革命时期，中国共产党的外交理论和实践，可以划分为三个不同时期：

第一个时期是从1921年建党到1935年召开的中共中央瓦窑堡会议。

这一时期中国共产党立足于对世界社会主义和帝国主义矛盾的分析认识，紧紧围绕着中国革命的历史任务，把反对帝国主义作为外交活动的根本目标。1922年中共二大政治宣言指出："中国的反帝国主义的运动也一定要并入全世界被压迫民族的革命潮流中，再与世界无产阶级革命运动联合起来，才能迅速的打倒共同的压迫者——国际资本帝国主义。中国劳苦群众要从帝国主义的压迫中把自己解放出来，只有走这条唯一的道路。"[①] 这是在国际政治的层面对中国革命的一种规划，突出了反对帝国主义的历史任务，奠定了此后中国共产党外交理论和实践的

---

① 《建党以来重要文献选编》第1册，中央文献出版社2011年版，第127—128页。

基本点。但在具体的外交战略规划上，这一时期中国共产党的外交理论和实践则呈现出比较鲜明的"俄化"特点，这主要表现在两个方面，一是中国共产党对外交往或外交的主要对象是苏联和共产国际，二是在关于中国革命所承担的世界使命的认识上，则把保卫苏联作为重要的目标。1922 年中共二大在《关于"世界大势"与中国共产党的议决案》中就指出："中国共产党要召集中国工人们加入世界工人的联合战线，保护无产阶级的祖国——苏维埃俄罗斯，抵御资本主义的进攻；并要邀集中国的被压迫群众，也来保护苏维埃俄罗斯，因为苏维埃俄罗斯也是解放被压迫民族的先锋。"[①] 1931 年在中华苏维埃宪法中，与苏联结盟获得了宪法形式的认可和保障："中国苏维埃宣告世界无产阶级与被压迫民族是与他站在一条革命战线上，无产阶级专政的国家——苏联是他的巩固的联盟。"[②] 但 1927 年大革命失败后在"左"倾路线的指导下，这一思想和实践则被推向了极致。在对时代发展的认识上，提出目前世界"明显地带着走向新的革命与战争的过渡的性质"，"苏维埃道路与殖民地道路之间谁战胜谁的问题正是尖锐的提了出来"[③]。在对时代发展这一认识基础上，随着日本帝国主义的侵略，中共与苏联结盟的思想发展为"武装保卫苏联"的战略思想，认为日本对中国的侵略证明"干涉苏联的犯罪战争已经逼在眼前"，各级党组织应该比任何时期都更加警觉，"号召群众武装保卫苏联，反对干涉外蒙古人民共和国"，"加紧在广大群众中宣传无产阶级的国际主义，和苏联与中国的劳苦群众兄弟联盟的口号"。[④] 这种俄化的外交思想和实践在当时的条件下有其一定的积极意义，但也产生了严重的消极作用。"俄化的结果是出现了一种倾向，即中国的民族主义在一定时期里附属于苏联的民族主义。"[⑤]

　　第二个时期是从 1935 年中共中央瓦窑堡会议到抗战结束后国共内战之前。

---

① 《建党以来重要文献选编》第 1 册，中央文献出版社 2011 年版，第 136—137 页。
② 中国现代史资料编辑委员会：《苏维埃中国》，1957 年版，第 21 页。
③ 《建党以来重要文献选编》第 11 册，中央文献出版社 2011 年版，第 31—32、50 页。
④ 同上书，第 335、336 页。
⑤ 曹泳鑫：《马克思主义国际关系理论研究》，上海人民出版社 2009 年版，第 262 页。

这是中国共产党外交思想和实践极大丰富和发展的时期。这一时期，中国共产党外交思想和实践最鲜明、最主要的内容表现在以下三个方面：第一，在反法西斯主义和日本帝国主义的历史背景下，中国共产党对世界政治的认识开始趋于多元，因此，外交政策也开始呈现出多样化的特点。瓦窑堡会议决议在阐述新时期中国共产党外交政策时指出："苏维埃人民共和国的外交政策，建设于不放弃一切可能争取反对日本帝国主义和中国卖国贼的胜利的基础之上，同一切和日本帝国主义及其走狗卖国贼相反对的国家，党派，甚至个人，进行必要的谅解，妥协，建立国交，订立同盟条约等等的交涉。苏维埃人民共和国及其政府并不是不择目标而随便放矢的，谁愿为着自己的利益而同时有利于苏维埃人民共和国抗日讨卖国贼的斗争者，苏维埃政府均愿与之发生友谊的关系。"① 从中国共产党外交思想史来看，这是"一次具有历史意义的转折"②，标明中国共产党开始突出"自己的利益"，开始对国际上其他政治力量进行"谅解、妥协"，也就是说外交思维趋于弹性。第二，虽然这一时期的大部分时间里，中国共产党对国际政治的分析仍然是在如前所述的斯大林关于国际政治"五类矛盾说"的基础上进行的，但这一时期越是往后，中国共产党越是鲜明地开始寻求对世界政治的不同理解。1945 年在中共七大上，毛泽东开始尝试用世界政治"团结论"来代替长期以来沿用的世界政治"矛盾论"，指出："苏联，毫无问题是朋友，是中国人民最好的朋友"，"现在整个国际形势是好的，有苏联参加的反法西斯阵线的团结，主要是英、美、苏三国的团结。这个团结是主要的，统治一切的"③。在这一认识基础上，毛泽东并没有把资本主义与社会主义的矛盾简单地理解为世界政治发展中的核心问题，而是认为在"国际和平实现以后，反法西斯的人民大众和法西斯残余势力之争，民主和反民主之争，民族解放和民族压迫之争仍将充满世界的大部分地方。只有经过长期的努力，克服了法西斯残余势力、反民主势力和一切帝国主义势

---

① 《建党以来重要文献选编》第 12 册，中央文献出版社 2011 年版，第 546 页。

② 牛军：《从延安走向世界——中国共产党对外关系的起源》，福建人民出版社 1992 年版，第 24 页。

③ 《毛泽东文集》第 3 卷，人民出版社 1996 年版，第 320 页。

力，才能有最广泛的人民的胜利。到达这一天，决不是很快和很容易的，但是必然要到达这一天。反法西斯的第二次世界大战的胜利，给这个战后人民斗争的胜利开辟了道路。也只有这后一种斗争胜利了，巩固的和持久的和平才有保障"①。从外交战略着眼点来看，这一认识就与中国共产党在巩固与苏联同盟关系的同时，积极争取与美国等西方国家关系的改善提供了理论上的可能性。第三，根据第二次世界大战和中国抗战发展的进程，以及战后中国社会发展的需要，提出了一条和平外交政策。党的七大指出："中国共产党的外交政策的基本原则，是在彻底打倒日本侵略者，保持世界和平，互相尊重国家的独立和平等地位，互相增进国家和人民的利益及友谊这些基础之上，同各国建立并巩固邦交，解决一切相互关系问题，例如配合作战、和平会议、通商、投资等等。"② 总之，即便是从今天的眼光来看，这一时期积累的对世界发展的非意识形态认识与和平外交的政策，都是具有重要意义的。

第三个时期是从国共内战爆发到新中国成立前夕。

这一时期从国际政治发展的变化来看，最鲜明的特点就是美苏的战时合作开始转向了美苏之间的冷战对抗，而由此引起的对中国革命发展最大的影响在于美国在调节国共关系失败后转向了对中国共产党和中国革命的反对，而这一时期苏联出于维护自身战后的政治利益，则试图在中国革命问题上实现与美国的妥协。在战后中国革命的这种大国政治背景下，中国共产党高度凸显出独立自主外交的重要性。1946 年毛泽东在《关于目前国际形势的几点估计》中指出：大国之间的"这种妥协，并不要求资本主义世界各国人民随之实行国内的妥协。各国人民仍将按照不同情况进行不同斗争。反动势力对于人民的民主势力的原则，是能够消灭者一定消灭之，暂时不能消灭者准备将来消灭之。针对这种情况，人民的民主势力对于反动势力，亦应采取同样的原则"③。从战后整个世界政治发展的整体背景来看，毛泽东的这一认识的实质在于中国革命独立自主地突

---

① 《毛泽东选集》第 3 卷，人民出版社 1991 年版，第 1031—1032 页。

② 同上书，第 1084—1085 页。

③ 《毛泽东选集》第 4 卷，人民出版社 1991 年版，第 1185 页。

破美苏联合主宰世界政治格局的体制，"向大国体系宣战"①。从对国际政治形势发展的判断来看，这一时期非常重要的一点是毛泽东提出的"中间地带"理论："美国和苏联中间隔着极其辽阔的地带，这里有欧、亚、非三洲的许多资本主义国家和殖民地、半殖民地国家。美国反动派在没有压服这些国家之前，是谈不到进攻苏联的。"②"中间地带"理论的提出，为推动中国革命的独立自主发展和独立外交进一步奠定了重要的理论基础。

　　总之，在革命时期不同发展阶段上，中国共产党形成了不同的对国际政治的认识，并以此为依据制定了反映中国革命不同阶段发展特点的外交政策。整个来看，对革命利益的强调、对非意识形态化外交的认识以及对和平外交的探索，成为革命时期中国共产党外交思想和实践最重要的历史特点。刘少奇作为党和革命重要的领导人，在革命时期多方面地经历了中国共产党外交思想的形成和实践，并做出了积极的贡献，但从更长远的发展来看，革命时期中国共产党丰富的外交思想和实践，又为新中国成立后刘少奇外交思想和实践的进一步发展提供了重要的历史基础。

---

　　① 牛军：《从延安走向世界——中国共产党对外关系的起源》，福建人民出版社1992年版，第220页。

　　② 《毛泽东选集》第4卷，人民出版社1991年版，第1193页。

第二章

1944—1966 年中共中央外交机构
和决策体制

自从抗战后期以来，中国共产党在领导中国革命和社会主义建设的过程中，为了适应不断变化的国际政治和自身的历史地位的变化，逐步建立和完善了外交决策的体制和体系。党中央外交机构与决策体制是党中央外交政策的发源地，是党的外交思想与外交政策制定的中枢，在新中国成立前和成立以后发挥着极其重要的作用。在这一机构中，刘少奇始终处于重要地位。研究刘少奇外交活动和思想，必须深入研究中共中央外交决策机制和体制的历史变迁，并从其中深入揭示刘少奇所起的重要作用。

第一节　1944—1966 年中共中央外交机构的变迁

外交是一个主权国家对国际关系和国际活动的参与，是一个国家在对外交往过程中的主权象征和主权标志，"它的主要目的是在不诉诸武力、宣传机器或者法律的情况下，确保国家对外政策目标的实现"。①在近代以来政党政治的发展中，一般情况下，外交是由一个国家的执政党及其领导下的政府所垄断和享有的合法权利。但对于一个处于剧烈政治和社会变动中的国家来说，由于旧的统治者及其领导的政府已经丧失了政治合法性，革命政党在代表历史发展的规律和人民的意志重新建立新的政治和社会秩序时，也会积极地寻求参与国际政治、争取国际有利

---

① ［美］杰夫·贝里奇：《外交理论与实践》，庞中英译，北京大学出版社 2005 年版，第 1 页。

力量支持的活动。从这个意义上说，革命政党在外交方面也具有一种事实上的外交权利。

中国共产党建立后，高度重视国际政治的发展并积极寻求参与世界政治发展和国际共产主义运动的途径方法，但长期以来由于受到历史条件的制约，中共的"外交"仅限于与共产国际和苏联的带有"上下级"性质的交往和活动。1937 年抗日战争的爆发，把中华民族带到了一个前所未有的历史变局之中，同时也使中共开始走出了过去狭小的对外交往空间。1941 年《陕甘宁边区政府施政纲领》对于中共的外交方针进行了规定，指出："在尊重中国主权与遵守政府法令的原则下，允许任何外国人到边区游历、参加抗战工作、或在边区进行实业、文化与宗教活动。"① 1944 年是中国共产党在抗日战争时期和整个对外交往历史中非常关键的一年。1944 年 5 月中外记者团②来到延安进行访谈和考察，1944 年 7 月美国军事观察小组③来到延安。1944 年 8 月 18 日，中共中央下发了《中央关于外交工作的指示》，指出我们不应该把中外记者团、美国军事观察小组的"访问和观察当为普通行动，而应把这看作是我们在国际间统一战线的开展，是我们外交工作的开始"。"我们党的同志首先是高级领导同志，应该对于这项工作开始予以注意予以学习。"④ 这一指示标志着中国共产党开始了真正意义上的"半官方"的外交工作。

虽然在苏维埃时期曾设立过苏维埃中央政府外交部，但在被封锁的政治环境下，是没有真正意义上的外交工作的，因此长征结束后这一机

---

① 《中共中央文件选集》第 11 册，中共中央党校出版社 1986 年版，第 644 页。

② 1944 年初，美英等国向中国共产党提出，要求派遣记者到延安和解放区考察，中共同意了这一要求。1944 年 6 月，向美联社、美国《基督教科学箴言报》的史坦因，美国《时代杂志》、《纽约时报》、《同盟劳工新闻》的艾泼斯坦，合众社、伦敦《泰晤士报》的福尔曼，路透社、塔斯社记者等人以及中国方面的《中央日报》、中央社、《新民晚报》、《扫荡报》、《大公报》、《时事新报》、《国民公报》、《商务日报》的记者组成中外记者团来到延安。

③ 1944 年 7 月 22 日和 8 月 7 日，中缅印战区美国总部分两批向延安派遣军事观察人员，当时美国将这些人员称作为"迪克西使团"，主要的任务是收集情况，包括共产党军队的实力、组成、部署和战斗效率；共产党官员的完整名单；共产党军队的运作；共产党目前的抗战贡献评估；共产党控制下的地区范围；共产党为抗战所能做出的贡献的潜力评估等。1947 年，"迪克西使团"结束活动。参见［美］卡萝尔·卡特《延安使命：1944—1947 美国观察组延安 963 天》，陈发兵译，世界知识出版社 2004 年版，第 40—41 页。

④ 《中共中央文件选集》第 12 册，中共中央党校出版社 1986 年版，第 573 页。

构被撤销，只留下了招待科，主要负责外宾的生活接待。1937年陕甘宁边区政府成立后，为了加强对外宣传和联络工作，筹备并建立了交际处，既负责辖区之外中外来宾的接待工作，也负责对外的接触、宣传和联络工作。从毛泽东有关交际处工作的指示来看，延安交际处可以说是一个工作性质非常广泛的统一战线的工作机构①，并不是严格意义上的外交机构。

到1944年之前，中共中央并没有设立专门性的从事外交的机构组织，但当历史环境允许中共中央在更大的范围内观察和思考世界政治并且更广泛地与外部世界开始接触时，专门性的外交机构和机制也就很快建立了起来。1944年10月7日，中共六届七中全会主席团会议决定设立中央交际处兼中央外事组，由杨尚昆任处长兼组长，王世英、金城为副处长，隶属于中央军委②。此后，这一机构在历次中央机构调整中一直被保留着，并且随着党的事业的发展，越来越重要。

1946年6月国共内战爆发，10月国民党关死了国共和谈的大门。中共驻南京、上海、北平的人员先后回到延安，其中有由原北平军调部中共代表团参谋长薛子正（任组长）、新闻处长黄华（任副组长）、原中共驻南京代表团外事委员会副书记王炳南和任党委书记的章文晋、张香山、凌青、王光美等人。这些人回到延安后，都进了中央军委外事组③，这是对中央外事组发展的重要推动。

1947年5月1日，中共中央决定，将迁移到山西临县的原中央军委外事组改组为中共中央外事组，成为中央直属的八大单位之一，统一管理党和解放区的外交工作。中央外事小组由叶剑英任组长，杨尚昆、王炳南任副组长④。从1947年5月11日叶剑英就外事组改组给中央的报告来看，中央外事组的基本框架是由研究处、编译处和新闻处组成。编

---

① 金城：《延安交际处回忆录》，中国青年出版社2005年版，第4—8页。

② 凌青：《从延安窑洞到北京外交部街》，见宗道一、傅铮铮《从延安窑洞到北京外交部街》，中国财政经济出版社2004年版，第52页；陈敦德：《新中国外交部组建始末》，中国青年出版社2011年版，第4页。王健英在《中共中央机关历史演变考实》一书中认为1944年设立的外事组隶属于中共中央的组织框架，这可能有误。参见王健英《中共中央机关历史演变考实》，中共党史出版社2005年版，第451页。

③ 范文杰、李明堂：《中央外事组在柏里》，《档案天地》2011年第4期。

④ 王健英：《中共中央机关历史演变考实》，中共党史出版社2005年版，第566页。

译处的工作是翻译毛泽东文选[1]，编译有关介绍土地改革和解放区文化的材料；研究处的工作主要是研究国际形势、党的外交政策，编写有关参考资料；新闻处的工作则主要是编发和油印新闻材料[2]。从叶剑英的这个报告来看，中央外事组的工作性质主要是为中央提供外交方面的咨询，并出版一些介绍国外情况（比如当时编译了《美国手册》）的书籍以及有关解放区情况的对外宣传材料。此外，中央外事组领导的机构还有中共驻香港办事处、中共在哈尔滨的外事机构以及与联合国救济总署联系的解放区救济总署[3]。

　　从1947年的具体情况来看，成立中央外事组主要目的是在战争中把一批具有外交才能和外事经验的人保留下来，聚在一起，"成立外事组就是这个目的，并不是真正有什么外事。"[4] 这表明，中国共产党已经开始谋划新中国的外交工作了。1948年4月，中央外事组随中央机关迁至河北省西柏坡，周恩来兼任主任，王炳南任副主任。1949年9月30日，新中国成立前一天，中央宣布解散了中央外事组，在中央外事组原班人马的基础上成立了中华人民共和国外交部。10月1日，根据《共同纲领》，新中国建立了外交部，中央人民政府委员第一次会议任命周恩来为政务院总理兼外交部部长，王稼祥、李克农、章汉夫为副部长[5]。1949年11月8日，新中国外交部举行了成立大会，下设"六司两委一厅"，即东欧司、亚洲司、西欧非洲司、美洲澳洲司、国际司与情报司，条约委员会、外交政策委员会和办公厅，共248人。从中央军委外事组、中央外事组到外交部，正如同中国革命从小到大、由弱到强一样，中国共产党的外交组织机构也不断从小到大，逐步健全，表明

---

①　从凌青后来的回忆看，当时除了翻译毛泽东的著作外，中央外事组还负责翻译刘少奇在七大上的关于修改党章的报告。参见凌青《从延安到联合国：凌青外交生涯》，福建人民出版社2008年版，第61页。

②　《叶剑英传》，当代中国出版社1995年版，第383页。

③　陈敦德：《新中国外交部组建始末》，中国青年出版社2011年版，第4页。

④　凌青：《从延安窑洞到北京外交部街》，见宗道一、傅铮铮《从延安窑洞到北京外交部街》，中国财政经济出版社2004年版，第67页。

⑤　王稼祥后来担任中国首任驻苏大使，章汉夫当时主要在上海负责侨务和西方国家在华资产事务，李克农当时兼中央情报部部长，任务重大，因此外交部的日常工作是由外交部办公厅主任王炳南具体负责。王炳南1955年任中国驻波兰大使，1964年任外交部副部长。参见凌青《从延安窑洞到北京外交部街》，见宗道一、傅铮铮《从延安窑洞到北京外交部街》，中国财政经济出版社，2004年版，第71页。

中国共产党越来越成熟地认识时代发展和参与世界性事务的能力。

从新中国成立到"文革"之前，新中国的外交机构有两次重要的扩充和变化。一是在 1951 年成立了中共中央对外联络部，由王稼祥任部长，廖承志、李初梨、连贯任副部长①。中央对外联络部的建立，标志着中共开始了有组织的党际外交，这是对新中国外交领域的重要扩展。二是 1958 年 6 月，为了协调涉外机构之间的关系，加强党在外交工作中的一元化领导，中共中央成立了中央外事小组②，隶属中共中央政治局和书记处。中央外事小组组长由当时的政治局委员、外交部部长陈毅担任，成员有中央书记处书记王稼祥、中央委员张闻天、刘宁一、廖承志、叶季壮③。中央外事小组的主要职能是管理一切对外事务。至此，到"文革"之前，新中国外交机构基本是由四级建制，即中央政治局和书记处——中央外事小组——外交部、中联部以及其他党政军中的涉外机构——驻外使馆、新华社、军情机构。

第二节　1949—1966 年中共中央外交决策中的"毛—刘—周"体制

虽然 1944 年后中央的外交机构逐步健全，但中央外事机构本身对于涉外事务并没有决策权，只是起着一种咨询、建议的作用，外交的最高决策权力在中共中央，这就如同 1949 年 1 月周恩来在中央外事组会议的报告中所说的："外交大权在中央，各地不得擅自行事，遇事要多请示报告。"④

建党以来，中共中央的高层领导和决策体制经过一个复杂的变化，到 1945 年党的七大形成了成熟的中央四级领导体制，即党的全国代表大会—中央委员会—中央政治局—中央书记处。1938 年 9 月 29 日至 11 月 6 日召开的中共六届六中全会将中央常务委员会和中央书记处合并，重新建立了中央书记处，"中央书记处的任务，是办理中央委员会之组

---

① 《刘少奇年谱》下卷，中央文献出版社 1996 年版，第 269 页。
② 与中央外事小组一起同时成立的还有中央财经、政法、科学、文教小组。
③ 《中国共产党组织史资料（中央卷）》第九卷，中共党史出版社 2000 年版，第 628 页。
④ 范文杰、李明堂：《中央外事组在柏里》，《档案天地》2011 年第 4 期。

织性质和执行性质的日常工作"①。1943 年 3 月，中央机构经过调整和精简，中央书记处的作用进一步提升。中央书记处在组织上服从政治局，"但在政治局方针下，有权处理和决定一切日常性质的问题。"② 经过改组后的中央书记处由毛泽东、刘少奇、任弼时三人组成，毛泽东任主席。1945 年中共七大继承了 1943 年以来的中央领导体制，选举毛泽东、朱德、刘少奇、周恩来、任弼时 5 人为书记处书记，毛泽东任主席。到 1956 年中共八大前，中央书记处成为党的日常性最高领导机关。1956 年中共八大在中央领导体制上作了进一步调整，重新划分了中央政治局常务委员会和中央书记处的职能，中央政治局和它的常务委员会在中央全会闭会期间"行使中央委员会的职权"，"中央书记处在中央政治局和它的常务委员会领导之下，处理中央日常工作"③。八届一中全会经过选举，中央政治局常务委员会委员为毛泽东、刘少奇、周恩来、朱德、陈云、邓小平，毛泽东任中央委员会主席和中央政治局常务委员会主席，邓小平任中央书记处书记。从中共的领导组织体制来看，"外交大权在中央"，实际是表明中央书记处（1956 年以前）和后来的中央政治局常务委员会（1956 年以后）掌握着外交的最高决策权力，毛泽东则"有最后决定之权"④。

中央对外交的最高决策权力，在重要的外交文件中体现得非常鲜明。1949 年 1 月 19 日中央《关于外交工作的指示》指出："在目前，哈尔滨、沈阳、北平、天津、济南五个市的市政府内应成立外国侨民事务处及公安局内的外国侨民管理科，其负责人选，须报中央批准。其他各市，如有外国侨民在百人以上者，应由中央局调查清楚后报告中央核准成立上述机构并决定人选。"⑤ 25 日，中央在发给北平、天津市委的《关于外交工作方针的补充指示》中，针对外国记者的新闻报道，指出"暂可不禁"，"在经过一个考察时期后，并经中央批准，再令所有外国

---

① 《中共中央文件选集》第 11 册，中央党校出版社 1991 年版，第 763 页。
② 国防大学党史党建政工教研室：《中共党史教学参考资料》第 17 册，1986 年版，第 345 页。
③ 《中国共产党第八次全国代表大会文献》，人民出版社 1956 年版，第 834 页。
④ 国防大学党史党建政工教研室：《中共党史教学参考资料》第 17 册，1986 年版，第 345 页。
⑤ 《建党以来重要文献选编》第 26 册，中央文献出版社 2011 年版，第 59—60 页。

记者举行登记审查，到时可考虑其中有否合乎我们需要的外国记者，给以采访和发报之权，其他则不予批准"①。1958 年 6 月，毛泽东在关于建立中央外事小组的通知中增写了这样一段话："大政方针在政治局，具体部署在书记处。只有一个'政治设计院'，没有两个'政治设计院'。大政方针和具体部署，都是一元化，党政不分。具体执行和细节决策属政府机构及其党组织。对大政方针和具体部署，政府机构及其党组有建议之权，但决定权在党中央。"②

1949—1966 年中共的外交决策是一个高度集权的权力机制，但从1966 年之前的政治局和书记处外交决策权的运行来看，其核心则是毛泽东、刘少奇和周恩来三人，因此可以称作为中国外交决策中的"毛泽东—刘少奇—周恩来"体制。

"毛泽东—刘少奇—周恩来"决策体制，是新中国外交决策权力高度集中的直接表现，但是这一集中的外交决策权力仍然是受到制约的，除了来自外交部、外联部、新华社③、军情部门等提供的信息制约外，还受到政治局委员和书记处其他书记的制约，尤其是在重大外交决策的问题上，整个政治局和书记处的意见起着非常关键的作用，从而在客观上形成了一种制约"毛泽东—刘少奇—周恩来"决策体制的民主机制。比如，在 1950 年 10 月中国出兵朝鲜的决策问题上，这种制约作用就体现得非常鲜明。中国出兵朝鲜，是新中国成立初期的重大外交决策。在1950 年 10 月 1 日的书记处会议上，毛泽东、刘少奇、周恩来等人都同意出兵朝鲜④，但在 10 月 2 日书记处扩大会议上，出兵朝鲜的意见却受到了质疑，"在这次会议上，多数人不赞成出兵。"⑤ 这事实上否定了前

---

① 《建党以来重要文献选编》第 26 册，中央文献出版社 2011 年版，第 81 页。

② 《建国以来毛泽东文稿》第 7 册，中央文献出版社 1992 年版，第 268—269 页。

③ 关于新华社作为一种特殊的外交形式，目前还没有引起人们的充分注意和研究，但是美国中情局在 1964 年 2 月 7 日形成的一份报告即《中情局关于新华社对外使命的特别报告》，该报告指出新华社是中国共产党"建立更广泛外交和经济关系的有效踏脚石"（《美国对华情报解密档案》第 3 卷，东方出版社 2010 年版，第 480 页）。虽然该报告带有对中国外交不实的攻击性，但也可以算上是关于从外交的视角对新华社研究的文献。1956 年 5 月，刘少奇在对新华社的一份指示中说："通讯社是阶级斗争的工具，要很好地掌握它。驻外记者既要斗争，又能站得住脚；不要因为斗争得不好，被驻在国政府赶回来。"（人民出版社资料室《刘少奇言论汇编》，1967 年版，第 144—145 页）。这里也包含了关于新华社外交使命和作用问题的认识。

④ 参见沈志华《毛泽东、斯大林与朝鲜战争》，广东人民出版社 2007 年版，第 182—184 页。

⑤ 《毛泽东传（1949—1976）》上，中央文献出版社 2003 年版，第 118 页。

一天毛泽东和中央书记处会议的意见。在这种情况下，毛泽东通过苏联驻华大使罗申转告斯大林，中共中央的许多同志认为对出兵朝鲜"表示谨慎是必要的"，"因此，目前最好还是克制一下，暂不出兵。"[①] 在 10 月 4 日中央政治局扩大会议上[②]，同样是"多数人不赞成出兵或者对出兵存有种种疑虑"[③]。直到 10 月 5 日，中央政治局会议在彭德怀的高调发言支持出兵朝鲜后，才作出出兵朝鲜的决定。新中国出兵朝鲜的外交决策，在中国外交史上具有重要的意义。在整个决策的过程中，"充分发扬民主，毛泽东尽管有了自己的主张，仍然认真听取各种不同意见，让大家把出兵的不利方面和困难方面充分地说出来，然后再说服大家。"[④] 这也在客观上表明，1966 年之前，对于"毛泽东—刘少奇—周恩来"的决策体制客观上存在一种民主化的制约机制，只不过这一制约机制的作用在整个新中国外交史上表现得并不是十分鲜明，也并没有能够被制度化，从而形成集中性和分散性相结合的决策体系而已。

第三节　"毛—刘—周"决策体制的特点与刘少奇的个性特征

在"毛泽东—刘少奇—周恩来"的外交决策体制下，作为这一体制的三个核心人物，毛泽东、刘少奇和周恩来都起着各自不同但又相互协调的重要作用，从而形成了这一体制的两个基本特点。

1. 在这一体制中毛泽东是最高和最后的决策者。

"涉外事项必须经过主席（指毛泽东——引者注）。"[⑤] 但毛泽东的

---

① 《罗申致斯大林电》（1950 年 10 月 5 日），转引自沈志华《毛泽东、斯大林与朝鲜战争》，广东人民出版社 2007 年版，第 183 页。

② 出席会议的有 12 人，即毛泽东、朱德、刘少奇、周恩来、任弼时、林伯渠、董必武、彭真、陈云、张闻天、彭德怀、高岗。列席会议的有 10 人，即罗荣桓、林彪、邓小平、饶漱石、薄一波、聂荣臻、邓子恢、李富春、胡乔木、杨尚昆。

③ 《毛泽东传（1949—1976）》上，中央文献出版社 2003 年版，第 118 页。

④ 同上书，第 119 页。

⑤ 《建国以来刘少奇文稿》第 5 册，中央文献出版社 2008 年版，第 215 页。这是 1953 年 7 月 14 日刘少奇在当时任中央人民政府人民革命军事委员会总参谋部第三副总参谋长、总后方勤务部部长黄克诚呈送的两份电报上的批示，原文为："这两个电报应先送主席审阅批准后发。因涉外事项必经过主席。望你以后注意。"（《建国以来刘少奇文稿》第 5 册，中央文献出版社 2008 年版，第 215 页）这具体表明了毛泽东在对外决策与对外事务中的最高权力。

外交工作重点在于把握对时代政治主题的判断以及对重大外交战略思想的谋划上，比如在 1945 年是否赴重庆谈判、1946 年"中间地带"思想的提出、1949 年对共产党情报局"两个阵营"理论的接受和新中国"一边倒"外交战略的形成①、1956 年后与苏联的理论争论，1959 年关于在中印边界上设置"无枪地带"的想法②、20 世纪 60 年代初期关于战争与革命的时代主题认识等关于中国外交走向的重大问题上，毛泽东起着无可代替的重要作用。

2. 在这一体制中，刘少奇和周恩来都参与决策并具体操作，相互配合，但具体的外交工作重点是不同的。

在 1959 年 4 月第二届人大一次会议选举刘少奇担任国家主席之前，刘少奇的外交工作重点主要在党际外交方面，而周恩来的外交工作重点则在于国家外交方面。1959 年后，刘少奇的外交工作领域则既包含了党际外交，又包含了国家外交，特别是新中国的周边国家关系。不过，从 1966 年前的整个外交决策的层面来看，"这一时期刘少奇的作用要高于周恩来。"③ 也就是说，在这一体制中，刘少奇在外交决策方面享有仅次于毛泽东的权力④。刘少奇在新中国外交决策中的这一重要作用，与他在党内地位是一致的。

1943 年 3 月中央政治局会议讨论通过的《中央机构调整及精简的决定》，对中共高层领导体制作出了重要的改革，刘少奇是中央书记处三大书记之一，具体领导中央组织委员会的工作。组织委员会分管的工作领域为中央组织部（包括中央党务委员会）、统一战线部、民运工作委员会、中央研究局、海外委员会⑤。由于在相当长的时间里，中共是把外交作为

① 关于这两个问题，可参见任晓伟《1945—1949 年毛泽东对美苏关系的认识与中国共产党外交重心调整》，《陕西师范大学学报》2009 年第 3 期。

② 1959 年 11 月 3 日，在杭州工作会议上，毛泽东建议考虑在中印边界上双方各退 20 公里，搞一个无枪地带，只许不带武装的民政人员照旧管理，以待谈判解决，"与会者一致赞成毛泽东的建议"。参见《周恩来年谱》中卷，中央文献出版社 1997 年版，第 265—266 页。

③ 宫力等：《中国外交决策机制变迁研究（1949—2009）》，《世界经济与政治》2009 年第 11 期。

④ 人们一般认为的新中国外交决策中的"毛泽东—周恩来"体制，主要是在"文化大革命"中的外交工作中逐步形成的，关于这一问题可参见宫力等《中国外交决策机制变迁研究（1949—2009）》，《世界经济与政治》2009 年第 11 期。

⑤ 国防大学党史党建政工教研室：《中共党史教学参考资料》第 17 册，1986 年版，第 344—345 页。

统一战线的特定形式，即国际统一战线来认识和处理的，因此，外交的具体事宜是由刘少奇来直接领导的。"七大"后，刘少奇是中央书记处五大书记之一，在党内的地位仅次于毛泽东，被称作为"中国的斯维尔德洛夫，是我们党的第二号人物"（斯维尔德洛夫，1885 年出生，1919 年去世，是列宁时期俄共党内著名的理论家和政治家。1918 年列宁遇刺受伤后，由斯维尔德洛夫代替列宁主持苏维埃人民委员会工作，可能正是由于这个原因，当时党内也把代替毛泽东主持过中央工作的刘少奇称作为"中国的斯维尔德洛夫"——引者注）①。"八大"后，刘少奇当选为政治局常委，并在毛泽东提出中央划分为一线、二线后，具体负责中央一线的工作，从 1959 年起刘少奇开始担任国家主席。刘少奇不仅在党内和国家政治生活中处于重要的地位，而且在长期的革命和建设过程中多次代替毛泽东代理中共中央主席和中央人民政府主席的职务。正是基于刘少奇在党内特殊的历史地位，1961 年毛泽东在与蒙哥马利的谈话中说："我们的副主席有六个，排头的是谁呀？刘少奇。我们不叫第一副主席，他实际上就是第一副主席，主持一线工作。"② 20 世纪 40 年代后刘少奇在党内不断上升的政治地位，即他在中共中央书记处和中央政治局中的地位，决定了他在外交决策中的重要地位。

在"毛泽东—刘少奇—周恩来"体制下，刘少奇具有自身鲜明的个性特点，这种特点主要是以下两个方面：

一、对中国外交进行深层次的理论思考

刘少奇作为党内的理论家，享有仅次于毛泽东的理论地位。20 世纪 60 年代，中苏论战期间毛泽东在修改《关于斯大林问题》这篇文章时，曾亲自把原稿中的"以毛泽东同志为代表的中国马克思列宁主义者"修改为"以毛泽东同志和刘少奇同志为代表的中国马克思列宁主义者"③，这表明毛泽东对刘少奇在党内的理论地位也是充分认可的。

---

① 金凤：《他沉浸在思想的海洋中》，《缅怀刘少奇》，中央文献出版社 1988 年版，第 368 页。

② 中共中央文献研究室科研部图书馆编：《刘少奇人生纪实》，凤凰出版社 2008 年版，第 1070 页。

③ 刘爱琴：《我的父亲刘少奇》，人民出版社 2009 年版，第 170 页。

正是由于这一理论地位，使刘少奇非常重视对中国外交的理论思考，促使刘少奇能够从社会主义事业发展的高度和从对国际政治走向的深刻思考中来认识中国外交的走向，并以此来确定中国的外交战略和外交政策。

二、在外交实践活动中老成持重，坚持原则又善于妥协

从刘少奇的个体性格来看，如同西方学者麦克法夸尔所说的，在同时代杰出的政治人物中，刘少奇是性格"特征色彩最平淡的人物"，与毛泽东、周恩来等人不同，刘少奇"缄默到了腼腆，谦虚到了不出头露面的地步，一个受到组织高于个人原则教育的人。以至他的个性消失了"。①麦克法夸尔对刘少奇性格的这个评价，是有一定道理的，但这只是刘少奇与毛泽东、周恩来等人相比性格上的不同，并不是说刘少奇的个体性格就"消失了"。总体上说，受家庭、成长以及参加革命后的工作环境等因素的影响②，刘少奇为人沉稳、处事稳健，在复杂的环境下遇事不极端，善于吸收不同意见，具有"善忍"的心性和品性，具有"正确分析形势把握局势的能力"和"出众的组织领导才能"③。这一性格特征使得刘少奇在国际政治舞台上，能够深刻地认识和观察各种力量的发展，沉稳应对各种国际风险和考验。

从刘少奇的早年成长来看，刘少奇从小受到"戒忿争"这一族规的很大影响（刘氏族规共七条，其他六条为"正家室"、"睦族党"、"务本业"、"崇节俭"、"择交游"、"训子弟"），从来没有发生过与家庭的冲突和斗争，正是这种温暖的家庭环境，"使刘少奇逐渐形成其平和冲淡的性格，他一生中不愿介入纷争，有时甚至忍辱负重甚或恬退隐忍"④。青年时期养成的这一性格特征使得刘少奇在领导新中国外交时，形成了在坚持原则性的同时又善于妥协的特点，坚持追求稳定的和平环境，既维护自身的国家利益又不好斗。

---

① ［英］罗德里克·麦克法夸尔：《文化大革命的起源（一）》，《文化大革命的起源》翻译组译，河北人民出版社1989年版，第5、6页。

② 龙剑宇：《刘少奇的性格形成之探讨》，《毛泽东思想研究》1998年第5期。

③ 刘爱琴：《我的父亲刘少奇》，人民出版社2009年版，第169页。

④ 龙剑宇：《刘少奇的性格形成之探讨》，《毛泽东思想研究》1998年第5期。

第四节　"毛—刘—周"体制下刘少奇
在外交决策中的作用

刘少奇是"我党对外工作的重要奠基人和开拓者","从 1949 年新中国成立至 1966 年'文化大革命'开始前，一直主管党的外交工作"①。刘少奇在新中国外交决策中的重要性，体现在新中国外交体制和许多重大事件上。

一、在党的外交体制中，刘少奇是党的外交政策的决策者之一

从新中国成立后的外交决策来看，刘少奇发挥了重要的作用。比如，1950 年 1 月，刘少奇致电正在莫斯科访问的毛泽东，报告有关中英、中印、中荷、中国与印尼的外交关系，并提出了自己对于处理上述关系的意见②。1950 年 9 月，越南民主共和国派遣黄文欢为越南驻中国代表，要求中共中央派遣一位负责同志与黄文欢联络。11 月 8 日，刘少奇批示周恩来："请周指定外交部人员和黄文欢接洽作为越南外交代表的各项事务，并适时公开。"③ 1951 年 2 月 22 日，中国驻德意志民主共和国大使姬鹏飞致电周恩来，请示派人列席德国共产党第一次全国代表大会。同日，周恩来指示："李一氓参加，因李现随郭沫若在柏林开和大理事会。"23 日，刘少奇批示："同意派李一氓参加。"④ 随后，李一氓作为中共代表列席了于 1951 年 3 月 3—4 日召开的德国共产党第一次全国代表大会。1954 年 9 月，外交部党组根据形势的变化对中国驻外使节进行了调整，9 月 8 日周恩来将调整报告批送刘少奇："此项名单昨晚已在主席处谈过，原以为今晚你会到主席处开会，可当面报告。现补送上，请批准。"⑤ 上述这些材料鲜明地

---

① 戴秉国：《刘少奇的党际关系思想和实践》，《光明日报》1999 年 1 月 15 日。
② 《建国以来刘少奇文稿》第 1 册，中央文献出版社 2005 年版，第 427 页。
③ 《建国以来刘少奇文稿》第 2 册，中央文献出版社 2005 年版，第 529 页。
④ 《建国以来刘少奇文稿》第 3 册，中央文献出版社 2005 年版，第 111 页。
⑤ 《建国以来刘少奇文稿》第 6 册，中央文献出版社 2008 年版，第 353 页。

体现出刘少奇在党的外交决策体制和机制中的重要地位以及发挥的重要作用。

二、在中国外交重大事件中，刘少奇发挥了重要的决策作用

刘少奇不仅是直接向毛泽东汇报新中国的外交工作问题，而且具体负责和参与了许多重要的外交决策。以《建国以来刘少奇文稿》中关于1954年日内瓦会议的档案材料为例，可以更加鲜明地看到刘少奇在新中国外交决策中的重要作用。

1954年的日内瓦会议，是新中国成立后第一次以与苏、美、英、法平等的五大国之一的身份出席的重要国际会议，这次会议主要讨论东南亚的和平问题，正是在中国的积极努力下，会议最终达成了关于印度支那停战的协定。日内瓦会议的结果，既是在朝鲜战争停战后新中国为推动国际和平所作努力的产物，同时又对新中国外交的发展产生了深远的影响。一方面，在这次会议上，新中国自成立以来第一次展现出了对于区域性国际事务的参与能力；另一方面，这次会议也使新中国认识到"国际争端是可以用和平协调的方式求得解决的"①。而在日内瓦会议的谈判过程中，刘少奇在关于中国代表团的谈判方针、原则和策略等问题上，起了重要的作用。

1954年2月底，中国政府在接到苏联政府关于参加日内瓦会议的邀请后，对于参加日内瓦会议高度重视。由于当时毛泽东在杭州主持制定新中国的宪法草案，因此毛泽东就"委托刘少奇主持召开会议，进行研究"②。3月2日，刘少奇主持召开中央书记处会议，讨论并原则上通过了周恩来起草的《关于日内瓦会议的估计及其准备工作的初步意见》，明确了在日内瓦会议上中国的基本方针，特别是在朝鲜和印度支那问题上的基本政策。3月17日，周恩来在美国驻苏联大使馆1954年3月5日关于日内瓦会议给苏联外交部的备忘录上批示："苏联复文，拟予同意，请少奇同志批示。"接到周恩来的这一请示后，

---

① 《在中央人民政府委员会第三十三次会议上周恩来总理兼外长的外交报告》，《人民日报》1954年8月14日。

② 《毛泽东传（1949—1976）》上，中央文献出版社，2003年版，第554页。

刘少奇批示："同意苏联复文。"① 4 月 20 日，以周恩来为团长的中国代表团前往日内瓦。从 4 月到 7 月，在整个日内瓦会议期间，周恩来与刘少奇有许多电报往来，在谈判中的重大问题上，由刘少奇代表中共中央进行决策。4 月 25 日，周恩来致电中央，提出鉴于印度总理尼赫鲁 24 日在印度国会发表的关于主张用和平协商的方法解决印度支那问题的声明"对日内瓦会议尚为有利"，建议中央"由章汉夫接见印度大使赖嘉文"。刘少奇将这一电报批示陈云、彭真、邓小平，"即阅交汉夫照办"。② 从而促成了日内瓦会议前夕中印的接触。5 月 9 日，周恩来致电请示中央，拟在越南代表范文同在关于印度支那停战条款的发言中，增加"组织中立国监察委员会，以协助停战之实施，并对抗杜皮尔所提之国际监督的办法"。刘少奇在接到电文后，于 13 日致电越共中央，指出："现将周恩来同志的来电发给你们，望将你们的意见告诉我们，以便转告日内瓦中越代表团。我们认为周恩来同志提出的关于中立国监察委员会的办法是可以同意的。但仍请你们慎重地加以考虑。"③ 13 日，越共中央致电刘少奇，表示同意周恩来的意见。中共中央将越共中央的意见转发给日内瓦会议中国代表团。13 日，周恩来致电毛泽东、刘少奇，就参加中立国监督停战委员会的成员国问题请求中央。15 日，刘少奇在与毛泽东协商后致电周恩来，表示同意周恩来提出的意见，但"如美国提出泰国及菲律宾，可在以后考虑。对违反协议事各担保国进行磋商和采取集体措施两点可同意，单独措施不能同意"。④ 4、5 月间，周恩来还两次请示中央关于处理法国伤兵的问题，刘少奇代表中央根据情况的变化，分别提出了具体的指导意见，在 4 月 29 日的电报中，刘少奇主张在法国伤兵的问题上，"不必性急，可待越南民主共和国代表团到达日内瓦后，由法国人直接和越南代表团接洽"。在 5 月 9 日给周恩来的电报中，根据谈判形势的变化，刘少奇则主张由于"目前处理法伤兵问题情况紧急，你们可即在日内瓦提出交换伤兵问题，如法国不及时提出，越方亦可

---

① 《建国以来刘少奇文稿》第 6 册，中央文献出版社 2008 年版，第 153 页。
② 同上书，第 206—207 页。
③ 同上书，第 231—232 页。
④ 同上书，第 234 页。

主动提出"①。6 月 15 日，周恩来致电中央和中央国际活动指导委员会，请示关于利用日内瓦会议休会期间进行有关亚洲和平会议磋商以及其他具体事宜，刘少奇批示"章汉夫同志即办"②。23 日，周恩来由于将离开日内瓦赴印度访问，致电中央，请示能否请张闻天返日内瓦主持余下的谈判工作，24 日刘少奇致电周恩来："同意恩来同志意见，日内瓦会议工作情况如需要闻天同志再赴日内瓦时，请闻天同志再赴日内瓦，具体时间由克农同志电告。"③ 7 月 7 日，中央政治局会议在听取了周恩来关于日内瓦会议谈判的报告后，刘少奇作了重要的总结发言，指出中央对周恩来在日内瓦会议上的外交活动表示满意，并作出决定，批准中国代表团在日内瓦的工作和今后的方针④。从上述所引材料来看，刘少奇虽然没有直接领导日内瓦会议的具体谈判工作，但却始终参与了中共整个日内瓦会议决策的过程，对于日内瓦会议上中国代表团的谈判方针和谈判策略起到了极其重要的指导性作用。

　　刘少奇在日内瓦会议上的作用，不仅体现在对中国代表团的指导上，而且体现在与越共中央的沟通协调方面，这是日内瓦会议关于印度支那问题谈判能够取得胜利成果的另一个重要的保证。

　　1954 年 5 月，鉴于法国和越南在双方军事代表会谈地点的问题上陷入僵局，刘少奇根据日内瓦会议上苏中越三国代表团的意见，致电越共中央，建议越共中央放弃双方军事代表"只能在当地接触，不能在日内瓦接触"的主张，并细致地向越共中央介绍了日内瓦会谈形势和法越军事代表在日内瓦接触的必要性，并请越共中央能够同意将法越军事代表接触会谈的地点改在日内瓦⑤。6 月 5 日，在日内瓦会议关于印支问题的谈判出现和平的曙光后，刘少奇致电胡志明，指明"印度支那实现停战的可能性是存在的"，并建议越共进行两手准备，一方面"作继续战争的打算"，另一方面"是作实现停战的打算"。

---

①《建国以来刘少奇文稿》第 6 册，中央文献出版社 2008 年版，第 212—213 页。

② 同上书，第 272 页。

③ 同上书，第 276 页。

④ 庞松：《中华人民共和国史：1949—1956》，人民出版社 2010 年版，第 432 页。

⑤《建国以来刘少奇文稿》第 6 册，中央文献出版社 2008 年版，第 257—258 页。

刘少奇并建议将设立在中国境内的越南军事物资和军事机构尽快回迁到越南，以免停战实现后，"有中立国监察机关到边境视察，那时即不能从中国境内运军事装备和物资到越南"①。7 月 15 日，刘少奇根据周恩来反馈的日内瓦会议的情况，鉴于美蒋集团可能会借外国侨民的问题破坏日内瓦会议的进展，刘少奇再次致电胡志明，建议越共中央"根据已拟定的安民布告的内容，提前宣布保护外侨的政策，以安定人心并打击美蒋的破坏阴谋"②。刘少奇代表中共中央所提的上述建议，对于推动越共积极地参与日内瓦会议，对于印度支那的停战起了重要的作用。1954 年 7 月，胡志明在越共中央第六次会议上的报告中，高度评价了中国的外交对于日内瓦谈判的推动以及越共在谈判中相应政策的变化：

> 过去，我们的口号为"抗战到底"。现在，在新的形势下，我们需要提出新的口号，这就是："和平、统一、独立、民主！"为了反对美帝国主义直接干涉、延长和扩大印度支那战争，我们必须紧握着和平旗帜。我们的政策有了变更：过去，我们没收法帝国主义的财产；现在，进行谈判，则可能按照平等互利原则而保持法国在印度支那的经济和文化利益。用谈判的方式就要互相作适当的忍让。过去，既要驱逐和干净地消灭法国军队；现在谈判，我们就提出要求法方定期撤军，法方已经同意。过去，我们从不理会法兰西联邦；现在，我们答应在平等、自愿的基础上讨论参加法兰西联邦的问题。过去，我们主张消灭伪军、伪政权以便统一；现在，我们采取宽大的政策，以全国普选的办法来使国家统一。③

目前几乎所有关于日内瓦会议的叙述和研究，基本上都是在"毛泽东—周恩来"决策体制这一视角下展开的，研究者们更多研究的是周恩来在日内瓦会议上的相关活动。因此，《建国以来刘少奇文稿》

---

① 《建国以来刘少奇文稿》第 6 册，中央文献出版社 2008 年版，第 264 页。
② 同上书，第 291 页。
③ 《胡志明选集》第 2 卷，人民出版社 1964 年版，第 295 页。

所刊载的刘少奇关于指导日内瓦会议上中国代表团外交活动的文献有着重要的意义，这表明：日内瓦会议上中国外交的成功是"毛泽东—刘少奇—周恩来"决策体制的合力结果，这也从另一个侧面反映出刘少奇在整个中国外交决策和对外事务中的重要地位。

第三章

新中国成立后刘少奇对国际政治
和新中国和平外交的理论思考

——以刘少奇关于新中国外交的
三篇理论文献为视角

观念是实践的灵魂。研究刘少奇与新中国的外交，首先必须要研究刘少奇的国际政治观念以及由此决定的外交观念，这一观念是贯穿于整个刘少奇外交实践的主线和灵魂。研究刘少奇国际政治观念和外交观念变迁和发展的过程，有三篇理论文献是非常重要的，一篇是 1955 年刘少奇在党的全国代表会议上所作的关于国际形势的报告，一篇是 1956 年刘少奇在党的八大上的政治报告，一篇是 1963 年刘少奇在中国科学院哲学社会科学部学部委员会第四次扩大会议上的讲话。这三篇文献反映出新中国成立后，刘少奇在不同的发展阶段上对国际政治和新中国外交的不同认识，呈现出阶段性的特征，但这一思考在整体上又具有内在的关联性，反映出刘少奇对新中国和平外交的独特的理论思考。

第一节　在和平与战争矛盾判断的基础上
推动新中国的和平外交

对于共产党领导的社会主义国家来说，外交的最终目标在于"努力做到使私人关系间应该遵循的那种简单的道德和正义的准则，成为各民族之间关系中的至高无上的准则"①。1949 年 9 月，新中国成立前夕通

---

① 《马克思恩格斯选集》第 3 卷，人民出版社 1995 年版，第 15 页。

过的《中国人民政治协商会议共同纲领》就向全世界公布了和平外交的基本原则，指出："凡与国民党反动派断绝关系、并对中华人民共和国采取友好态度的外国政府，中华人民共和国中央人民政府可在平等、互利及相互尊重领土主权的基础上，与之谈判，建立外交关系。"① 但是，新中国成立后，受到了以美国为首的西方国家的封锁、遏制和禁运。1950 年，朝鲜战争爆发后，中国和以美国为首的西方国家进入了直接的军事对抗中。在这一严峻的国际生存环境中，新中国只能向以苏联为首的社会主义阵营"一边倒"，致力于优先发展与苏联和其他人民民主国家的外交关系。1953 年朝鲜战争停战后，国际对抗形势开始缓和，1954 年日内瓦会议的召开②，达成了关于印度支那停火的协定，又大大推动了世界政治的和平化发展。"日内瓦会议的成就证明了：国际争端是可以用和平协商的方法求得解决"，"日内瓦会议的成就也证明了：不同制度的国家是可以和平共处的。"③ 这就使新中国有条件在更广阔的范围内和新的经验基础上思考和平外交的问题。

在这一时期，刘少奇外交思想主要包含着四个理论观点：

第一，在"两个阵营"理论基础上，以和平和战争的矛盾为核心推动中国和平外交的发展。

1955 年 3 月，刘少奇在党的代表会议上关于国际形势和新中国外交的长篇发言，体现的正是刘少奇在新的时代条件下对于新中国和平外交新的思考，同时"这个发言是了解五十年代中期中国外交政策的一篇非常重要的文献"，"刘少奇的这个讲话说明，这是一个具有指导意义的判断，或者说当时对国际形势的看法是在党内高层形成了共识的。"④刘少奇的这个发言，基本的思想和逻辑就是在"两个阵营"理论的基础上以和平和战争的矛盾为核心来推动和平外交。

"两个阵营"理论是第二次世界大战结束后，苏联针对美国把世界

---

① 《建国以来重要文献选编》第 1 册，中央文献出版社 1992 年版，第 13 页。

② 关于中国从援越抗法政策向倾向于和平解决印度支那战争、主张越法分界停战政策的转变可具体参见杨奎松《新中国从援越抗法到争取印度支那和平解放的政策转变》，《中国社会科学》2001 年第 1 期。

③ 王堃：《我国的和平外交政策》，通俗读物出版社 1955 年版，第 49 页。

④ 章百家：《刘少奇与新中国外交事业》，《刘少奇与中国共产党的建设论文集》，中央文献出版社 2010 年版，第 126 页。

划分为"自由主义"和"共产主义"两个体制的冷战观念而提出来的。1947 年 9 月，在欧洲共产党情报局成立大会上，苏共中央书记日丹诺夫在关于国际形势的报告中第一次明确、系统地提出了"帝国主义"和"社会主义"的"两个阵营"的理论。日丹诺夫在报告中指出，第二次世界大战后，世界"新的政治力量的划分已经出现了。战争过去得愈久，战后国际政策中的两条主要路线的区分也愈明显，这两条路线适应着在国际舞台上活动的政治力量的划分而形成了两大阵营：一方面是帝国主义反民主阵营，另一方面是反帝国主义民主阵营"。帝国主义阵营的主导力量是美国，这个阵营的"主要目的是巩固帝国主义势力，制造新战争，反对社会主义与民主，支持一切地方反动的反民主的和亲法西斯主义的政权和运动"。反帝国主义民主阵营的主导力量则是苏联，"这是由于苏维埃社会主义国家在本质上绝对排斥一切侵略和剥削的倾向，而切身需要创造最有利的条件来建设共产主义社会"，"苏联是一切国家的自由和独立的忠实捍卫者，是民族与种族压迫以及任何形式的殖民地剥削的敌人。"[①] 新中国成立后，在向以苏联为首的社会主义阵营"一边倒"的过程中，中国共产党逐渐认同和接受了"两个阵营"理论，并运用"两个阵营"的理论来观察和思考世界政治的发展和中国的外交走向[②]。

刘少奇在 1955 年 3 月党的全国代表会议上的发言，首先就是在"两个阵营"的理论基础之上来阐述对于世界政治发展的认识：

> 目前国际形势的基本特点，就是在国际和平力量和国际战争势力之间进行着尖锐的紧张的反复的斗争。这个斗争的一方面是以和平民主社会主义阵营为主体包括世界各国人民的同情和支持在内的国际和平力量，另一方面是以最富于侵略性的美帝国主义为首的国际战争势力，以美帝国主义为首的国际战争势力是一定要进行战争的，我们国际和平力量是一定要争取和保卫和平的。国际和平力量同国际战争势力的斗争的进程将要决定：还是和平力量能够阻止和

---

① 《共产党情报局会议文件集》，人民出版社 1954 年版，第 17—18 页。

② 关于这一问题，可参见任晓伟《"欧洲共产党情报局"与中国共产党的关系研究》，陕西人民出版社 2012 年版。

推迟战争，或者还是以美国为首的战争贩子得逞，因而爆发世界大战。①

在这里，刘少奇显然是认为"帝国主义阵营"和"社会主义阵营"的斗争主导着世界政治和整个时代的发展，由此也决定了战争与和平的矛盾是世界政治发展中的主要矛盾和核心问题。

> 还要知道，美帝国主义是有疯狂性的，它有可能突然发动战争。原子武器的使用更增加了战争突然发生的可能性。由于美国正在积极准备战争，而战争有突然发生的可能，所以我们不能低估战争的危险。②

在这一认识下，刘少奇认为中国外交的根本任务就是"两手抓"，即"努力争取国际和平，但应同时准备应付突然事变。这两者都是不可缺少的"③。为了防止和避免战争，中国和平外交的基本点在于致力于巩固和发展和平民主社会主义阵营的基础上，支持世界各国的和平民主运动和进步运动，争取中立国、利用帝国主义阵营的矛盾，以此来孤立和反对美帝国主义的战争侵略。刘少奇这里其实是在国际范围内对国内革命时期统一战线策略的运用，这一点也是新中国第一代领导集体一个共同的认识特征。

在1955年的这个发言中，刘少奇虽然对于战争的危险仍作了较高的估计，而且在"统一战线"思维框架下体现出来的中国外交的革命性特点也比较突出，但与此同时，刘少奇对于中国和平外交的特点的认识也是非常鲜明的。

第二，以和平外交为基础，提出愿意与包括资本主义国家在内的一切国家和平共处。

如何处理与西方资本主义国家的关系，是十月革命以来社会主义国家对外交往中一个重要的问题。在列宁关于"和平共处"思想的指导

---

① 《建国以来刘少奇文稿》第7册，中央文献出版社2008年版，第109页。
② 同上书，第115页。
③ 同上书，第116页。

下，各国共产党在不同时期都对这一问题进行过有益的探索。

针对 20 世纪 50 年代中期开始变得缓和的国际形势，中国共产党对国际关系理论的一个创造性贡献就是把基于解决与周边国家边界问题而提出来的和平共处五项原则提升到处理与包括资本主义国家在内的一切国家间相互关系准则的高度。刘少奇在这一发言中代表中国共产党鲜明地体现出这一方面的努力。刘少奇指出："我们要坚定不移地根据这五项原则来进行外交活动，争取在这五项原则的基础上同一切资本主义国家建立和改善关系。"① 这里虽然没有明确提出中国与美国的和平共处问题，但从逻辑上说，这一点是包括在其中的。而与以美国为首的西方国家和平共处，不仅在国与国的关系层面具有十分重要的意义，而且对于立足于现实发展的实际来认识社会主义与资本主义的关系，从而推动国内社会主义建设也具有十分重要的意义。

第三，在国家利益与意识形态关系上，提出在国家利益和意识形态利益的平衡中推动中国的外交。

在这一发言中，刘少奇对于统一的社会主义意识形态利益高度强调，提出了"两个家庭论"：

> 我们这个阵营就是一个共产主义"大家庭"，为共产主义而奋斗是我们共同的事业。我们每个国家都是共产主义"大家庭"的组成部分，而在"大家庭"里面，我们每个国家，每个"小家庭"，又都是平等的一员。共产主义事业的利益是我们每个"小家庭"的最高利益。这就是处理我们兄弟国家之间的关系的标准。②

在强调共产主义利益的同时，刘少奇又很清楚地认识到，中国外交的根本任务是为了给国内社会主义建设营建一个和平的国际环境：

> 所有这些工作都围绕着一个目的，就是争取更多的国际友人，发展以和平民主社会主义阵营为主体的国际和平力量，为我国的社

---

① 《建国以来刘少奇文稿》第 7 册，中央文献出版社 2008 年版，第 116 页。
② 同上书，第 119 页。

会主义建设争取一个较长时期的国际和平环境。①

当然，刘少奇这时对于国家利益的独立性及其可能与共产主义意识形态利益的矛盾的思考，即"大家庭"和"小家庭"可能出现的矛盾和冲突的认识还远远不够，但他在高扬中国外交的共产主义利益的时代使命的时候，并没有忽视中国外交所承担的国家利益。相反，国家利益始终是刘少奇外交思想中的核心因素。

第四，提出外交艺术问题是一个非常重要的问题。

在这一发言中，刘少奇还提到了一个非常重要的问题，即中国外交的外交艺术的问题。新中国成立初期，党的外交经验并不丰富，对外交艺术的认识也并不深刻。新中国成立初期选派的军队出身的一些驻外大使当时认为，办外交就"是为了党的利益而演戏。党需要，我们就演。将来，我们男的穿上西装革履，是演戏；你们女的穿上旗袍、高跟鞋，拎着小包包，也是演戏"②。但是，经过新中国成立后 6 年来艰辛的外交实践，中国共产党逐渐认识到外交不仅仅是如何"演戏"的问题，而是具有高度复杂性的艺术问题。正是在这个背景下，刘少奇在这一发言中提出了外交艺术的问题。刘少奇指出，外交工作

> 是一个困难的复杂的工作，是一种复杂的严重的斗争，因为对外工作，就其性质上说，是具有高度政治性、高度思想性、高度原则性、高度策略性、高度艺术性的工作，绝不是简单的交际、招待、随便玩弄手段的事，虽然交际、招待和外交应付都是不可少的。只有不以偶然事件为根据，而根据我们对国际现象和国际关系进行科学的分析，才能把我们这方面的工作提高一步。③

外交艺术问题的提出，大大提升了新中国外交科学化的水平，这也是 1955 年刘少奇在党的全国代表会议上的发言对新中国外交思想的一个重要贡献。

---

① 《建国以来刘少奇文稿》第 7 册，中央文献出版社 2008 年版，第 134 页。
② 陈敦德：《新中国外交部组建始末》，中国青年出版社 2011 年版，第 26 页。
③ 《建国以来刘少奇文稿》第 7 册，中央文献出版社 2008 年版，第 134—135 页。

第二节　以和平共处原则为基础推动
新中国的和平外交

1956 年 9 月 15 日，刘少奇在党的八大上的政治报告是刘少奇关于国际形势和新中国外交认识的另一篇重要理论文献。从 1955 年 3 月党的全国代表会议到党的八大召开，虽然只有短短的一年半的时间，但在这一年半的时间里，无论是国际形势还是新中国的外交实践，都发生了重要的变化。

从国际形势来看，最重要的变化就是在 1956 年 2 月召开的苏共二十大在关于两个制度的关系、防止现代战争以及向社会主义过渡等问题上提出了一系列的新观点。

关于资本主义和社会主义两个制度的关系，苏共二十大虽然仍然沿用传统的"资本主义危机"理论，认为"资本主义总危机在继续加深。资本主义的无法解决的矛盾——现代的生产力同资本主义的生产关系的矛盾——变得更加尖锐了"[1]，但是面对世界政治的趋于缓和，苏共二十大也注意到了与资本主义国家改善关系的现实可能性，突出地强调了"和平共处"的时代意义，认为"列宁关于社会制度不同的各国和平共处的原则，过去是现在仍然是我国外交政策的总路线"，对于苏联来说，"和平共处不是策略措施，而是苏联外交政策的基本原则"[2]。同样，在世界战争的问题上，苏共二十大虽然仍然强调了帝国主义是导致战争的根源这一马克思主义的基本观点，但同时又强调"战争并不是注定不可避免的。今天强大的社会力量和政治力量拥有实实在在的手段，不容许帝国主义者发动战争"[3]。苏共二十大关于和平共处与防止战争的可能性的观点，标志着战后苏联开始形成了一种新的时代观念，对于包括中国共产党人在内的整个社会主义阵营重新寻求对于时代发展的理解并进而调整自身的外交战略起了重要的作用。苏共二十大闭幕后，《人民日报》社论在评价苏共二十大的历史意义时说："苏共第二十次代表大会

---

① 《苏联共产党第二十次代表大会文件汇编》上，人民出版社 1956 年版，第 11 页。

② 同上书，第 33 页。

③ 同上书，第 39 页。

根据当前的国际局势，根据两种制度可以和平共处的列宁主义的原理，制定了苏联在未来年月中的外交方针。大会所有的报告、发言和文件都令人信服地表明：苏联愿意同一切国家——包括美国在内——加强合作，建立良好关系。""代表大会对于国际局势这种深刻的分析，对于全世界爱好和平的人士是巨大的鼓舞力量。"①

　　在这一年半的时间里，新中国的外交也取得了重要的发展，特别是1955年4月18—24日的第一次亚非会议的成功举行，是继日内瓦会议后新中国以和平的姿态走向世界政治舞台的"又一个重要里程碑"，"也标志着中国打开了与亚非国家广泛交往的大门"②。此外，继日内瓦会议的接触后，从1955年7月重新开始的中美大使级会谈，虽然在当时没有实现中美两国关系的正常化，但是却给世界政治带来了一些新的变化，也给新中国的外交思想带来了一些新的变化。1955年4月，毛泽东在与巴基斯坦驻华大使的谈话中明确地说："中国愿意同一切国家包括美国在内和平共处。"③5月26日，在与印度尼西亚总理的谈话中，毛泽东说："就是西方国家，只要它们愿意，我们也愿同它们合作。""如果美国愿意签订一个和平条约，多长的时期都可以，五十年不够就一百年，不知道美国干不干。"④虽然这一时期新中国仍然高度强调防止战争发生的重要性，认为"我们要努力阻止战争的爆发。万一战争无法阻止，准备打他几年"⑤，但新中国和平外交取得的重要成就，与苏共二十大关于新的时代观念相互作用，推动着中国共产党进一步思考和探索关于世界政治发展的理论和调整新中国的外交战略。刘少奇在党的八大上所提出的关于世界政治发展的新认识反映的正是在变化了的时代条件下对中国外交的新思考，展现出了新中国在进入社会主义初期中国共产党对世界的全新认识。具体地说，刘少奇的这一新思考和新认识主要体现在以下几个方面。

　　第一，在关于国际形势发展的问题上，一个总体性判断是和平大势

---

　　①　《苏共第二十次代表大会胜利闭幕》，《人民日报》1956年2月28日。

　　②　中共中央党史研究室编：《中国共产党历史》第二卷上册，中共党史出版社2011年版，第324页。

　　③　《毛泽东外交文选》，中央文献出版社、世界知识出版社1994年版，第204页。

　　④　同上书，第210、213页。

　　⑤　同上书，第206页。

不可阻挡。

关于国际形势的发展问题，刘少奇指出："总的来说，目前的国际形势对于我们的社会主义建设是有利的。这是由于社会主义的、民族独立的、民主的、和平的势力，在第二次世界大战以后，有了空前的发展，而帝国主义侵略集团的积极进行扩张，反对和平共处、准备新的世界战争的政策，愈来愈不得人心。这种情况下，世界局势不能不趋向于缓和，世界的持久和平已经开始有了实现的可能。"① 促使刘少奇把和平看作为世界政治主题的有三个因素，一个是社会主义阵营力量的强大和团结巩固，一个是民族主义性质的反帝力量的发展，一个是帝国主义自身的矛盾和分化。在提升关于对世界和平可能性认识的同时，刘少奇在对战争问题的认识上，也提出了与过去不同的新认识：

> 把"防共"和"反共"的口号当作烟幕来掩盖一个国家统治世界的企图，在第二次世界大战以前就早已流行过了。帝国主义者当然十分仇恨社会主义国家。但是，他们也知道，强大和团结一致的社会主义国家是碰不倒的。因此，美帝国主义目前的主要活动，实际上是假借"反共"之名，以便压制本国的人民，尽可能地控制和干涉处于社会主义国家和美国之间的广大中间地带。②

刘少奇的这一观点与八大时毛泽东的判断是一致的。毛泽东在八大开幕词中说："需要一个持久的和平环境，并且愿意为和平事业努力，争取避免再发生一次世界大战的人们，占了人类的大多数，这种趋势还会发展。这样就制约了战争趋势，使它不易，使它日益孤立，不得人心，因而使新的大战不容易打起来。"③ 从刘少奇的论述来看，更为重要的是，突出了"中间地带"力量在国际政治中的重要性。"中间地带"是毛泽东1946年在与美国记者斯特朗的著名谈话中提出来的，在国共内战的历史环境中，"中间地带"的观点在理论上突出了美苏之间世界中间政治力量的独立性和重要性，而在实践上则表明了中国革命要

---

① 《刘少奇选集》下卷，人民出版社1985年版，第255—256页。
② 同上书，第258—259页。
③ 《毛泽东传（1949—1976）》上，中央文献出版社2003年版，第530页。

突破雅尔塔会议确定起来的美苏主导的远东国际政治秩序①。但是，在新中国成立后，随着帝国主义和社会主义"两个阵营"理论占据主导地位，毛泽东和中共其他领导人基本上不再用"中间地带"理论去认识和分析世界政治形势的发展，并以此为基础来确定新中国的外交战略。而刘少奇的这一分析，则试图重新恢复"中间地带"这一观点在中国共产党国际政治理论中的地位，对于中国共产党跳出"两个阵营"对立的刚性政治思维，走向更加弹性的政治和外交思维具有非常重要的意义。

第二，在对国际形势和战争问题新的认识基础上，清晰地阐述了新中国的和平外交战略和政策。

刘少奇指出：

> 我们在对外关系中一贯执行着坚定的和平政策，主张一切国家间的和平共处和友好合作。我们相信社会主义制度的优越性，不怕同资本主义国家进行和平竞赛。我们的政策符合于全世界人民的利益。②

这是向全世界宣告社会主义新中国的和平外交政策。为了推动世界和平、营造中国社会主义建设的有利和平环境，刘少奇在和平共处五项基本原则的基础之上，全面阐述了新中国的和平外交战略。新中国的和平外交战略，主要包括：

一是不断继续加强新中国与社会主义阵营国家的外交关系，特别是不断继续加强与苏联的同盟关系。

> 中国同伟大的苏联和其他社会主义国家，在共同目标和相互援助的基础上建立起来的团结和友谊，是牢不可破的，是永恒的。继续巩固和加强这种团结和友谊，是我们最高的国际义务，是我国对外政策的基础。③

---

① 杨奎松：《"中间地带"的革命》，山西人民出版社 2010 年版，第 510—522 页。
② 《刘少奇选集》下卷，人民出版社 1985 年版，第 256 页。
③ 同上书，第 261 页。

把中苏关系提升到了"最高的国际义务"、对外关系的"基础"这样的层次，体现出这一时期中苏同盟对于中国外交和整个中国社会主义建设事业的重要意义。

二是推动睦邻关系的发展，改善新中国与周边国家的国家关系。

> 我们争取在五项原则的基础上首先同我们的所有邻国建立睦邻关系。我们同这些国家有深厚的传统友谊，而没有不可解决的争端。在我们同某些邻国之间，存在着一些历史上遗留下来的问题。帝国主义者力图利用这种情况来破坏和阻挠我们同邻国发展和建立友好关系。但是，这种企图是注定要失败的。我们同邻国之间的一切问题，都可以根据五项原则，通过和平协商的途径，求得解决。①

刘少奇这一论断体现出周边国家外交在新中国国家外交关系发展中的重要地位，与新中国成立初期关于亚洲"世界革命"思想的认识相比，这是一个巨大的认识上的进步。

三是积极推动与西方国家的和平共处和协商对话。刘少奇指出，虽然美国一贯敌视新中国，侵略中国领土台湾，但是"对于美国，我们也同样具有同它和平共处的愿望"。"我的的这种努力，只是为了和缓国际紧张局势，而不是在任何意义上承认侵略。"在指明与美国改善关系的外交努力的基础上，刘少奇进一步强调与整个西方国家改善关系的重要性，指出："我国同欧洲的一些西方国家，已经建立了正常关系。""我国准备同一切尚未同我国建交的国家建立正常的外交关系。建立这种关系是对于双方都有利的。"② 刘少奇的这一外交谋划，开始呈现出了新中国外交非意识形态的典型特征。

四是积极支持亚非拉民族主义革命运动。刘少奇指出：

> 中国身受过殖民主义的灾害，而且中国的领土台湾到现在还处于美国的控制之下。中国人民深切地同情并且积极支持一切被压迫

---

① 《刘少奇选集》下卷，人民出版社 1985 年版，第 262 页。

② 同上。

民族和被侵略的国家反对殖民主义和维护民族独立的斗争。这个斗争的每一个胜利，不论它出现在亚洲、非洲或者是拉丁美洲，都将会进一步加强和平的力量。①

刘少奇的这一论断，表明了新中国反对帝国主义和支持亚非拉民族解放运动的坚定外交立场，但是，与前一时期的认识相比，这一时期的认识中已经不再突出地强调世界革命的重要性以及新中国对于世界革命的义务。从民族国家的立场上来看，这是认识上的一个巨大进步。

第三节　在"世界革命"时代主题认识基础上
推动新中国和平外交

1963 年 11 月 13 日，刘少奇在中国科学院社会科学部学部委员第四次扩大会议上作了一个重要的报告②，报告的主要内容分为两个部分，一个是关于在哲学社会科学战线上如何进行反对"现代修正主义"斗争的问题，一个是关于如何认识当前国际形势的问题③。在 1956 年党的八大后刘少奇的相关文献中，很少能够看到刘少奇关于国际形势问题系统的分析，因此，这个报告中体现的关于国际形势问题的认识，就是

---

① 《刘少奇选集》下卷，人民出版社 1985 年版，第 261 页。

② 参加这次会议的代表，除了中国科学院哲学社会科学部的学部委员外，还有部分著名学者和青年研究人员、中共中央各局、各省市自治区党委宣传部和其他机构有关负责人。会议代表受到毛泽东、刘少奇和邓小平等人的接见。

③ 在目前有关 20 世纪 60 年代刘少奇研究的正式文献中，很少能够看到刘少奇关于国际政治和中国外交问题的系统论述。吴冷西在《十年论战》中对刘少奇在 1962 年 1 月 "七千人大会"上的讲话作了一些披露，说到在"七千人大会"上，"少奇同志为说明书面报告而作的长篇讲话中，主要是谈国内问题，但是首先是谈国际问题"（吴冷西《十年论战》上，中央文献出版社 1998 年版，第 482 页）。从吴冷西的大段引用来看，刘少奇关于国际形势的讲话是非常全面、系统的，但是这一文献从来没有得到正式的披露，《刘少奇选集》下卷在收入刘少奇在"七千人大会"上的口头报告时略去了关于国际问题的部分。不过，1963 年 11 月 13 日刘少奇的这个讲话，与 1962 年 1 月 "七千人大会"相距不到两年时间，其间国际形势和中国外交也没有发生大的变化，因此从逻辑上可以推断这两次讲话关于国际形势问题的认识在主旨上相差不会太大。另外，虽然这一文献在改革开放后没有收入有关刘少奇研究的文献中，但从《刘少奇年谱》下 1963 年 11 月 13 日所记载谱主的这一讲话摘要来看，虽然只摘录了第二部分，即哲学社会科学中反对修正主义的任务，但二者在基本内容和精神上是一致的。

研究刘少奇 20 世纪 60 年代关于国际形势和新中国外交问题的一个非常系统、全面的文献，对于刘少奇外交思想和新中国外交思想史的研究具有非常重要的意义。

从整体上说，与 20 世纪 60 年代中国共产党指导思想上的"左"倾一样，刘少奇这一报告中反映出的对于国际形势的认识也带有一些"左"的痕迹，特别是对于世界革命的时代主题的认识和判断，反映了整个一代共产党人的时代观念，不过，其中也反映出刘少奇对于国际政治的一些独特的认识。

在对时代主题的认识方面，刘少奇在当时的背景下有针对性地回答了这样一个问题，即在苏联变成了"修正主义"后，世界革命还有没有希望，世界革命还是不是时代发展的主题？关于这一点，刘少奇坚持认为"世界革命"的主题没有发生改变：

> 帝国主义和反动派总是要压迫和剥削人民群众的，这一条是不变的。只要有帝国主义，有反动派，它就是要压迫人民，剥削人民群众，因此，全世界被压迫人民和被压迫民族总是要起来革命的，这一条也是靠得住的。
>
> 现在，亚洲、非洲、拉丁美洲广大地区的人民群众已经起来进行轰轰烈烈的革命，并且在许多国家已经取得了胜利。帝国主义不可能把亚洲、非洲、拉丁美洲这些国家的革命运动镇压下去。修正主义也不可能阻止这些革命的发展。现代修正主义的丑恶面目已经在世界人民群众中间暴露出来相当多了，并且将在以后继续要暴露。坚持马克思列宁主义的革命政党，其中有中国共产党，越来越取得全世界广大人民群众的信任。就是在那些修正主义领导集团控制的党内，革命的马克思列宁主义左派现在是到处地方迅速地形成起来了。[1]

刘少奇列举了共产党执政国家、亚非拉国家、发达资本主义国家的

---

[1]　人民出版社资料室：《刘少奇言论集》（1958.6—1967.7），1967 年版，第 315—316 页。

革命力量的发展，来支撑这一认识。

刘少奇对世界革命前途"无限光明"这一认识的强调，不仅建立在对世界革命力量日益壮大，世界上革命的马克思列宁主义政党的影响日益扩大的基础之上，而且是建立在对以美国为首的西方帝国主义阵营力量的分化以及对美苏关系的认识基础之上的。

关于世界帝国主义阵营力量，刘少奇指出：

> 帝国主义阵营已经进一步分裂了。美帝国主义已经没有法子指挥法国的政策了。法国这一闹独立性，给美国的打击相当大。西德以及共同市场的其他国家也必然要跟着法国，要摆脱美国的控制……我们不能相信西德、日本这样的国家长期听美国的话，那是不可能的，一定会要摆脱它的控制的。①

从刘少奇这里对于帝国主义阵营分化的分析来看，战后初期形成的所谓"帝国主义阵营"事实上很难再作为一种统一的国际政治力量存在。这无疑是推动世界革命深入发展的一个有利国际条件。此外，由于苏联这时的一系列扩张性政策和与美国的战略妥协，刘少奇在开始把苏联列入"帝国主义国家"行列的同时，通过分析美苏关系发展，指出在帝国主义阵营分化的整体性背景下，美苏不可能建立起战略合作，美苏的矛盾是不可能调和的：

> 苏联和其他某些被修正主义统治的社会主义国家同美帝国主义的矛盾是不可调和的，苏美矛盾基本上是不可调和的。因为帝国主义同帝国主义之间的矛盾都是不可调和嘛，美国人与修正主义就那么喜欢呀？是不可调和的，它们在基本上要取得妥协也是不可能的。②

革命与战争是 20 世纪 60—70 年代中国共产党对时代主题的一般性

---

① 人民出版社资料室：《刘少奇言论集》（1958.6—1967.7），1967 年版，第 317 页。
② 同上书，第 319 页。

认识，但非常值得注意的是，刘少奇在强调世界革命的时代主题和国际政治形势时，却没有强调战争的迫切性，反而突出了和平的客观性和可能性，特别是在对中美、中苏关系的分析中强调了中国所处和平环境的现实性。

刘少奇在分析《中苏友好同盟互助条约》的废存及其对中美关系走向的影响时说：

> 废除中苏友好同盟互助条约，这也没有什么，现在它已经不大起作用了。毁约，无非告诉美国人，你可以去打中国，苏联不管，无非是这样。美国人打中国，我们也不要靠苏联的援助，应该靠自己。美国人也不一定能打。只要中苏友好同盟条约一废除，美国人要打中国呀？不会的，相反，它要拉中国反对苏联。[1]

美国不会打中国，反而会拉中国去反对苏联，这是刘少奇对中苏美三个大国关系走向的一个非常富有前瞻性的认识和判断，而且也已经被20世纪70年代后三国关系的实际所证实。

关于中苏关系的走向，刘少奇认为中苏关系继续恶化的可能性是有的，但却并不认为这种恶化会导致中苏战争：

> 断交也好，毁约也好，不作生意也好，我看没有什么。能够不搞到断交、毁约，不作生意，那更好，他不愿意干，拉倒。至于讲边境事件，过去已经有，现在也有，以后还会有，这也没有什么，就是边境上闹闹事嘛，造点紧张空气嘛，搞点紧张局势嘛。许多人的问题不在这里，许多人的问题就是怕中苏开战，打仗，怕这件事。中苏开战有没有可能呢？我看没有可能，这是不可能的。为什么呢？就是因为苏联和中国都是两个大国，如果要同中国开战，苏联就要动员全体苏联人民和全体苏联军队，才能和中国作战。而苏联人民现在是不可能被动员起来和中国作战的。现在这个时候要苏联的人民动员起来跟中

---

① 人民出版社资料室：《刘少奇言论集》（1958.6—1967.7），1967年版，第319—320页。

国作战，动员不起来。我看，这一条完全不应该怕。①

在否定中苏有发生战争可能性的同时，刘少奇非常难能可贵地进一步继续强调向苏联学习和推动中苏友好的重要性。

> 以后我们仍然应当很好地进行中苏友好工作。我们不是反对现代修正主义，批判他，中苏友好工作就不要做了，相反，我们要做，仍然应当很好地进行中苏友好工作。仍然应当学习苏联的经验，苏联的经验还是要学。苏联的经验是两方面：一方面是好的经验，他们做得正确的，取得成绩的，我们应该学习；还有不好的经验，坏的经验，犯错误的经验，我们也要很好地研究，也要很好地学习。比如苏联如何产生修正主义这样一个问题，就要很好学习的。中苏两国人民之间的友好关系是会要继续发展，是会要永远存在下去的，要继续友好下去的。②

从 20 世纪 60 年代中国政治的整体环境来看，刘少奇把中苏两党和中苏两国关系划分开来，具有十分重要的意义，它既表明了刘少奇外交思想中对政党外交与国家外交的区分，同时也表明了当时中国外交中意识形态的斗争性与现实中的克制性的统一。美国曾经在 1960 年 7 月一份关于中国外交政策走向的分析报告中说："共产党中国在言词方面的极端好斗和在具体外交行动上的相对克制，形成了一个有趣的、但不能完全加以解释的对立现象。"③ 应该说，这一分析还是比较客观的，但这一现象也并不是"不能完全加以解释"，事实上这一统一深深地立足于中国自身的民族国家利益和新中国和平外交的实质。

上述三篇理论文献是从宏观上把握和研究刘少奇外交思想的重要文献。从这三篇文献的基本思想来看，在 1949—1966 年这一时期，刘少奇对国际政治和中国外交的认识具有阶段性的特征，但同时也具有一以

---

① 人民出版社资料室：《刘少奇言论集》（1958.6—1967.7），1967 年版，第 321 页。
② 同上书，第 322 页。
③ 沈志华、杨奎松：《美国对华情报解密档案（1948—1976）》六，东方出版中心 2009年版，第 133 页。

贯之的内容。概括起来说，刘少奇的外交思想是以"两个阵营"理论为基础，以和平外交为核心，全面涵盖了国家外交、政党外交和周边外交等不同外交领域。刘少奇的外交思想是把马克思主义国家理论与时代发展和中国特殊实际相结合的产物，具有丰富的理论内涵，是中国共产党外交思想的重要组成部分，构成了当代中国特色社会主义外交思想的重要理论来源。

第四章

刘少奇与中苏同盟关系的确立

中苏关系是新中国成立初期对外交往中最重要的国家关系，中苏同盟关系的确立也是新中国最大、最重要的外交成果，对于保障新中国的国家安全和社会主义建设产生过重要的意义。在中苏同盟关系形成的过程中，在毛泽东的领导下，刘少奇具体地、创造性地参与了新中国与苏联建交的许多重要活动，为新中国与苏联国家同盟关系的确立和巩固在理论、政治和社会等方面都作出了极其重要的贡献。

第一节 《论国际主义与民族主义》与中苏同盟确立的理论基础

从新中国与苏联国家关系的曲折发展来看，中苏国家同盟关系的确立不简单地是一般性的国家关系，而是欧亚两个最大的社会主义国家之间的关系，对于世界政治的走向具有举足轻重的重要意义。因此，中苏国家同盟关系的确立，不仅涉及民族国家自身的利益，而且又涉及到意识形态的同质性或者说一致性。从这个意义上说，中苏国家同盟关系的确立首先是取决于两国能否站立在共同的意识形态基础之上，而在这个问题上刘少奇作出了杰出的理论贡献。

在抗战结束后中国人民的解放战争中，苏联起初恪守雅尔塔协定的内容，整个国家战略的中心在于东欧国家，而对于被划归美国势力范围内的中国共产党的活动并没有给予足够的战略性关注①，但随着中国革

---

① 沈志华：《共产党情报局的建立及其目标》，《中国社会科学》2002 年第 3 期。

命的胜利进行，中国共产党即将突破雅尔塔协定所规范的远东大国关系而成为执政党，苏联逐渐开始关注中国革命的走向，特别是在1948年苏联和南斯拉夫发生冲突后，中国会不会成为亚洲的南斯拉夫、新中国成立后将如何对待苏联等这些问题就成为苏联处理与新中国国家关系的首要问题。而对于中国共产党来说，无论是从观念形态还是从新中国所处的地缘政治需要来说，要建立起新中国与苏联的国家同盟关系，首先必须要表明新中国与苏联在意识形态和政治上的一致性。这一点，正是刘少奇1948年思考和撰写《论国际主义与民族主义》的宏观背景和政治现实性所在。

在《论国际主义与民族主义》一文中，刘少奇探讨分析了民族问题与阶级问题、无产阶级国际主义和资产阶级民族主义、马克思主义者如何对待殖民地半殖民地民族主义的进步性等许多理论问题，但是这一著作的深层意蕴则在于阐述新中国对苏联的政治态度。

首先，在这一著作中，刘少奇完全接受了共产党情报局"两个阵营"的理论，并运用这一理论来分析战后世界政治的发展：

现在美国帝国主义者加紧进行奴役世界各民族的活动，英、法、荷等国帝国主义者在美国援助下对于殖民地民族的加紧镇压，以及各国人民反对美国帝国主义和其他帝国主义的人民民主运动和殖民地民族解放运动的兴起，已使目前世界上的民族问题空前地紧张起来。现在世界上已分为这样两个互相敌对的阵营：一方面，是美国帝国主义及其在世界各国的走狗——各国反动派。这就是世界的帝国主义阵营；另一方面，是苏联和东欧各新民主国家、中国和东南亚各国与希腊的民族解放运动及世界各国的人民民主力量。这就是世界的反帝国主义阵营。美国帝国主义成为世界一切反动力量的堡垒，而苏联则是一切进步力量的堡垒。这两个阵营，包括了全世界的一切民族、一切国家和一切阶级、阶层与党派。在这两个阵营处在这样相互紧张斗争的时候，人们不站在这一边，就要站在那一边，既是说，你不站在帝国主义阵营帮助美国帝国主义及其走狗去奴役世界或奴役自己民族，你就要站在反帝国主义阵营去帮助世界一切被压迫民族争取解放或为自己民族的解放而斗争，反对美国帝国主义及其在各国的走狗——各国反动派；这也就帮助了苏联及东欧各新民主国家，帮助了美国及世界各国的人民民主力量，帮助了世界各国的无产阶级和共产党。不站在这一边，又不站在那一边，而实行中立，则是不可能的。①

这是 1947 年 9 月共产党情报局建立后中国共产党对"两个阵营"理论最为系统的阐述，这一方面表明建国前夕中国共产党已经开始接受了共产党情报局和苏联关于战后世界政治发展的理论，并以此为基础来观察世界政治形势的发展和规划新中国的外交战略。刘少奇所说的既"不站在这一边，又不站在那一边，而实行中立，则是不可能的"这一点已经表明了新中国"一边倒"的外交选择。

其次，当对"两个阵营"理论的接受大大拉近了中国共产党与苏联的距离之后，在此基础上刘少奇鲜明地把无产阶级国际主义与对苏联的政治态度关联在一起，指出对待苏联的态度是检验无产阶级国际主义的尺度和试金石：

反对苏联"乃是极端错误的和有害的，乃是背叛马克思列宁主义的根本原则，背叛无产阶级的国际主义，堕落到了资产阶级民族主义立场的结果。"②

不去联合苏联，而去反对苏联，不去联合东欧各新民主国家，而去反对东欧各新民主国家，不去联合世界各国的共产党与无产阶级及人民民主力量，……而去反对殖民地与半殖民地的民族解放运动，如铁托集团在南斯拉夫所作的那样，那就必然要去联合美国帝国主义及其他帝国主义，就必然要站在帝国主义阵营，联合世界各国的反动势力，就必然不能成功任何民族解放事业，更不能成功任何社会主义事业，就必然要使自己民族受美国帝国主义及其他帝国主义所愚弄和侵略，以至丧失自己民族的独立，使自己国家变为帝

---

① 刘少奇：《论国际主义与民族主义》，见解放社编《国际主义与民族主义》，东北新华书店 1949 年版，第 22 页。
② 同上书，第 15 页。

国主义的殖民地。①

刘少奇的这一认识是在"两个阵营"理论的基础上观察和思考世界政治发展所得出的必然结论，也意味着亲苏将成为新中国的国家意志和外交战略核心。在阐述了新中国对苏联政治态度的基础上，刘少奇在对南斯拉夫问题和苏南冲突的问题上鲜明地表明了中国共产党的立场：

> 南斯拉夫的铁托这类人物，他们投降反动的资产阶级的民族主义，而背叛世界各国劳动人民的共同利益，并将本民族的人民解放事业，置于极端危险的地位。他们是资产阶级的民族主义在无产阶级队伍中的代言人。他们不惜把任何民族解放事业半途而废，使自己的国家变为帝国主义的殖民地。②

刘少奇在国际主义理论框架下，对南斯拉夫的"民族主义"进行了激烈批判，进一步表明了中国共产党亲苏的政治态度。事实上这也是刘少奇写作《论国际主义与民族主义》最为重要的目的。在这一著作的前言中，刘少奇就指出："为什么铁托集团的反苏立场会使南斯拉夫受美国帝国主义的愚弄和侵略，而丧失南斯拉夫的独立，变南斯拉夫为帝国主义的殖民地？本文打算说明这些问题。"③ 刘少奇在事后的 1955 年写给毛泽东的信中明确说，"这本小册子是从情报局一九四八年六月关

---

① 刘少奇：《论国际主义与民族主义》，见解放社编《国际主义与民族主义》，东北新华书店 1949 年版，第 25 页。

② 刘少奇：《论国际主义与民族主义》，见解放社编《国际主义与民族主义》，东北新华书店 1949 年版，第 32 页。20 世纪 50 年代中南关系正常化后，1955 年 7 月南斯拉夫驻华大使波波维奇曾要求刘少奇收回发行的《论国际主义与民族主义》一书并进行销毁，对于这一问题，1955 年 9 月 22 日刘少奇在给毛泽东的信中提出四种解决方法，一是收回销毁，二是不收回也不销毁，三是进行修改，把有关南斯拉夫的段落全部删除，四是略加修改，即保留原来的原则性意见，但删除一些极端的讲法，比如"叛徒铁托集团"等（参见《建国以来刘少奇文稿》第 7 册，中央文献出版社 2008 年版，第 334 页）。刘少奇本人按照第三、四两种方法进行了修改，并形成了样本送请毛泽东决定，但毛泽东如何决定以及后来《论国际主义与民族主义》是否修改重新出版，则无法确定。从后来中南两党两国关系再度恶化的情况来看，这一著作没有出版过修订本的可能性比较大。

③ 刘少奇：《论国际主义与民族主义》，见解放社编《国际主义与民族主义》，东北新华书店 1949 年版，第 5 页。

于南共问题的决议和中共中央关于南共问题的决议出发写的，主要是说明原则性的问题。"① 这就清楚地表明，在新中国成立前夕，刘少奇研究国际主义和民族主义问题最主要的目的在于通过对于苏南冲突的看法表明中国共产党对苏联的立场和态度，并进一步为新中国与苏联国家同盟关系的建立奠定基础。

1948 年 11 月 7 日，也就是在十月革命胜利 31 周年的时候，《人民日报》刊登了《论国际主义与民族主义》一文，对十月革命进行了高调纪念。1949 年 6 月 1 日，共产党情报局机关刊物全文刊登了刘少奇的《论国际主义与民族主义》一文，表明了苏联及其控制下的共产党情报局对于中国共产党意识形态的认同。关于刘少奇这一著作对于新中国与苏联关系所起的作用，当时国内一些新闻人士已经有比较深刻的洞察。1949 年第 1 期《新闻杂志》在一篇宣传和介绍刘少奇的文章中说："刘少奇的近期主要事务，因为世界共产党内部正闹着国际路线和国家主义政见，他的工作就不得不转向于莫斯科和毛泽东在政见上的缓冲，铁幕集团认为从今日的种种迹象看，中共并没有经过莫斯科的全部真刀真枪的训练，这着棋不可不谨防，于是裂痕慢慢的来了，刘少奇眼见这种情形，急得锅上蚂蚁，岂能懈慢，正在拼命地弥补裂痕。"② 可以说，《论国际主义与民族主义》是刘少奇对于中国共产党和苏联之间的"裂痕"最重要的弥补。1950 年 1 月，刘少奇在对《真理报》记者捷塞特季娜讲述《论国际主义与民族主义》写作背景时说，写这篇文章就是为了给党员提供论据，批驳那些具有民族主义倾向的中国大学生和工人。当时，在北京和天津，一些大学生提出了这样的问题，"为什么苏联红军留在旅顺？""为什么苏联从东北运走机器？"这篇文章发挥了作用，"几个月后，这些问题没有再被提出"③。

在新中国成立前夕复杂的国际政治环境中，《论国际主义与民族主义》客观上成为中国共产党宣布忠于无产阶级国际主义、拥护斯大林和苏联对战后世界社会主义的领导地位以及与苏联在意识形态上站在一条

---

① 《建国以来刘少奇文稿》第 7 册，中央文献出版社 2008 年版，第 332 页。
② 翊赞：《中共的幕后首脑——刘少奇》，《新闻杂志》1949 年第 1 期，第 9 页。
③ ［德］迪特·海茵茨希：《中苏走向联盟的艰难历程》，张文武、李丹琳译，新华出版社 2001 年版，第 213 页。

线上的理论表达①，打消了斯大林对中国共产党和毛泽东成为亚洲的南斯拉夫和铁托的疑虑②，从而为新中国加入以苏联为首的社会主义阵营以及为中苏国家同盟关系的建立提供了重要的理论基础。这篇文章的意义在于：它在当时的国际环境下为新中国的巩固起到了积极作用。

第二节 刘少奇 1949 年秘密访问苏联与中苏同盟确立的政治基础

1949 年 6—8 月，刘少奇率领中共代表团在新中国建国前夕秘密访问了苏联。刘少奇的这次访问，"直接沟通了中共中央和联共领导人之间的联系，对以后中苏关系的发展以及苏联对新中国的态度有着重要影响"。③ 根据中央政治局的讨论，刘少奇这次访问苏联主要有三个任务，一是介绍中国革命的进程、性质、任务、它的发展和前景，中国革命现阶段状况、特点、历史经验，尤其是武装斗争的重要意义和实践经验；二是关于中国革命与世界革命的关系，中国革命对世界革命的义务和国际援助问题；三是苏联对于中国革命的援助和各方面的支持④。

在这次访问中，围绕着新中国的建国方案问题、中国革命与世界革命的关系、中国革命理论经验的界定和适用边界、中苏两党历史问题以及中苏同盟建立中的其他敏感性问题，中苏两党在多次的会谈中初步达成认识上的一致，这为稍后毛泽东正式访问苏联以及中苏两国同盟关系

---

① 其实就是在当时，这也不仅仅是一种理论上的态度，事实上已经在实际中开始采取了一些重要的举措。从 1948 至 1949 年的情况来看，典型的事件有两个，一是 1947 年 11 月 1 日，在驻旅大的苏联军政当局的强烈要求下，中共在东北的领导机关以犯了"反苏"错误为由，将中共旅大地委第二书记，关东行政公署副主席刘顺元、旅大总工会主席唐韵超等几位领导干部调离出旅大。一个是 1948 年新华社派往东欧各国进行考察的记者，在共产党情报局宣布了批判南斯拉夫的决议后，突然改变了由布拉格前往贝尔格莱德的行程，中止了对南斯拉夫的访问。关于这一问题参见高华《民族主义乎？国际主义乎》，http：//blog. renren. com/share/352049684/7720556349。

② 当时对于毛泽东成为"第二个铁托"的说法来自于不同的渠道。1948 年 9 月美国国家安全委员会的一份报告中就出现了关于"亚洲铁托主义"的说辞，同时在南斯拉夫内部，也有关于毛泽东将会成为"第二个铁托"的讲法。关于这一问题，参见［德］迪特·海茵茨希《中苏走向联盟的艰难历程》，张文武、李丹琳译，新华出版社 2001 年版，第 211 页。此外，这一时期，美国新闻记者斯诺、中国民主同盟领导人张澜也都有类似的说法。

③ 《刘少奇传》下，中央文献出版社 1998 年版，第 654 页。

④ 师哲：《在历史巨人身边》，中央文献出版社 1991 年版，第 395 页。

的确立提供了直接的政治基础。

关于新中国的建国方案问题。早在 1948 年 9 月毛泽东在酝酿访问苏联时就曾在给莫斯科的一个电文中就说："务必就一系列问题当面向苏联共产党（布）和大老板亲自汇报"，"真心希望他们给予我们指示"①。在毛泽东所说的"一系列问题"以及"指示"中，最直接的或首要的问题就是苏联和斯大林对于新中国建国方案的意见，这事实上也是刘少奇访问苏联所承担的最为直接和最为重要的任务。1949 年 7 月 4 日，刘少奇代表中共中央给联共（布）中央和斯大林提交了一份详细的报告，报告较为细致地介绍了新中国的政治协商会议和中央人民政府的架构。

> 新的政治协商会议，不是由共产党一个党或少数几个党发起召集，而是由中国一切民主党派及人民团体与少数民族和海外华侨共廿三个单位共同筹备与召集，这种方式，使党外人士非常满意。
> 在新的政府中除开军事委员会之外，在内阁之下，将成立财政经济委员会、文化教育委员会及政法委员会（管理公安、内务、司法等），并设立各部。在各部中，准备设立铁道、农业、林业、商业、金属、纺织、燃料、交通、邮电、工业等部。②

在对政治协商会议和新中国政府组织框架具体说明的基础上，刘少奇着重向联共和斯大林解释了人民民主专政的政治性质：

> 工人阶级是这个专政的领导力量，工人、农民与革命知识分子的联盟，是这个专政的基础力量，同时，团结尽可能多的能够和我们合作的小资产阶级与自由资产阶级及其代表人物和政治派别参加个这个专政。这就是这个专政的组成成分。
> 中国人民民主专政的形式，是人民代表会议制，这不是资产阶级式的议会制，而近于苏维埃制，但与无产阶级专政的苏维埃制也

---

① ［俄］列多夫斯基：《斯大林与中国》，陈春华、刘存宽等译，新华出版社 2001 年版，第 57 页。

② 《建国以来刘少奇文稿》第 1 册，中央文献出版社 2005 年版，第 4、5 页。

有区别，因为民族资产阶级的代表是参加人民代表会议的。①

此外，刘少奇在报告中根据毛泽东在《论人民民主专政》中提出的"一边倒"外交战略思想，还向联共和斯大林介绍了新中国的外交基本方针：

> 我们今后的外交活动，我们认为应该根据下列几项原则来进行：
>
> （一）和各帝国主义国家进行斗争，以便实现中国民族的完全独立；
>
> （二）在国际事务中和苏联及各新民主国家站在一道，反对新的战争危险，保卫世界和平与民主；
>
> （三）利用各资本主义国家的矛盾；
>
> （四）在平等互惠的条件下发展中国与外国的通商贸易，特别是发展与苏联及各新民主国家的贸易。②

对于刘少奇书面报告中介绍的新中国建国方案，在会谈中斯大林进行了高度评价，认为："少奇同志的报告写得十分清楚、明确，他们方面的人都看了，没有问题。"③ 1949 年 7 月 18 日，刘少奇在与高岗、王稼祥联名给中央的电报中则非常详细地汇报了斯大林的意见。在关于中共对待民族资产阶级的态度，斯大林认为，"是正确的"；关于中共对人民民主专政的理解，斯大林认为"是对的"；关于新中国的外交原则，斯大林也认为"是对的"④。这些评价表明苏联和斯大林对于新中国建国的内政外交基本方案是赞同的。

关于苏联和中国共产党的历史问题。1921 年中国共产党成立后，苏联在中国革命不同时期在政治、经济、组织、干部、道义等方面曾给予了中国共产党和中国革命重要的支持与援助，但苏联也曾经对中国革

---

① 《建国以来刘少奇文稿》第 1 册，中央文献出版社 2005 年版，第 5、6 页。

② 同上书，第 11 页。

③ 师哲：《在历史巨人身边》，中央文献出版社 1991 年版，第 404 页。

④ 《建国以来刘少奇文稿》第 1 册，中央文献出版社 2005 年版，第 31—32 页。

命造成了许多的负面影响，是革命时期中共党内多次"左"倾、右倾错误产生的重要因素。从刘少奇访苏的原初任务本身来说，并没有包含中苏两党在历史问题上的认识，但在多次的会谈中，斯大林首先提出了两党的历史问题。1949 年 7 月 27 日，斯大林在与刘少奇交谈国共斗争史的过程中针对抗战结束后的重庆谈判提到："我们是不是扰乱或妨害了你们呢？"并进一步针对 1949 年初国民党的和平运动问题提到："你们在美国人参与的和平运动中是否受了损失，（我们）妨碍了你们。"对于斯大林的这些问题，刘少奇在会谈中进行了平实的回答，并没有涉及斯大林所说的对于中国革命的"妨碍"，这使斯大林在两党关系的历史问题上进一步进行了自我批评：

> 中国同志总是客气的，讲礼貌的。我们觉得我们是妨碍过你们的。你们也有意见，不过不肯说出来就是了。你们当然应该注意我们讲的话正确与否，因为我们常常是不够了解你们事情的实质，可能讲错话。不过，如果我们讲错了，你们还是说出来好，我们会注意到的。①

从新中国成立后中苏两党两国关系的发展来看，历史问题始终是一个具有重要影响的因素。虽然这次会谈没有整个地涉及中苏两党的历史问题，特别是中共党内"左"倾教条主义根源的问题，但是斯大林在历史问题上的主动及其有限度的自我批评，是刘少奇 1949 年访问苏联取得的一个重要成果②，对于推动中苏国家同盟关系的确立起了极其重要的作用。

关于中国革命经验与苏联革命理论的关系。中国革命的胜利是中国共产党独立运用马克思主义理论并把马克思主义与中国革命实践相结合的产物。但苏联作为第一个取得社会主义革命胜利的国家，长期以来一

---

① 师哲：《在历史巨人身边》，中央文献出版社 1991 年版，第 414 页。
② 当然，在刘少奇的这次访问中，中苏两党并没有彻底解决历史上的问题。直到 1958 年，毛泽东在与苏联大使的谈话中历数了斯大林在历史上对中国共产党发展的干涉，说："斯大林对中国所做的这些事，我在死以前，一定写篇文章，准备一万年以后发表。"（《毛泽东文集》第 7 卷，人民出版社 1999 年版，第 393 页）这表明历史问题一直是制约中苏两党关系走向的一个重要因素。

直垄断着对于马克思主义理论的解释权。苏联对马克思主义理论的垄断权也是苏联维护其在世界社会主义运动中领导地位的理论需要。从这个意义上说，如何阐述中国革命的理论经验，对于中苏两党关系和两国关系的发展就是一个重要的政治问题。

1949 年 3 月，毛泽东在七届二中全会上的报告在阐述中国革命理论问题时就指出：

> 自有党以来，就是布尔什维克，我们自己的只是枝节、细节，就是灵活性。如果离开布尔什维克的原则性，这是行不通的。根本是马列，细节是中国的实际。骨头是马列，肌肉是中国的。这是国际主义。①

毛泽东关于中国革命理论事业中"根本"与"细节"、"骨头"与"肌肉"关系的阐述，在理论的一般性上是对马克思主义中国化逻辑的科学解释，但在当时的背景下，毛泽东的这一阐述还包含着对苏联理论与中国革命理论关系的认识，关于这一点，毛泽东在七届二中全会的总结发言中讲得非常清楚：

> 不要把毛与马、恩、列、斯并列起来。我们说，我们这一套是一个国家的经验，这样说法就很好，就比较好些。如果并列起来一提，就似乎我们自己有了一切，似乎主人就是我，而请马、恩、列、斯来做陪客。我们请他们来不是做陪客的，而是做先生的，我们做学生。②

事实上，毛泽东在七届二中全会上的这一认识，是为了建立新中国与苏联的国家联盟关系而有意识地降低中国革命的理论经验及其对于马克思主义理论的创新。在访问苏联期间，根据毛泽东在七届二中全会上的这一认识，刘少奇在向斯大林陈述关于中国革命与苏联理论的关系

---

① 《杨尚昆回忆录》，中央文献出版社 2001 年版，第 279 页。
② 《毛泽东文集》第 5 卷，人民出版社 1996 年版，第 260 页。

时说：

> 世界无产阶级与人民民主力量，特别是苏联，给予中国人民的帮助，是中国人民取得胜利的决定条件，而中国共产党则利用了这些条件。在中国革命中，有成功地组织反帝民族统一战线的经验，土地改革的经验，在乡村中长期进行武装斗争，包围城市，然后夺取城市，及在城市中进行秘密工作与合法斗争，以配合武装斗争的经验，以及在中国这样的国家内建设马列主义共产党的经验。这些经验，对其他殖民地半殖民地国家，可能是很有用的。①

刘少奇很明显地是把中国革命的理论经验放到了苏联马克思主义理论框架内来加以解释，而对于中国革命理论和经验的世界史意义，刘少奇的讲法则非常慎重。对于刘少奇的论述，斯大林说："关于马克思主义，在一般理论方面，也许我们苏联人比你们知道得多一些。但是，把马克思主义的一般原则应用于实际中去，则你们有许多经验值得我们学习。"② 这样，中苏两党在"运用"的层面对于中国革命的理论经验问题达成了一致性的认识。在此基础上，中苏涉及到了当时国际共产主义运动中两个重要问题，一是中国共产党要不要参加苏联共产党领导下的欧洲共产党情报局问题，二是关于中苏两党在世界革命中的分工问题。

在 1949 年 7 月 4 日给联共（布）中央和斯大林的报告中，刘少奇说道：

> 根据局部利益服从世界利益，我们中共服从联共的决定，即使没有了共产国际的组织，中共也没有参加欧洲共产党情报局。在某些问题上，如果中共与联共发生争论，我们中共在说明我们的意见后，准备服从并坚决执行联共的决定。③

从刘少奇的这个表述推断，中共参加欧洲共产党情报局是刘少奇访

---

① 《建国以来刘少奇文稿》第 1 册，中央文献出版社 2005 年版，第 3—4 页。
② 师哲：《在历史巨人身边》，中央文献出版社 1991 年版，第 412 页。
③ 《建国以来刘少奇文稿》第 1 册，中央文献出版社 2005 年版，第 17 页。

苏时谈到过的一个重要问题，而斯大林在后来关于这一问题的讲话中更可以印证出这一点：

> 　　中国加入欧洲情报局不适当，因为中国与欧洲各国情况不同。中国是长期受帝国主义压迫的；中国的民族资产阶级不同于欧洲各国资产阶级。①

　　斯大林对于不同意中国共产党加入欧洲共产党情报局的解释是否能够站得住脚是另外一个层次的问题②，重要的是斯大林否认了中国共产党有参加欧洲共产党情报局的必要。但斯大林并非试图将中国共产党排挤出战后世界社会主义运动之外，斯大林对刘少奇提出，中国共产党应该成立一个亚洲共产党联盟，并且在其中起领导作用③。在此基础上，斯大林提出了中苏两党在世界革命中的分工问题：

> 　　在国际革命运动中，中苏两家都应多承担些义务，而且应该有某种分工，就是说要分工合作。希望中国今后多担负些对殖民地、半殖民地、附属国家的民族民主革命运动方面的帮助，因为中国革命本身和革命经验会对它们产生较大的影响，会被它们参考和吸取。苏联在这方面起不到象中国那样的影响和作用。这个道理是明显的，犹如中国难以象苏联那样在欧洲产生影响一样。因此，为了

---

①　师哲：《在历史巨人身边》，中央文献出版社1991年版，第413页。

②　事实上，中国共产党在当时并没有深刻认识到欧洲共产党情报局的建立背后有苏联的深层安全战略考虑，即与美国在欧洲进行冷战，为此欧洲共产党情报局成立时，在成员党上精心安排，其核心任务是要把东欧国家牢牢地控制在苏联的影响之下，并推动苏联东欧在制度上的一体化。关于欧洲共产党情报局成员党的问题，参见孙耀文《共产党情报局：一个特殊的国际机构》，社会科学文献出版社2000年版。

③　李丹慧：《北京与莫斯科：从联盟走向对抗》，广西师范大学出版社2002年版，第151页。有学者根据俄国解密档案的研究，提出早在1949年1月苏共政治局委员米高扬访问西柏坡时，就与中共会谈过关于成立东亚情报局的问题。在会谈中，毛泽东提出，"等中国局势稳定后，应该尽快成立像欧洲共产党情报局那样的共产党亚洲国家局。对此，米高扬当即提出，按照苏共中央的意见，中共不应参加现在的共产党情报局，而应建立以中共为首的共产党东亚国家局。最初可以由三个政党组成，即中国共产党、日本共产党和朝鲜共产党组成，以后逐步吸收其他政党"。参见沈志华《从西柏坡到莫斯科：毛泽东宣布向苏联"一边倒"》，《中共党史研究》2009年第4期。

国际革命的利益，咱们两家来个分工：你们多做东方和殖民地、半殖民地国家的工作，在这方面多多发挥你们的作用和影响。我们对西方多承担些义务，多做些工作。总而言之，这是我们义不容辞的国际义务！①

斯大林进一步提出了世界革命中心"东移论"：

> 世界革命中心逐渐东移，将来中国在世界上是要承担更多更重要的义务的。弟弟应该赶上兄长，学生应该超过先生！愿中国人民奋力前进，赶上和超过他的老大哥！②

斯大林对于中苏两党国际分工问题的论述，实际上远远超过了刘少奇访苏前中国共产党自身的认识。还在七届二中全会时，毛泽东在报告中就曾批评过所谓的中苏"分工论"的认识：

> 如果说"斯大林只管那些工业发展的地方，而殖民地半殖民地就归我们管，那岂不就把马克思主义的'市场'分割了吗？而且，我们说，殖民地半殖民地归我们，可是有那么一个国家，提出不买你的货，而要直接到莫斯科去买货，这又怎么办呢？"③

从斯大林关于中苏两党在世界革命中分工的论述来看，他比毛泽东更加突出和提升了中国共产党在世界革命中的地位和作用，这无疑进一步拉近了中苏的同盟关系。

关于《中苏友好同盟条约》的处理问题。《中苏友好同盟条约》是1945年8月14日，苏联以雅尔塔协定为基础与国民党政府签订的条约。这一条约主要是两个内容，一是"苏联政府同意给予中国以道义上与军需品及其他物资之援助，此项援助当完全供给中国中央政府，即国

---

① 师哲：《在历史巨人身边》，中央文献出版社1991年版，第412页。
② 师哲：《在新中国诞生的前夜》，见《缅怀刘少奇》，中央文献出版社1988年版，第224页。
③ 《毛泽东文集》第5卷，人民出版社1996年版，第259页。

民政府"①。也就是说，苏联承诺战后支持国民党。二是国民党给予了苏联许多在中国的特殊利益。在蒙古问题上，"中国政府声明，于日本战败后，如外蒙古之公民投票证实此项愿望，中国政府当承认外蒙古之独立，即以其现在之边界为边界"。此外，苏联实现了对中长铁路与中国一起"共同所有、共同经营"，大连"所有港口工事及设备之一半，无偿租与苏联，租期定为三十年"、旅顺口为中苏共同使用的"海军根据地"②。新中国成立前夕，如何处理这一条约，就成为影响中苏国家同盟关系走向中一个重要的现实问题。

对于《中苏友好同盟条约》的处置，刘少奇在给联共和斯大林的报告中说：

在苏联和与新中国建立外交关系时，这个条约即须加以处理，其处理方式，大概不外以下三种：

（一）由新的中国政府宣布全部承认这个条约继续有效，不加任何修改。

（二）根据原来条约的精神，由两国政府代表重新签订一个新的苏中友好同盟条约，以便根据新的情况在文字上和内容上有所增减。

（三）由两国政府换文，暂时维持这个条约的现状，但准备在适当的时机重新加以签订。③

对于《中苏友好同盟条约》中的旅顺驻军问题和蒙古问题，刘少奇说：

当着我们自己还不能防守自己的海岸的时候，如果不赞成苏联在旅顺驻兵，那是对于帝国主义的帮助。

蒙古人民要求独立，根据民族自决权的原则，我们应该承认蒙

---

① 中国第二历史档案馆编：《中华民国史档案资料汇编》第五辑第三篇，江苏古籍出版社 2000 年版，第 687 页。

② 同上书，第 688 页。

③ 《建国以来刘少奇文稿》第 1 册，中央文献出版社 2005 年版，第 15 页。

古独立，但蒙古人民共和国如果愿意与中国联合，我们自然欢迎。
这只有蒙古人民才有权利决定这个问题。①

　　刘少奇的这一认识完全是从新中国的海防实际以及"二战"后
"外蒙"已经独立的实际情况来说的。对于刘少奇提出的关于处理《中
苏友好同盟条约》的方式，斯大林认为，"这都用不着"。因为"这个
条约是不平等的，因那时与国民党打交道不得不如此"。在此基础上，
斯大林提出了处理旅顺驻军的两种方式，一是在对日和约签订、美国从
日本撤军后，苏联"即从旅顺撤兵"；二是如果中共认为苏联从旅顺撤
军会在政治上有更多的余地，"苏联军队现在就可以从旅大撤退"②。斯
大林提出的这两种方式，明显地有利于维护中国的国家利益。从原因上
分析，主要在于以下两个方面，一是在与刘少奇的多次会谈中，斯大林
对于中国共产党的对苏态度已经不再发生怀疑，从这个意义上说，斯大
林对于中国国家利益的让步是中苏两党在历史问题以及意识形态问题上
开始统一的结果；二是从斯大林的全球战略来看，苏联与美国的冷战重
心在欧洲，对于亚洲，如果能够在中苏同盟的基础上通过中苏在世界革
命中的分工，可以大大减轻苏联在欧洲的战略压力。

　　总的来看，新中国成立前夕刘少奇在访问苏联期间，中苏两党在新
中国的建国方案、两党的历史问题、中国革命经验与苏联理论以及《中
苏友好同盟条约》的处理问题上达成的初步统一，为新中国建立后毛泽
东访问苏联以及《中苏友好同盟互助条约》的签订提供了重要的政治
基础，也为新中国建立初期中苏两党两国关系的友好发展奠定了重要的
政治基础。

第三节　中苏友好协会与中苏同盟确立的社会基础

　　中苏友好协会是新中国建立后成立的推动中苏友好交往的一个具有

---

① 《建国以来刘少奇文稿》第 1 册，中央文献出版社 2005 年版，第 16 页。
② 同上书，第 34 页。

政治性的社会组织，这一组织在宣传和推动中苏友好方面起了极其重要的作用，特别是在1949—1954年刘少奇担任首任会长期间①，中苏友好协会的活动对于巩固新建立的中苏国家同盟关系起了重要的作用。

中苏友好协会成立于新中国成立后的第四天，即1949年10月5日。刘少奇在中苏友好协会成立大会上发表了长篇讲话，在这一讲话中刘少奇一方面强调中苏友好是新中国的国家意志，指出中苏友好"是我们中国人民的最大利益"，"我们十分重视和珍贵这种友谊与合作，任何破坏和阻碍这种友谊与合作的行为，我们是不能允许的，因为这种行为违背中国最大多数人民的最大利益"。② 另一方面，刘少奇又把中苏友好上升到中国发展道路的高度来加以强调，指出："我们之所以特别重视和珍贵中苏两国人民的友谊与合作，还因为苏联人民走过的道路正是我们中国人民将要走的道路。苏联人民建国的经验值得我们中国人民很好地学习。我们中国人民的革命，在过去就是学习苏联，'以俄为师'，所以能够获得今天这样的胜利。在今后我们要建国，同样也必须'以俄为师'，学习苏联人民的建国经验。"③ 1950年4月，刘少奇在中苏友好协会总会第一届理事会第一次会议上的讲话中指出："我们建立中苏友好协会，其目的就是要使中苏两国人民互相了解。这不是帝国主义的外交，而是兄弟般的互相帮助、互相了解的老实的工作。"④ 中苏友好协会成立后，组织机构在全国迅速完善，成为推动中苏友好发展的大规模的群众性组织⑤。

---

① 中央最初拟安排宋庆龄担任中苏友好协会的会长，后为突出中苏友好协会的政治重要性，才改为由刘少奇来担任首任会长，1954年后刘少奇不再担任会长，改为由宋庆龄担任会长。参见张再《我所知道的"中苏友好协会"始末》，《中共党史资料》2008年第4期。

② 《建国以来刘少奇文稿》第1册，中央文献出版社2005年版，第85页。

③ 同上书，第87页。

④ 《刘少奇年谱》下卷，中央文献出版社1996年版，第248页。

⑤ 新中国成立后，随着中苏国家关系和中苏两党关系的变化，中苏友好协会这一组织的性质也发生过重要的变化，从1949年建立到1953年，中苏友好协会是一个大规模的全国性的群众组织；1953年后逐渐调整为隶属宣传部门的宣传性机构；1960年后，经中央批准，中苏友好协会从宣传部门划归外事部门管理，成为一个对外文化交流机构；1991年苏联解体后，中苏友好协会改名为中俄友协。关于中苏友好协会机制的变化，可参见张萍《中苏友好协会的组织结构及其变迁》，《当代世界与社会主义》2008年第1期。本文在研究中只涉及刘少奇任会长期间中苏友好协会的活动，显然这一时期中苏友好协会是中央直接领导下的一个部级的全国性群众组织。

在刘少奇担任中苏友好协会总会会长的近 5 年的时间里，中苏友好协会在排除"疑苏"、"反苏"的政治情绪，推动中苏友好思想的深入发展以及在推动中苏友好同盟关系发展方面起到了极其重要的作用，而刘少奇对中苏友好协会工作的推动主要体现在以下几个方面。

一、积极利用十月革命等重大的节日庆典，以讲演、贺电等形式，站在国家意志的高度传播中苏友好的思想

当中国共产党在新中国成立前宣布确立向苏联"一边倒"政策之时，中国民众对苏联的认知与感情却十分复杂。他们一方面对苏联出兵东北心存感激，加上中国共产党的舆论宣传和导向，对苏联有一定的好感；另一方面对苏联的认识和看法与中共之间存在着明显的差异，很多人对苏联一无所知或知之甚少，更多的人则存在明显的"疑苏"和"反苏"情绪。由于中俄的历史积怨、"二战"期间苏联的民族利己主义和不义行为，以及国民党、美国、日本对于中苏关系的离间等原因，20 世纪 40 年代后半期，中国民众中普遍存在着明显的"疑苏"和"反苏"情绪，而且这种情绪已经从他们的言语甚至是行动中表露出来，与中国共产党的"一边倒"政策很不协调[1]。1950 年 2 月，毛泽东在给刘少奇的《关于各地对新的中苏条约和协定表态时应注意的问题的电报》中，基于当时中国民众中存在的"疑苏"和"反苏"情绪，也一再强调"应根据新华社社论的立场，不要发表不适当的意见"。[2]

1949 年 7 月 6 日，刘少奇在访问苏联期间曾致信斯大林，询问此次访苏安排问题，其中就提到了中苏文化交流的问题，认为"中苏文化交流这是密切两民族关系的重要工作"，并提到利用中苏文化协会来推动两国文化交流的问题[3]。这表明，刘少奇已经在思考通过中苏文化交流的方式来推动中国共产党的"一边倒"的政策向中国民众意志的转移

---

① 关于新中国成立前和成立初期中国民众中的反苏、疑苏问题，可参见潘鹏《中苏友好协会的缘起、历程及终结》，中共中央党校博士学位论文，2008 年，第 21—27 页。

② 《建国以来毛泽东文稿》第 1 册，中央文献出版社 1987 年版，第 260 页。

③ 《建国以来刘少奇文稿》第 1 册，中央文献出版社 2005 年版，第 27 页。

问题①。因此，在领导中苏友好协会工作期间，刘少奇通过利用十月革命等重大的节日庆典来宣传中苏友好思想的发展，是一件非常自然又非常重要的事情，其实质正是在于从民众意志的层面为中苏友好的发展奠定基础。

1949 年 11 月 7 日，在中苏友好协会召开的庆祝十月革命胜利 32 周年大会上，刘少奇发表了长篇讲演，着重强调苏联的援助是中国革命和建设的根本保证，指出中国人民清楚地了解：

> 由于有了苏联的强大存在，由于有了苏联的榜样和苏联的援助，他们的革命斗争就能够获得胜利，而今天中国人民大革命也就真的得到了胜利。中国人民在革命斗争中，每当遇到了困难、受到失败的时候，他们的胜利信心从来就没有丧失过，因为他们看到了苏联的强大存在，苏联建设的突飞猛进，他们就有了极大的希望，充满了信心，相信他们的革命是有把握胜利的。②

1950 年 11 月 6 日，刘少奇以中苏友好协会会长的名义致电苏联对外文化协会，祝贺十月革命胜利 33 周年，并强调："愿中苏两国人民在为反对帝国主义侵略与保卫世界和平的共同斗争中友好团结不断增强。"③ 1951 年 11 月 6 日，刘少奇以中苏友好协会会长的名义致电苏联对外文化协会，对十月革命胜利 34 周年进行了祝贺④。为了隆重庆祝十月革命胜利 34 周年，10 月 27 日中苏友好协会总会下发了《关于庆祝十月革命三十四周年纪念办法的通知》，要求"市、县以上机关团体可举行代表性的庆祝会，各基层组织则应尽可能举行小型的群众集会。凡有苏联友人的地方，均应邀请苏

---

① 有学者因此提出，从刘少奇访问苏联的材料以及国内正在筹建的中苏友好协会的组织来推断，刘少奇在访问苏联期间有可能与斯大林就成立中苏友好协会的相关事宜进行过讨论。参见潘鹏《中苏友好协会的缘起、历程及终结》，中共中央党校博士学位论文，2008 年版，第 29 页。

② 《建国以来刘少奇文稿》第 1 册，中央文献出版社 2005 年版，第 137—138 页。

③ 《建国以来刘少奇文稿》第 2 册，中央文献出版社 2005 年版，第 528 页。

④ 贺电全文可参见《建国以来刘少奇文稿》第 3 册，中央文献出版社 2005 年版，第 787 页。

联友人参加"。① 1952 年 10 月，刘少奇率领中共高级代表团参加了苏共十九大，代表中共中央在大会上致了贺词，指出"中国共产党是在伟大的十月革命的直接影响下并以苏联共产党为榜样而建立起来的。斯大林同志关于中国革命的天才指示，对于中国共产党领导中国人民取得革命胜利具有无法估量的重大意义"。基于中国革命的经验和新中国初期发展的经验，刘少奇指出："根据各个国家的具体情况，正确地运用马克思、恩格斯、列宁、斯大林的学说，正确地运用苏联共产党关于革命与建设的经验，是无往而不胜利的。"② 刘少奇的讲话，使苏共十九大的代表们"感到了一种难以形容的兴奋和欢欣鼓舞"③。刘少奇在参加苏共十九大之后，又亲自在苏联参加了庆祝十月革命的庆典。

除了通过纪念十月革命来积极宣传中苏友好与团结的思想之外，刘少奇还通过中苏之间的其他一些重要的纪念活动来积极宣传中苏友好与团结。1954 年 1 月，刘少奇在纪念列宁逝世 30 周年的讲话中说，中苏关系是"史无前例的一种关系。这种关系之所以是绝对巩固的，因为这是在无产阶级国际主义的基础上发展起来的关系"④。这里所说的"无产阶级国际主义"其实正是新中国成立后刘少奇传播中苏友好思想的着眼点和着力点。1950 年 10 月，刘少奇在中苏友好协会成立一周年之际专门题字："伟大的良师和益友。"⑤ 1952 年 2 月，刘少奇以中苏友好协会会长的名义发表了纪念《中苏友好同盟互助条约》签订两周年的讲话，指出："两年来，人们都会看到这个具有伟大历史意义的中苏友好同盟互助条约对于促进新中国的建设，对于保卫远东与世界的和平已经发生了何等重大的作用。可以断言，在今后，它对中苏两国人民和全世界人民将要发生更加深远和有利的影响。"⑥ 1953 年 3 月 6 日，刘少奇

---

① 《中苏友好协会总会关于庆祝十月革命三十四周年纪念办法的通知》，《人民日报》1951 年 10 月 27 日。在 11 月 7 日，中苏友好协会总理事会组织了大规模的纪念讲话、图片展、影片展等活动，参见《迎接苏联十月革命三十四周年纪念日，中苏友好协会等展开庆祝活动》，《人民日报》1951 年 11 月 6 日。

② 《中共中央派出代表团参加联共代表大会》，《人民日报》1952 年 10 月 11 日。

③ 师哲：《在历史巨人身边》，中央文献出版社 1991 年版，第 528 页。

④ 《建国以来刘少奇文稿》第 6 册，中央文献出版社 2008 年版，第 38 页。

⑤ 《建国以来刘少奇文稿》第 2 册，中央文献出版社 2005 年版，第 458 页。

⑥ 《中苏友协总会刘少奇会长的讲话》，《人民日报》1952 年 2 月 15 日。

在斯大林去世后以中苏友好协会的名义致电苏联对外文化协会，代表中苏友好协会会员对斯大林的逝世"致以万分沉痛的哀悼"，中国人民"誓以最大的努力，为加强和发展中苏两国人民的友好合作、粉碎侵略者的任何阴谋诡计、保卫远东与世界的和平而奋斗到底"①。

二、刘少奇任会长期间，中苏友好协会召开了两次全国性会议，布置和推动了中苏友好协会的工作

在刘少奇担任中苏友好协会会长期间，中苏友好协会进行了卓有成效的组织工作，使得中苏友好协会的组织在全国迅速建立起来，各地普遍建立了以当地一把手或党政主要负责人为领导的中苏友好协会分会。从 1949 年 10 月协会建立到 1950 年 1 月，短短 3 个月的时间，中苏友好协会全国会员达到了 331 万，1951 年 9 月，增至 1500 多万②，成为"一支庞大的宣传中苏友好和国际主义的队伍"③。到 1953 年 2 月，中苏友好协会会员发展到了 2300 多万，分会 1300 多个，支会 62000 个④。

在中苏友好协会发展的过程中，为了使全国的中苏友好协会进一步协调活动，1950 年 10 月召开了中苏友好协会第一次全国工作会议。刘少奇在会议上的讲话中指出："要使中苏两大国人民真正的友好起来，很好的团结起来，是要进行很多工作，要进行一些斗争的。所以，中苏友好协会这个组织，在某种意义上讲，应该是一个斗争的组织。向谁斗争？向敌人斗争。因此要了解敌人，研究敌人，研究斗争的方法。斗争的任务，斗争的目标，就是使中苏两大国人民很好的团结起来，相互的经验交流起来，经济建设的经验、组织的经验，各方面的经验交流起来。"⑤ 中苏友好协会第一次全国工作会议通过了《关于继续加强与发展中苏友好协会工作的决定》，"决定"肯定了一年来中苏友好协会在推动中苏关系发展方面所起的重要作用，但也指出目前中苏友好协会的

---

①　《中苏友好协会总会会长刘少奇的唁电》，《人民日报》1953 年 3 月 7 日。
②　《中苏友好协会去年工作获成绩全国会员达三百三十一万》，《人民日报》1951 年 1 月 18 日；《中苏友好协会会员已增至一千五百万人》，《人民日报》1951 年 9 月 22 日。
③　钱俊瑞：《两年来中苏友好协会做了些什么》，《人民日报》1951 年 10 月 5 日。
④　参见潘鹏《中苏友好协会的缘起、历程及终结》"附录"，中共中央党校博士学位论文，2008 年。
⑤　《刘少奇年谱》下卷，中央文献出版社 1996 年版，第 261 页。

工作还存在许多的缺点，主要是："各级友协一般地还没有作到及时地驳斥敌人所散布的各种反苏谣言和谬论，还没有作到充分了解群众的思想情况，并准对（疑为原文有误，应为"针对"——引者注）这种情况系统地并从基本上解释清楚群众思想中关于对苏联关系问题的各种疑虑，并引导群众去深刻地认识苏联。"为了克服这一缺点，决定做出了7个方面的工作内容：（1）强调了中苏友好协会在性质上是一个以增进中苏友谊和合作、促进中苏友好合作交流的广泛的统一战线的组织。（2）以国际主义的精神教育广大群众，增进他们对苏联的认识和学习苏联的经验。（3）有计划地向苏联介绍中国人民的斗争和建设成就。（4）最广泛地参加和推动世界和平斗争，并在这一斗争中促进中国人民深刻认识到苏联是世界和平民主阵营的领导者。（5）推动各人民团体进行上述教育和发展中苏友好协会会员。（6）切实走群众路线，依靠群众进行工作①。中苏友好协会第一次全国工作会议的这一决定受到了刘少奇的高度肯定。刘少奇在转发中苏友好协会第一次全国工作会议报告的通知中说："中央认为这次会议所通过的决议及其所提出的各项要求，是正确的。"② 这一决定对于进一步推动中苏友好协会工作的深入发展以及中苏友好关系的进展起了重要的作用。

为了更好地组织全国范围内对苏联的友好和对苏联经验的学习，1951年10月5日到13日，中苏友好协会召开了全国第一次代表会议。10月5日，苏联对外文化理事会主席捷尼索夫致电刘少奇会长，祝贺中苏友好协会全国第一次代表会议召开，并指出："中苏两国人民牢不可破的友谊的进一步加强，将有利于保证远东和平和安全的事业。"③ 刘少奇出席了中苏友好协会第一次代表会议开幕式。会议通过9天的日程，细致地讨论和梳理了中苏友好协会工作的成绩和不足，决定在今后的工作中要"从一般号召转入深入具体有丰富内容的阶段；根据马克思列宁主义和毛泽东思想，结合群众的思想实际和生活实际，对广大人民进行国际主义的思想教育和学习苏联先进经验的教育"。为了完成上述

---

① 《关于继续加强与发展中苏友好协会工作的决定》，《人民日报》1950年11月17日。

② 《建国以来刘少奇文稿》第2册，中央文献出版社2005年版，第542页。

③ 《苏联对外文化协会理事会主席安德列·捷尼索夫电刘少奇会长贺中苏友协成立二周年》，《人民日报》1951年10月7日。

任务，必须加强对协会工作的思想和政治领导，特别是要"坚决肃清反苏思想的残余，驳斥国内外反动派的反苏谰言，批评关于中苏关系的狭隘民族主义观点，消除群众中对苏联和中苏友好问题上的怀疑和顾虑"①。

中苏友好协会第一次全国代表会议后，中苏关系进一步发展，特别是在从 1952 年 11 月 7 日到 12 月 6 日开展的为期一个月的"中苏友好月"活动中，中国人民的联苏、亲苏、爱苏的思想得到了空前的提高。为了精心准备"中苏友好月"活动，中苏友好协会总会下发了专门的关于举行"中苏友好月"的通知，并发布了专门的庆祝口号和宣传要点②。在"中苏友好月"活动中，新增加会员 150 万人，新建中苏友好协会组织近 1000 个，在活动中普通群众对与苏联友好的认识以及以此为基础形成的政治觉悟也空前提高③。

三、高度关注中苏友好协会具体工作中的细节性问题，推动中苏友好协会工作顺利开展

新中国成立初期，刘少奇担负着非常沉重的工作。虽然刘少奇担任中苏友好协会会长的职务，但中苏友好协会大量的具体工作是由总干事钱俊瑞来负责的。即便是这样，刘少奇也非常关注中苏友好协会具体事务方面的工作。1949 年 11 月，刘少奇为了使新中国组织的参观团赴苏联短期参观学习的活动能够有序进行，专门以中央的名义致电各中央局、分局和前委进行具体布置，指出："各政府机关的参观团，须向政务院申请批准，各群众团体及文化学术机关的参观团，须向中苏友好协会总会申请同意。"④ 1949 年 11 月 6 日，中苏友好协会总会理事张仲实致信刘少奇，反映满洲里车站在接待苏联专家工作中存在的一些问题，刘少奇在接到此信

---

① 《进一步发展和巩固中苏人民伟大友谊》，《人民日报》1951 年 10 月 15 日。

② 参见《中苏友好协会总会关于"中苏友好月"的口号》、《"中苏友好月"宣传要点》，《人民日报》1952 年 10 月 29 日。

③ 苗族一位 103 岁的田老太太在 1952 年 11 月 7 日冒雨进城申请加入中苏友好协会，她说："我活了这么大年纪，才开始过幸福生活。我要和苏联人民做朋友，中苏人民团结得好，就不会有人敢来侵犯。我们苗家可以永远过太平日子了。"（《在"中苏友好月"中中苏友好协会有很大发展》，《人民日报》1952 年 12 月 10 日）

④ 《建国以来刘少奇文稿》第 1 册，中央文献出版社 2005 年版，第 126—127 页。

后致信周恩来，指出：“必须在满洲里设一个招待所，以招待来往客人。”① 1952 年 10 月，中苏友好协会总会启动“中苏友好月”活动后，针对这一活动通知中所说的“邀请苏联对外文化协会派代表团和文工团前来参加”这一内容，刘少奇利用当时在苏联参加苏共十九大的机会，在与联共中央和苏联对外文化协会领导人交谈后致信中苏友好协会总干事钱俊瑞说，关于苏联派代表团和文工团的事“将根据你们和他们的代表在北京商谈的结果派来，人数可能多几个或少几个，但不会太多或太少。望根据以前的协议布置”②。上述列举的材料，虽然反映出来的是琐碎的事情，但也体现出了刘少奇在具体事情上对中苏友好协会的关注，这些事情对于推动中苏友好协会工作起着重要的作用。

　　刘少奇任会长期间的中苏友好协会处于黄金发展时期。“有理扁担三，无理三扁担”③。通过中苏友好协会的大量工作，极大地推动了中国民众中对苏友好思想的深入和发展④，并架起了中国人民学习苏联经验的组织桥梁，“从思想上、组织上奠定了我们党建党建国照搬苏联模式的基础”⑤。在 20 世纪 50 年代中国大规模地移植苏联模式和体制的过程中，这一基础所起的作用远远超过了某一个或某几个领袖人物的意志所起的作用。

---

　　① 《建国以来刘少奇文稿》第 1 册，中央文献出版社 2005 年版，第 136 页。新中国对苏联专家的接待和安排工作，是由周恩来领导的政务院来具体负责的，刘少奇的这一指示反映出中国方面在管理苏联专家方面的工作体制，关于这一问题，可参见沈志华《苏联专家在中国（1949—1960）》，中国国际广播出版社 2003 年版，第 155—163 页。

　　② 《建国以来刘少奇文稿》第 4 册，中央文献出版社 2005 年版，第 520 页。

　　③ 这是刘少奇在 1949 年 8 月访问苏联结束后，带领 200 多名苏联专家返回国内后在东北干部大会上的讲话中针对处理与苏联专家关系的问题所说的，意思是说，如果与苏联专家发生矛盾，那么扁担都要打在中国人身上。在以后的若干年内，这成为一句流传非常广的口头禅，形象地反映了当时处理与苏联专家关系的原则。参见沈志华《苏联专家在中国（1949—1960）》，中国国际广播出版社 2003 年版，第 72—73 页。实际上，这也是中苏友好协会在处理与苏联关系时的一个重要原则。

　　④ 1949 年 4 月，张治中向毛泽东、周恩来等人提出，不能光靠苏联，还要争取英美，美苏争长，我们最好既不倒向苏联，也不倒向美国（参见潘鹏《中苏友好协会的缘起、历程及终结》，中共中央党校博士学位论文，2008 年，第 22 页）。在 1954 年 12 月中苏友好协会第二次全国代表会议上，张治中在发言中则说，对五年来中苏友好关系的发展“表示极大的兴奋”，“我们应该感谢苏联”，“我们更应该学习苏联。人人都知道，苏联的今天就是我们的明天，我们一定要老老实实、勤勤恳恳地去学习”（《在中苏友好协会第二次全国代表会议上的发言》，《人民日报》1954 年 12 月 30 日）。

　　⑤ 张再：《我所知道的“中苏友好协会”始末》，《中共党史资料》2008 年第 4 期。

第五章

刘少奇与新中国的周边外交

周边国家外交是新中国外交的重要领域，也是刘少奇外交思想和活动的重要领域。从新中国成立到 20 世纪 60 年代，刘少奇对新中国与周边国家关系的认识经历了从"亚洲革命"到"和平外交"思想的巨大变化，这一变化也映衬出新中国对周边国家外交的艰辛探索和历史经验。

第一节　新中国成立前后刘少奇的
"亚洲革命"思想

"世界革命"曾是一代代马克思主义者矢志不渝的追求。"无产阶级只有在世界历史意义上才能存在，就像共产主义——它的事业——只有作为'世界历史性的'存在才有可能实现一样。"[①] 从马克思、列宁、斯大林到毛泽东，他们从来没有仅仅在民族国家的范围内来认识一国无产阶级革命事业的历史意义，而是把一国无产阶级革命事业放置到了整个世界无产阶级革命和解放事业的高度来认识。当本国无产阶级夺取政权后，执政的共产党领导人在相当长的一段时间里把国际主义作为本国外交的出发点，把本国革命看作为世界革命胜利进程中的一个部分和推动世界革命进一步发展的一种助力，刘少奇在很长的一段时间内也是持有这样一种认识的。

1939 年 7 月，刘少奇在著名的《论共产党员的修养》一文中论述人类的共产主义前途时就指出：

[①]　马克思、恩格斯：《德意志意识形态》，人民出版社 2003 年版，第 31 页。

　　我们共产党员最基本的责任是什么呢？就是要实现共产主义。对于各国共产党来说，就是要经过各国共产党和各国人民自己的手，去改造自己的国家，从而一步一步地把世界改造成为共产主义的世界。①

　　如果说，刘少奇这里阐述的还是对于共产主义的一种长远设想，那么，随着中国革命的胜利，正确认识中国革命与世界革命，特别是与中国国情特点相近的亚洲国家的革命的关系，就成为刘少奇认识中国与外部世界关系过程中的一个重要问题。1948 年 12 月，刘少奇在与马列学院第一班学员的谈话中指出：

　　中国革命的胜利，是世界革命的胜利，是世界革命胜利了四分之一，对其他地方影响甚大，如对越南、印度、马来亚等国，是一件大事。亚洲革命要靠我们，亚洲又占全世界人口的一半（十万万），世界革命机关之一——世界工联，最近委托中国总工会召开亚洲职工代表大会。亚洲各国的共产党，如印度、印尼、菲律宾、越南等，均有人来，要求建立联系；要求我们办学校，他们送学生来。这使我们责无旁贷。因此，中国共产党不仅担负着中国革命的任务，而且担负着中国以外的革命任务。②

　　刘少奇这里其实已经非常鲜明地表明了即将胜利的中国共产党对于亚洲革命的义务，其中有两点已经是非常明确，一是"亚洲革命要靠我们"，这一点已经充分表明了中国共产党推动亚洲革命的自觉和决心，二是主要通过建立联系、办学校、培养学生③等方式来建立中国共产党

---

　　① 《刘少奇选集》上卷，人民出版社 1981 年版，第 122 页。

　　② 人民出版社资料室：《刘少奇言论集》（1945.8—1957.12），1967 年版，第 163 页。《刘少奇选集》上卷在收入这一谈话时，删除了这一段，参见《刘少奇选集》上卷，人民出版社 1981 年版，第 415 页。

　　③ 1950 年 1 月，越南共产党即送了 21 名学生到中国，在马列学院学习，但由于人数较少，刘少奇在 1950 年 1 月 6 日致越共中央的信中，要求越共再送 30 名学生到中国，"主要学理论和政策"。（《建国以来刘少奇文稿》第 1 册，中央文献出版社 2005 年版，第 294 页）。从刘少奇 1952 年 5 月 29 日在《中共中央为马列学院聘请教授事给联共（布）中央的信》中所提到的材料看，马列学院到 1952 年时已经为培养东方各国兄弟党干部设立了一个分校，招收学员 200 人（《建国以来刘少奇文稿》第 4 册，中央文献出版社 2005 年版，第 221 页）。

推动亚洲革命的组织基础。不过，刘少奇这只是一个针对马列学院学员的内部讲话，在当时中苏两党关系整体靠近的环境下，刘少奇的这一思想能否获得斯大林和苏共的肯定，直接决定着刘少奇"亚洲革命"思想能否成为一种实践。

1949 年 6—8 月，刘少奇在访问苏联期间在与斯大林的会谈中涉及世界革命的分工以及中苏两党在世界革命的地位和作用问题，对于这一问题，斯大林同意中国共产党多担负一些对于亚洲革命的义务和责任，"希望中国今后多担负些对殖民地、半殖民地、附属国家的民族民主革命运动方面的帮助，因为中国革命本身和革命经验会对它们产生较大的影响，会被它们参考和吸取"。① 斯大林在谈话中甚至提出由中国负责组织一个亚洲共产党情报局的机构，以此作为中国共产党担负亚洲革命发展任务的组织基础。斯大林的这一认识无疑是对刘少奇关于中国革命与亚洲革命关系认识的一个有力的支持和肯定。1949 年 8 月 14 日，刘少奇在结束访问苏联时就东亚民族革命运动问题给斯大林呈送了一份报告，这也是中国共产党建立后对外部世界共产主义革命运动表明自己认识的第一份文献。在这一报告中，刘少奇认为世界工联提议的在中国召开亚洲职工代表会议、亚洲青年代表会议和妇女代表会议，"有它们的策略上的不适当性"。由于世界工联提议在中国召开这些会议的目的不确定，而根据中国的经验：

> 这种活动方式，使我们自己暴露在敌人的面前，极大地便利了敌人的侦探，以致使我们在国民党统治区的一切革命组织几乎全部地被敌人所破坏，而陷入严重的脱离群众的状态中。这种痛苦的教训，我们不能不记取。②

召开这些亚洲会议的主要目的，如果不是为了亚洲那些尚未解放的、被压迫的国家的劳动人民，那就使人有些难于理解，而我在前面所提出的东亚各被压迫国家的革命运动之策略问题，仍旧存在。至于这些会议在中国召开，对已经解放的中国是没有妨碍的，

---

① 师哲：《在历史巨人身边》，中央文献出版社 1991 年版，第 412 页。
② 《建国以来刘少奇文稿》第 1 册，中央文献出版社 2005 年版，第 51—52 页。

而且还有帮助，中国的劳动人民很高兴会见与招待世界各国的朋友，并听取世界各国革命运动的报告。①

虽然这是在征求斯大林和联共（布）的意见，但其中也可以看出中国共产党正在形成关于亚洲革命问题的看法和意见。鉴于世界工联当时已经对外公布了将在 1949 年下半年在中国召开亚洲职工会议的计划，因此，1949 年 9 月 13 日，刘少奇在代表中央给苏联职工总会主席古兹尼佐夫的电报中说：

> 中共中央认为这个会议仍应如期在中国召开。它的筹备工作不应停止，开会地点亦不应改变。中共中央认为亚洲职工代表会议对于那些处于帝国主义压迫之下的亚洲国家的工人群众，只应作一般的号召，而不要去进行任何组织工作，因为对于这些工人群众的组织工作，需要根据这些国家的特别的环境，采取另外秘密的方法去进行，才能有效，公开的亚洲职工代表会议是不能担负这种任务的。
>
> 亚洲妇女代表会议的工作，亦应该依照上述方针来进行。②

刘少奇的这一电报奠定了 1949 年底召开的亚洲澳洲工会代表会议、亚洲妇女代表会议工作的基础。③ 而这次会议的召开，一方面展现出了新生的人民中国铁肩担道义的亚洲革命推动者的政治形象，另一方面又进一步发展了刘少奇对中国革命和亚洲革命关系的认识。

---

① 《建国以来刘少奇文稿》第 1 册，中央文献出版社 2005 年版，第 53 页。

② 《刘少奇年谱》下卷，中央文献出版社 1996 年版，第 223 页。对于这一电报的时间，《刘少奇年谱》下卷记载的时间是 1949 年 9 月 13 日，《建国以来刘少奇文稿》第一册记载的时间则是 1949 年 9 月 12 日，相差一天。本文在此采用了《刘少奇年谱》下卷记载的时间，即 9 月 13 日。

③ 从各种资料来看，刘少奇在 1949 年 8 月 14 日给联共（布）中央的报告中提到的世界青年联合会将在中国召开的亚洲青年代表会议，似乎并没有实现。刘少奇 1949 年 9 月 13 日在给苏联职工总会主席古兹尼佐夫的电报中，只提到亚洲职工代表会议和亚洲妇女代表会议，从中推断亚洲青年代表会议已经不在中国召开了，但其中的原因目前尚还没有具体材料可以说明。另外，为什么原初的亚洲职工代表会议后来成为了亚洲澳洲职工代表会议，也还没有具体材料可以说明。

1949 年 11 月召开的亚洲澳洲工会代表会议是新中国举办的第一个国际性会议，刘少奇具体参与了这次会议的筹备和组织，为这次会议的顺利召开作出了重要贡献。更重要的是，在这次会议上，刘少奇系统全面地阐述了中国革命的历史经验及其对于类似中国的其他殖民地半殖民地国家革命的参照意义。

1949 年 11 月 16 日，刘少奇在亚洲澳洲工会代表会议开幕式上的讲话中指出："中国人民战胜帝国主义及其走狗、建立中华人民共和国的道路，是许多殖民地半殖民地国家的人民争取民族独立和人民民主所应该走的道路。"刘少奇从建立广泛的统一战线、坚持无产阶级对统一战线的领导、建立马克思主义理论武装起来的共产党并不断加强党自身的建设、主要进行武装斗争等四个方面总结了中国革命最基本的经验。这些经验"就是中国人民取得胜利的在国内所实行的基本道路。这条道路就是毛泽东的道路。这条道路也可能成为情形相类似的其他殖民地半殖民地国家的人民争取解放的基本道路"。[①] 虽然这里刘少奇对中国革命道路所具有的参照意义，在提法上还是比较谨慎，但还是能够看出刘少奇对于中国革命的胜利所具有的历史榜样作用及其在亚洲其他国家内的重演充满了自信。从这个意义上说，亚洲革命将是一场放大了的中国革命的民族解放运动。1949 年 11 月 23 日，刘少奇在北京各界庆祝亚洲澳洲工会代表会议成功大会上的讲话中指出，中国工人阶级已经取得了胜利，但是

　　　　中国工人阶级所担负的责任也就大大地加重了。这就是说，中国工人阶级除开在国内要担负恢复经济、提高生产的繁重的领导责任之外，在国际上还要担负援助世界各资本主义国家特别是亚洲、澳洲各殖民地半殖民地国家的工人阶级和劳动人民的繁重的责任。胜利了的中国工人阶级，对于这样一种国际责任，是不能而且也不应该推托的，我们应该给那些需要援助的被各资本主义和帝国主义统治的国家内的工人阶级和劳动人民以精神的和物质的各种援助。

---

① 《建国以来刘少奇文稿》第 1 册，中央文献出版社 2005 年版，第 164—165 页。

这是一种光荣的责任。①

1949 年 12 月 1 日，在中华全国总工会为招待亚洲各国工人代表举行的集会上，刘少奇进一步论述了亚洲民族解放运动的发展形势和中国工人运动的成功经验对于推动亚洲民族解放革命的重要意义，刘少奇指出：

> 殖民地半殖民地的工人运动是或者应该是民族解放运动的一部分，而且已经是或者应该成为民族解放运动的领导部分。殖民地半殖民地的工人运动在民族解放运动中应该具有和保持自己的独立性，但是它不能也不应该脱离民族解放运动而独立存在和发展，它不能不去过问、参加并领导民族解放运动。只有民族解放运动的发展和胜利，殖民地半殖民地的工人运动才能发展和胜利。②

关于中国革命经验对于亚洲其他国家所具有的重要的意义，世界工联总书记赛扬在会议闭幕时的讲话中也进行了高度的评价：

> 不应低估中国人民打倒国内外压迫者所获得的历史性胜利的重要性。我们应对中国工人阶级在建立中华人民共和国中所起的基本作用，给它一个正确的估量。我们大家都晓得，连那些工人阶级的敌人和他们的反动集团也知道，中国共产党在这次伟大的胜利中所起的领导的、也就是决定性的作用。③

在亚洲澳洲工会代表会议召开期间，会议代表曾围绕着一些重要问题和文件的起草"发生了争执"④。在这些争执的问题中，有一个重要的问题就是如何估计中国共产党领导武装斗争经验的普适意义。其实，

---

① 《建国以来刘少奇文稿》第 1 册，中央文献出版社 2005 年版，第 177 页。
② 《刘少奇年谱》下卷，中央文献出版社 1996 年版，第 233 页。
③ 《亚澳工会代表会议上赛扬的闭幕词》，《人民日报》1949 年 12 月 3 日。
④ 《刘少奇传》下，中央文献出版社 1998 年版，第 665 页。《刘少奇传》认为刘少奇是居于调停者的地位来进行斡旋和协调各方面不同意见的，但根据近些年新的研究成果，其实这些争执正是围绕着刘少奇在会议开幕式上的讲话展开的。

在会议召开前夕，刘少奇在与苏联工会代表别列金、久金的谈话中就指出，"在革命尚未胜利的亚洲国家中，革命策略的运用是一个非常重要的问题。亚洲与欧洲情况不同，被压迫人民无任何合法权利，这些国家中的人民起来就会发生武装冲突，武装斗争已经是或将要是有些国家的主要斗争形式。中国革命在最近二十二年中主要是武装斗争。"① 在会议开幕时的讲话中，刘少奇则进一步系统全面地分析和介绍了中国共产党领导中国革命胜利所取得的经验，并建议与中国国情相类似的国家走中国式的革命道路，"这是许多殖民地半殖民地人民争取独立和解放的不可避免的道路"②。对于刘少奇的这一观点，苏联工会联合会书记索多伏耶夫持否定观点，认为刘少奇的认识是极"左"，表示反对刘少奇关于武装斗争对于殖民地半殖民地适用性的观点，甚至提出建议刘少奇放弃公开发表这一讲话。在会议起草决议时，刘少奇则坚决反对工联执行委员会提出的决议，因为这个决议没有号召亚洲国家的工人开展反对帝国主义的武装斗争，而刘少奇提出了另外一个决议草案，其中要求亚洲的殖民地半殖民地国家以民族解放军为基础进行坚决的武装斗争。③这些争论，从另一个侧面反映出了刘少奇在当时环境下对于中国革命与亚洲革命关系的认识和思考。

亚洲澳洲工会代表会议结束后不久，1949 年 12 月 11 日，亚洲妇女代表会议在北京召开。刘少奇虽然没有具体参加亚洲妇女代表会议，但从他在 1949 年 9 月 12 日给毛泽东的信中说"关于亚洲职工及妇女代表会议问题，我已经找立三、蔡畅、宁一、陆璀谈过"④ 这一点判断，刘少奇对于亚洲妇女代表会议是高度关注的，特别是对于蔡畅在会议上的开幕词的基本内容是熟悉的。同刘少奇在亚洲澳洲工会代表会议开幕词的讲话精神一致，蔡畅在讲话中也全面介绍了中国革命的经验，指出：

---

① 《刘少奇年谱》下卷，中央文献出版社 1996 年版，第 230 页。

② 《建国以来刘少奇文稿》第 1 册，中央文献出版社 2005 年版，第 167 页。

③ 关于这些争论的情况，可参见［德］迪特·海茵茨希《中苏走向联盟的艰难历程》，张文武、李丹琳译，新华出版社 2001 年版，第 449—452 页。该书引用了一些重要的档案文献，特别是引用了 1949 年 12 月 25 日刘少奇与苏联代办的谈话，其中涉及许多亚澳工会代表会议的细节，具有重要的文献价值。

④ 《建国以来刘少奇文稿》第 1 册，中央文献出版社 2005 年版，第 62 页。

中国妇女与中国人民在一起进行着民族解放斗争，从一九一九年起，到现在已经三十年了。

这三十年是极其艰苦的，但中国妇女从实际经验中了解，只有在推翻帝国主义及其走狗的统治以后，妇女才能获得解放，因而她们前仆后继，英勇牺牲，始终不渝地参加了各个时期的伟大的民族独立与人民民主的斗争，妇女运动也随着整个革命的发展而发展起来。①

会议结束后，《人民日报》发表的时评《庆祝亚洲妇女代表会议的成功》更加鲜明地概括了中国妇女运动的基本经验及其对于殖民地半殖民地国家妇女运动发展所具有的参照意义，指出，这次会议

指明了一个真理，即各殖民地半殖民地国家的妇女必须团结起来，在无产阶级及其政党领导之下，积极参加民族解放运动，参加武装斗争，反对帝国主义及其在各国的走狗。②

从这个时评体现出来的认识来看，中国共产党坚持认为反对帝国主义和殖民主义的统治是亚洲妇女获得解放的根本前提，而要打破帝国主义和殖民主义的统治，则必须要在无产阶级及其政党领导下以武装斗争的方式推动民族民主革命。毫无疑问，这是中国革命中妇女解放运动的基本经验。1949 年 12 月 26 日，刘少奇会见来北京出席亚洲妇女代表会议的苏联、法国、捷克斯洛伐克、印度、越南等国的妇女代表，向她们介绍了中国革命的经验，并回答了她们提出的问题。③尽管目前还没有反映这次谈话内容的公开文献，但从这次会议前后刘少奇关于亚洲革命的整个思想背景来看，这次谈话中涉及的"中国革命的经验"，与上面的分析应该是一致的。

前面的分析表明，亚洲革命思想是新中国成立前后刘少奇国际政治思想和外交思想的重要组织部分，也可以说是整个刘少奇社会主义思想

---

① 《蔡畅在亚洲妇女代表会议上的开幕词》，《人民日报》1949 年 12 月 11 日。
② 《庆祝亚洲妇女代表会议的成功》，《人民日报》1949 年 12 月 19 日。
③ 《刘少奇年谱》下卷，中央文献出版社 1996 年版，第 235 页。

的重要组成部分。1950 年 3 月，刘少奇电示西南局、中南局、华南分局："我们在革命胜利以后，用一切可能的方法去援助亚洲各被压迫民族中的共产党和人民争取他们的解放，乃是中国共产党与中国人民不可推辞的国际责任，也是在国际范围内巩固中国革命胜利的最重要的方法之一。"① 刘少奇的亚洲革命思想，最核心的内容就是以中国革命的历史经验为参照推动亚洲国家的民族民主革命运动，这体现出了中国共产党当时对共产主义革命以及对中国与周边国家关系的一种特定的理解和认识。"中国革命和建设，带有自己国家的特点。但是，某些重要的特点也可能在别的一些国家中重新出现。就这方面来说，中国的经验在某种程度上是有国际意义的。"② 如果说，亚洲澳洲工会代表会议、亚洲妇女代表会议体现出来的还是一种认识的话，那么，刘少奇的"亚洲革命"思想在新中国成立初期的援越政策上体现得则更加鲜明、更加具体，也更加清晰。

第二节　刘少奇与 1950—1954 年
新中国的援越政策

越南是中国南部一衣带水的近邻，历史上曾与中国有着非常密切的政治、经济和文化往来。近代后，在西方帝国主义侵略东方国家的过程中，越南也不断被半殖民化和殖民化，成为一个与中国国情相近的半殖民地国家。

1862 年，法国迫使越南的阮朝签订了《西贡条约》，割占了越南大量领土。1873 年，法国又占领了河内，迫使越南开放通商口岸、给予法国通商、航行、传教等权利。1884 年中法战争后，法国与中国清朝签订了《天津条约》，中国放弃了对越南的"保护"，宣布法国为越南的保护国。此后，法国在河内设立总督府，利用越南封建王朝对越南人民进行残酷的殖民统治。第二次世界大战开始后，日本于 1940 年侵入越南，与法国一起对越南进行殖民统治。1945 年 3 月，日本通过发动政变的方式，赶走

---

① 《刘少奇年谱》下卷，中央文献出版社 1996 年版，第 245 页。另可参见《刘少奇传》下，中央文献出版社 1998 年版，第 668 页。

② 刘少奇：《马克思列宁主义在中国的胜利》，人民出版社 1959 年版，第 30 页。

了法国殖民主义者，扶植起了完全亲日的傀儡政权，开始单独对越南进行殖民统治。但是，帝国主义者对越南的侵略，也是越南人民不断反抗这种侵略的过程。19 世纪后期以来，越南人民反抗帝国主义侵略的过程从来没有停止过。1925 年，胡志明在中国广州创建了"越南青年革命同志会"；1930 年 2 月，胡志明将越南各种革命力量统一，成立了越南共产党①。越南共产党成立后，带领越南人民群众经过 15 年的努力和斗争，最终在 1945 年 8 月通过武装起义，推翻了日本扶植的封建政权，建立起了越南民主共和国，胡志明就任越南民主共和国临时政府主席。越南民主共和国的建立，掀开了越南历史的新纪元。

　　"八月革命"后，随着日本帝国主义者退出越南，法国帝国主义者又开始重返越南。1945 年 9 月，法国在越南南方发动了新的殖民战争，并于 1946 年年底发动了对越全面战争，越南进入了新的全面抗法斗争时期。胡志明号召越南人民"团结一致，驱逐法国殖民者，拯救祖国"。② 经过一年多艰苦的游击战争，1947 年越南共产党粉碎了法国对越北根据地的进攻，标志着越南人民的全面抗法斗争从"防御进入相持阶段"。③ 1949 年 10 月，中国革命的胜利和新中国的诞生，给了正在处于全面抗法战争相持阶段的越南共产党和越南人民巨大的鼓舞，同时，也以新的方式把中越两党两国关系提到了历史议程上来了。1950 年 2 月，胡志明秘密访问苏联期间在与斯大林和毛泽东的会谈中（当时毛泽东正在访苏），斯大林明确表示，"中国是越南的邻邦，熟悉越南的情况，而第二次世界大战使苏联和东欧各国受到严重的战争创伤，苏联还要帮助东欧各社会主义国家的恢复和建设，负担很重，希望援助越南的任务以中国为主。"④

　　新中国与越南的实际接触起源于 1949 年 11 月召开的亚洲澳洲工会

---

　　① 1930 年 10 月，又改名为印度支那共产党，1951 年改称为越南劳动党，1976 年时再次改称为越南共产党。本文统一称作为越南共产党，简称为越共。

　　② 徐绍利等：《越南》，社会科学文献出版社 2005 年版，第 122 页。

　　③ 同上。

　　④ 罗贵波：《无产阶级国际主义的光辉典范——忆毛泽东和援越抗法》，见《缅怀毛泽东》，中央文献出版社 1993 年版，第 288 页。其实，就是在新中国成立前，中国与越南的关系也没有完全断绝。比如，1947 年云南宣威游击根据地曾有 150 人到越南河江省整训，得到了越南人民的大力扶持。参见杨泓光《援越抗法亲历记》，《文史天地》（贵州）1998 年第 5 期。

代表会议。"亚澳工会代表会议期间，两位越南特使带着胡志明的亲笔信来到北京，向中共中央提出希望提供军事、经济援助的请求。"① 当时，越南向中共中央提出希望与中国建立外交关系，请求中国提供军事、经济援助，并为越方派遣军事干部，提供 3 个师的军事装备和1000 万美元的财政援助。在接到越南方面的援助请求后，中共中央高度重视，经过从国际共产主义运动和新中国的国家安全两个方面的考虑后，认为"在国际上，现在还没有一个国家承认越南民主共和国，更没有一个国家对越共提供援助。越南人民的革命斗争正处于敌强我弱，孤立无援的境地"，"中央认为，已经获得革命胜利的人民，应该援助正在争取解放的人民的正义斗争。援助越南人民的抗法斗争是我们义不容辞的国际主义义务"。② 在这一认识下，新中国决定对越南共产党领导的抗法斗争进行充分的援助。"根据中央领导的分工，向越南人民的抗法斗争提供军事、经济援助的工作，由刘少奇直接负责。"③ 新中国成立初期对越南的援助，最初是由中共中央直接决策和负责，具体是由刘少奇直接决策和负责。"1951 年 3 月中共中央对外联络部成立，有关援助越南的许多具体工作即由中联部直接办理，但每一项较为重大的决策与工作，仍然是在少奇同志的亲自关心和指导下完成的。"④ 1954 年后，对越南的工作划归外交部，"才改由周恩来同志和国务院领导"。⑤ 在1950—1954 年的四年中，在刘少奇的直接领导和负责下，新中国很快从政治、经济、军事各个方面展开了对越南的全面援助，推动了越南抗法斗争的充分展开，并最终取得了彻底胜利。

一、在刘少奇的具体领导下，新中国很快建立起了中越两党的政治联系机制

在接到越南的援助请求后，1949 年 12 月 12 日，刘少奇马上致电

① 《刘少奇传》（下），中央文献出版社 1998 年版，第 666 页。
② 罗贵波：《少奇同志派我出使越南》，见《缅怀刘少奇》，中央文献出版社 1988 年版，第 234 页。
③ 《刘少奇传》（下），中央文献出版社 1998 年版，第 668 页。
④ 罗贵波：《少奇同志派我出使越南》，见《缅怀刘少奇》，中央文献出版社 1988 年版，第 241 页。
⑤ 同上书，第 242 页。

正在南方围剿国民党残余部队的林彪等人："注意选派得力的正规部队严密控制广西与越南边界，但不得允许部队越过边界。"刘少奇在电报中进一步询问："越南如派人到广西请求帮助时，在武器弹药及医药方面你们能否给他们若干帮助？望告。"① 在接到胡志明的亲笔求援信后，刘少奇致电正在莫斯科的毛泽东，在得到毛泽东关于发展中越两党、两国关系的指示后，刘少奇开始从中越两国外交关系的层面来思考新中国对越南的援助问题。1949 年 12 月 28 日，刘少奇为中共中央起草了致胡志明的回电：

> 关于越南民主共和国与中华人民共和国建立外交关系问题，中共中央同意你们的提议即时建立中越两国的外交关系。苏联及各新民主国家亦可能在中越两国建立外交关系后陆续承认越南民主共和国。为了实现此事，中共中央向越共中央建议：即由胡志明同志以越南民主共和国名义发一公开文告声明，愿意和各国建立外交关系。②

根据中共中央的建议，胡志明于 1950 年 1 月 14 日发表声明：越南民主共和国政府是越南唯一合法的政府，越南准备与任何愿意在平等和互相尊重国家主权及领土的基础上一致合作的政府建立外交关系，以谋取共同保卫世界的和平与民主。③ 1 月 15 日，越南宣布承认中华人民共和国政府，并表示愿意与新中国建立外交关系。1 月 18 日，周恩来复电承认越南民主共和国是越南唯一合法的政府，并愿意同越南民主共和国建立外交关系。同一天，刘少奇又致电越共中央正式通报：中国决定同越南民主共和国建立外交关系。新中国是第一个承认越南民主共和国并与之建立外交关系的国家。

由于中越两党、两国的通信不畅，交通不便，解放战争期间两党的联系基本上断绝。为了及时了解越南革命的具体情况，"刘少奇决定先

---

① 《建国以来刘少奇文稿》第 1 册，中央文献出版社 2005 年版，第 203 页。
② 《刘少奇年谱》下卷，中央文献出版社 1996 年版，第 236 页。
③ 《胡志明向全世界申明愿与各国建立邦交宣布越南民主共和国政府是越南全体人民唯一的合法的政府》，《人民日报》1950 年 1 月 18 日。

派人作为中共的联络代表，带工作人员赴越南，沟通两党联系"。① 经研究，刘少奇最终决定派遣时任中央军委办公厅主任的罗贵波担任中越联系代表，并亲自致电越共中央，向越共中央介绍罗贵波的具体背景和罗贵波一行的情况。② 关于刘少奇对中共代表赴越的准备工作，罗贵波后来有比较详细的回忆：

> 新中国刚刚成立，党中央的工作机构很不健全，还没有设立中央联络部，有关援越方面的一切事宜都由少奇同志亲自处理。少奇同志考虑我到越南后，必然要与国内许多部门发生工作关系，便亲自帮助我与中南局、华南分局和广西、云南等省建立了联系，为我赴越工作做了周密的安排。少奇同志还让中央办公厅主任杨尚昆同志为我组织了几次活动。首先与路经北京的黄文欢同志见了面，又与胡志明主席派来的代表李碧山、阮德瑞等同志谈了话，还与军委总参谋部、总后勤部和中央组织部等部门进行了接触。不久又在少奇同志亲自督促下，为我配备了一部电台和八个随行人员，有参谋、秘书、报务员、机要员和警卫员。③

1950 年 3 月罗贵波到越南后，根据中央的意见系统开展了对越南革命情况的了解。其间，刘少奇多次以中央的名义致电罗贵波，对罗贵波的工作进行了非常具体、内容非常广泛的指导。随着对越南革命情况的了解，新中国很快决定对越南派遣军事方面的顾问和代表。1950 年 4 月，中央派遣韦国清"率若干军事干部及学校干部起身赴越南"，以帮助越南"创办军官学校并建立正规军"④。为了规范援越军事顾问团的工作，韦国清于 1950 年 8 月 25 日提出了 7 项工作守则，即：（1）高度发扬国际主义精神。（2）善于同越南人民军合作共事。（3）工作态度应是诚恳、虚心、认真、负责，防止骄傲自大及

---

① 《刘少奇传》下，中央文献出版社 1998 年版，第 666 页。

② 《建国以来刘少奇文稿》第 1 册，中央文献出版社 2005 年版，第 356 页。

③ 罗贵波：《少奇同志派我出使越南》，见《缅怀刘少奇》，中央文献出版社 1988 年版，第 234—235 页。

④ 《建国以来刘少奇文稿》第 2 册，中央文献出版社 2005 年版，第 43 页。

狭隘的经验主义。（4）尊重领导，服从指挥，不自以为是，不违犯纪律，坚决执行上级一切命令、指示及决定，并建立严格的请示报告制度，密切各级工作关系。（5）严格保守中越两国国防机密，提高警惕，坚定立场。（6）经常地、自觉地加强自己的学习，以提高文化理论水准。（7）建立严格的组织生活，运用批评与自我批评的武器，经常检查自己的思想和工作并按期进行总结，保证守则的贯彻执行。① 1950 年 8 月 28 日，这 7 项工作守则经过刘少奇批准后，在援越军事顾问团中开始实施。

到 1950 年上半年，形成了新中国援越政治顾问团和军事顾问团两个政治组织。两个顾问团统一由陈赓领导，政治顾问团由罗贵波负责，军事顾问团由韦国清负责。关于两个顾问团的工作关系，1950 年 5 月刘少奇在给罗贵波的电报中指出，两个顾问团的工作彼此之间不能代替，罗贵波的任务在于"诚恳老实和热情地从正面提出你认为正确的意见并介绍中国的经验给他们"，而韦国清"负责在军事上帮助他们"，"要集中注意在军事方面工作"②。

随着新中国从政治和军事上对越南革命援助工作的展开，越共进一步向中共中央提出派遣援越中国专家团的问题。1950 年 8 月，刘少奇电告越共中央和援越政治、军事顾问团，中央同意派遣援越中国专家团，并就有关援越中国专家团的工作问题指出：

　　　　（一）中国专家到越南，由越南分配他们到适当的机关工作。（二）中国专家在越南各机关，受越南负责同志领导，以顾问资格进行工作。（三）中国专家在越南各机关，按各机关同级越南干部供给，不足之数，由中国方面补贴。（四）中国专家属于中共党员者，不参加越共党的组织。他们的党内生活仍由中共指导。（五）中国专家在越南工作，如越南认为不需要时，由越南随时通知中共个别地或全部地撤回。（六）为了调整在越南工作的中国专家之间的关系，中国派韦国清为驻越南顾问团团长。（七）中国专家在越南

---

① 《建国以来刘少奇文稿》第 2 册，中央文献出版社 2005 年版，第 394—395 页。
② 同上书，第 146、147 页。

工作不要故意公开（不登报，不宣传），但亦不必故意秘密。①

　　与援越政治顾问团和军事顾问团一起，援越中国专家团成为新中国援助越南革命另一个重要的组织性力量，对于支持越南反对法国殖民主义的斗争起了重要作用，甚至对于战后越南经济的恢复和发展也起到了重要作用②。在援越工作充分展开后，为了在理论上加强对越南问题的研究，1953 年刘少奇批准同意中联部机构调整的设置，设立第四处，专门"研究越南问题"。③

　　虽然这一时期中国共产党试图运用中国革命胜利的经验来指导越南革命，但却并不主张越共对中国革命经验照抄照搬，而始终主张越共要把中国革命的成功经验与越南革命的实际结合起来。1950 年 9月，毛泽东在与罗贵波谈话中，针对如何在越南革命中运用中国革命的经验问题指出："不能照搬苏联的一套，而越南也不是中国，你不能照搬中国这一套。一切要从越南的实际出发，在人家面前要老实、诚恳，我们革命成功的经验要介绍，失败的教训也要讲。"④ 1950 年11 月，毛泽东在与罗贵波的谈话中再次指出："你要注意调查研究，不能主观，要从越南的实际出发，结合中国的经验，不可生搬硬套。提意见或提建议都要慎重，要考虑好，要准备好，要认真负责。帮助人家就要帮助好，不强加于人。要十分注意尊重胡志明同志和尊重越共中央的领导。不能有钦差大臣的架子，尤其不能有大国主义。"⑤1950 年 12 月，刘少奇在给胡志明的信中指出："我们派给你们的顾问，或许能够给你们一些帮助，向你们提出若干有益的建议……但是所有这些，都只能根据越南的实际情况，从越南的实际情况出发来加以规定。不顾越南实际情况，机械地搬运中国的经验，是错误的。"⑥

　　① 《建国以来刘少奇文稿》第 2 册，中央文献出版社 2005 年版，第 348—349 页。
　　② 日内瓦会议后，1954 年 9 月起中国撤销了援越政治和军事顾问团，这两个机构相应的行政事务交给越方，以越南党和政府聘请中国专家的方式来取代了顾问团的形式，参见《建国以来刘少奇文稿》第 6 册，中央文献出版社 2008 年版，第 405 页。
　　③ 《建国以来刘少奇文稿》第 5 册，中央文献出版社 2008 年版，第 328 页。
　　④ 罗贵波：《无产阶级国际主义的光辉典范——忆毛泽东和援越抗法》，见《缅怀毛泽东》，中央文献出版社 1993 年版，第 290 页。
　　⑤ 同上书，第 295 页。
　　⑥ 《刘少奇年谱》下卷，中央文献出版社 1996 年版，第 265 页。

刘少奇的这一认识为整个中国共产党的援越工作提供了最根本的指导思想。

二、在刘少奇的直接领导下，开展培训越南学生和革命干部的工作

在中国境内培训越南学生和革命干部，是新中国援越政策中的重要内容。

新中国成立初期，中国共产党就开始在马列学院中为越南培训学生，不过数量并不大。1950年1月，刘少奇致电越共中央，要求越共再送30名学生来中国，与先期到达的21名学生一起在马列学院学习①。1950年10月，越南要求送一批少年到中国学习。为了更加便捷地帮助越南学生的学习，刘少奇提出在广西创办学校的设想：

> 越南儿童如果分散到中国各地学校去学习，由于不懂汉语，不识汉字，会给学校和越南儿童带来许多不便。如果由越方在广西办一所学校，校长和教员由越方担任，中国提供房屋、伙食及衣服等，这样可以用越文教课，同时也可学中文。等他们中学课程学完后，再分散到各大学或专科学校学习。②

在刘少奇的这一思想指导下，经过中越协商，在广西桂林创办了"越南育才学校"，1951年1月越共中央决定派遣400名青年和儿童到广西境内进行学习和培训。这所学校创办后，得到了刘少奇的大力支持。首先，刘少奇明确指出，由于越南急需后勤管理干部和财政、银行、贸易方面的干部，提议越南送来的学生至少有一半以上去学上述这些专业③。其次，刘少奇还明确指示有关部门和人员，设法克服困难，保证越南育才学校所需要的一切物资。1951年1月19日，罗贵波就越南育才学校建设中的经费问题电请中央的意见，刘少奇复电表示同意大力支持，并指示陈云："请陈云同志办复"，"已答应由他

---

① 《建国以来刘少奇文稿》第1册，中央文献出版社2005年版，第294页。
② 何立波：《援越工作中的刘少奇》，《党史博览》2008年第11期。
③ 同上。

们到广西设立学校用越文教育，中国帮助。经费由中国解决"。同时，刘少奇电示广西省委选择校址、房屋等事宜①。1953 年 5 月，刘少奇批示王稼祥的报告，同意王稼祥的意见，为越南育才学校新增加 160 亿建设经费。此外，刘少奇致电广西省委，批准广西设立对外联络部，以"指导、管理与监督在广西境内有关越南的事务，如越南学校、越南病人治疗、来往客人等等"②。除了越南育才学校外，20 世纪 50 年代初期，越南还向中国迁建学校。1951 年 5 月，越共要求向广西境内迁建一所 2000 多名学生的学校（加上工作人员，其实是 3000 多人），这在食品、经费等方面给中国带来很大的压力，但经过考虑后，刘少奇致电毛泽东"意可允许他们来，除供给粮食外，其他经费亦帮助一部"。毛泽东同意了刘少奇的这一意见后，刘少奇致电越共中央，同意越南向中国境内迁建 2000 人的学校，并表示这些学生的"住、食、衣服我们均可帮助。但教学和管理均需越南同志负责"。同时，刘少奇致电广西省委和中南局，要求提供越南迁建学校的"房屋和供给"③。在刘少奇的具体安排和指导下，越南迁建学校很快就建立并进入了正常运转轨道。

在帮助越南培训学生的同时，新中国还尽力帮助越南培养军事方面的人才。1950 年 4 月，越共要求在中国境内建立一所军事学校，也得到了刘少奇的大力支持。刘少奇除了对建校选址和学生数目提出意见外，还特别指出学校的校长、各部主任、各级队长应由越南同志担任。不久，越南军校在云南建成，越方即派出黎铁华担任军校校长，陈子平担任军校政委④，对外称作"云南军区特科学校"。越南军校建成后，许多有关具体事情也是由刘少奇来直接决定的。比如，1951 年 3 月 22 日，中共云南省委第一书记宋任穷致电刘少奇，拟接受陈赓的意见，将越南军校由云南迁往广西。3 月 26 日，刘少奇致电宋任穷和西南局，主张援越工作"以广西为主，云南为辅"。越南军校迁往广西"既不容

---

① 《建国以来刘少奇文稿》第 3 册，中央文献出版社 2005 年版，第 43—44 页。
② 《建国以来刘少奇文稿》第 5 册，中央文献出版社 2008 年版，第 179 页。
③ 《建国以来刘少奇文稿》第 3 册，中央文献出版社 2005 年版，第 382、383 页。最初越共提议这一学校设立在广西龙州，后来改建在广西南宁。
④ 何立波：《援越工作中的刘少奇》，《党史博览》2008 年第 11 期；《建国以来刘少奇文稿》第 2 册，中央文献出版社 2005 年版，第 73—74 页。

易，也无必要"①。6 月 22 日，刘少奇又转发了西南局关于大力帮助办好越南军校的指示，并要求关于越南军校选送学生的标准问题由韦国清"与越方商办"②。

为了进一步帮助设立在中国境内的越南各类学校的教学，特别是满足越文教学的需要，越共向中共提出在中国境内设立一所越文印刷厂的要求。1951 年 2 月 2 日，刘少奇在接到越共中央的这一要求报告后，致信胡乔木，指出中央同意越共中央的要求，在广州设立一家越文印刷厂，"所需投资应批准。请你负责处理此事"。26 日，刘少奇致电华南分局，要求审查越共提出的 30 亿元的费用情况，"在不浪费情形下向中财委请领"③。广州越文印刷厂的建立，极大地便利了在中国境内学习的越南学校的教学需要。

越南是一个多民族国家，京族是最大的民族，此外还有傣、汉、苗、瑶、芒、哈尼、拉祜、布依、岱依等十多个少数民族。在多民族的环境中，如何通过对民族平等和民族团结的教育，维护统一的多民族国家，就成为越南革命斗争过程中一个非常重要的问题。越共在领导越南革命的过程中，对于这一问题并不是非常重视，而且经验不够。1952 年 6 月，罗贵波给中共中央军委发回来一份非常重要的电文，报告拟向越共中央建议"将西北另划一战区，并制定少数民族政策，注意集训培养提拔少数民族干部，以便开展该区少数民族工作。准备派一顾问组协助西北区开展边界少数民族工作"④。该建议得到刘少奇的同意后开展实施，开创了越共少数民族工作的先河。更为重要的是，在中国援越顾问团和越南越北战区的合作下，1950 年 10 月越南民族学院创建，首批招收少数民族党员四五十人，开始为越共培养少数民族干部。从 1953 年年底开始，中国援越顾问团开始帮助越共制定民族区域自治政策，曾担任中国援越顾问团团长罗贵波助理的杨泓光后来回忆说：

---

① 《建国以来刘少奇文稿》第 3 册，中央文献出版社 2005 年版，第 168 页。
② 同上书，第 498 页。
③ 同上书，第 68—69 页。
④ 《建国以来刘少奇文稿》第 4 册，中央文献出版社 2005 年版，第 248 页。

在两个多月的调查研究中，我们吃了很多苦头，遇到许多危险，了解了许多情况。我先后写专题报告、见闻记录和调查总结报告等三十多篇、近十万字送顾问团参考。

有些特别有参考意义的情况，又单独写成千字左右的专题报告送罗团长参考。这些专题报告除沿途见闻实况、各民族情况外，还特别注意搜集法国据点对群众征收的实物贡赋负担等情况。事后罗贵波同志告诉我，这些材料已作为内参直接报送中共中央刘少奇同志办公室。①

在中国援越政治顾问团工作的基础上，1955 年 5 月越南西北傣族、苗族自治区建立，1956 年越北自治区建立，越南民族区域自治的理论与实践发展到一个新的阶段。

三、在刘少奇的具体领导下，新中国对越南共产党进行了巨大的军事援助，大大推动了越南抗法斗争的深入

军事以及与军事有关的援助，是新中国援越工作的重点。1950 年 3 月，在中国援越政治顾问团到达越南后，刘少奇在给罗贵波的电报中就明确指出，援助工作要分为两步，第一步是研究急需要解决的问题，"例如他们急需要的军火帮助，交通运输组织的建立以及其他问题等"；第二步是就战胜帝国主义的根本问题进行研究，"例如建立主力部队及党与政权问题等"②。在坚持军事不介入的前提下③，这两步基本上成为对越军事援助的重点工作。

在军火援助方面，1951 年 1 月，在与总参协商后④，刘少奇致电胡志明，同意为越南提供 6 个步兵团和 1 个重炮团的军事装备⑤。2 月，

---

① 杨泓光：《援越抗法亲历记》，《文史天地》（贵州）1998 年第 5 期。

② 《建国以来刘少奇文稿》第 1 册，中央文献出版社 2005 年版，第 589 页。

③ 1950 年 2 月，胡志明在北京与刘少奇会谈时，向刘少奇提出了中国直接出兵越南的要求，被刘少奇婉拒。参见马宏骄《援越抗法秘闻——陈赓将军在越南》，《文史天地》（贵州）1998 年第 5 期。

④ 新中国对越军事援助完全是根据自己的实际情况展开的。1951 年初越共分三次要求中共给予援助，要求共计炸药 60 万斤，九二步炮弹 20 万发，刘少奇认为这些要求"完全不近情理"。参见《建国以来刘少奇文稿》第 3 册，中央文献出版社 2005 年版，第 65 页。

⑤ 《建国以来刘少奇文稿》第 3 册，中央文献出版社 2005 年版，第 64—66 页。

刘少奇指示云南省委，同意越南 308 师提出的要求，为其装备 1 个主力团和 1 个地方营的军火武器①。在整个援越抗法期间，在刘少奇的亲自领导下，新中国共向越南提供了各种枪 11.6 万支（挺）、火炮 420 门，以及相应的弹药和通信、工程、后勤器材和大批粮食、被服等大量物资②。

在提供军火援助的同时，新中国也开始有计划地推进越南的军事建设。1950 年 7 月，中共中央派西南军区副司令员、云南军区司令员陈赓赴越南，任中共中央代表，成为中国派往越南的最高负责人。1950 年 6 月 18 日，刘少奇致电陈赓，指出陈赓在越南的任务是帮助越共建立一支正规军，并"根据越南各方面的情况及我们可能的援助拟定一个大体切实可行的计划，以便根据这个计划，给予各种援助，分别先后运输各种物资，并训练干部，整编部队，扩大兵员，组织后勤，进行作战。这个计划必须切合实际，并须越共中央同意"③。1951 年 5 月，刘少奇同意胡志明提出的送 3000 炮兵到中国境内的云南蒙自进行训练的要求，"并由我们供给吃粮"④。1951 年 7 月，韦国清提出一套完整的关于越南军队整训工作的方案，重点是对越南军事干部进行思想教育，"方法为报告讨论，并联系实际工作进行检讨"，在这种思想教育的基础上实施新的军事编制和军事制度。刘少奇代表中共中央同意了韦国清关于推进越南军队建设的这一方案⑤，这一方案的实施对于越南军队的制度建设起了重要的促进作用。

1953 年 12 月到 1954 年 4 月，在中国军事顾问团的组织下，越南共产党进行了著名的奠边府战役。"此次战役中使用或消耗的全部武器弹药、通讯设备、粮食、医药等等，都是中国提供的。"⑥ 奠边府战役的胜利最终为日内瓦会议的召开以及北越的解放奠定了基础。关于新中国对越军事援助在 20 世纪 50 年代抗法斗争中所起的重要作用，越共早期

---

　　① 《建国以来刘少奇文稿》第 3 册，中央文献出版社 2005 年版，第 96 页。

　　② 卓爱平、韩永要：《刘少奇决策中国援越抗法》，《党史天地》1998 年第 11 期。

　　③ 《建国以来刘少奇文稿》第 2 册，中央文献出版社 2005 年版，第 256 页。

　　④ 《建国以来刘少奇文稿》第 3 册，中央文献出版社 2005 年版，第 380 页。

　　⑤ 同上书，第 568—569 页。

　　⑥ 《越南抗法、抗美斗争时期的中越关系——二评越南外交部关于越中关系的白皮书》，《人民日报》1979 年 11 月 21 日。

重要领导人黄文欢后来说：

> 　　1954年奠边府战役的巨大胜利，固然是越南军民的勇敢战斗和流血牺牲取得的，但也是同中国在物质上的大力支援和中国军事顾问团的直接协助分不开的。应当指出，在奠边府战役中，如果没有从中国送来的大炮，就不能摧毁法军的集团据点；如果没有韦国清同志在前线直接参加指挥，这个战役就难以取得完全胜利。
>
> 　　在抗法战争时期，中国是唯一给予越南援助的国家。对这些援助，胡主席和越南党是作过高度评价的，越南人民也都感谢并永志不忘。①

一定程度上说，20世纪50年代越南抗法斗争的胜利，既是越共领导下越南人民斗争的结果，同时也是在刘少奇领导下新中国以伟大的无产阶级国际主义精神对越援助的结果。

四、在刘少奇的领导下，新中国以多种方式开展了对越南革命斗争的经济援助

经济援助也是新中国援越工作的重要内容，而且对于军事援助和军事斗争的胜利具有重要的保障作用。1950年9月，刘少奇在与罗贵波的谈话中就充分注意到了对越经济援助工作的重要性，指出："越南当前迫切需要解决财经问题，特别是粮食问题和货币问题。我们挑选了几位搞财经工作、银行工作、粮食工作的干部到越南担任顾问。"② 在刘少奇的具体领导下，新中国的对越经济援助主要是从以下几个方面展开：

一是帮助越南制定克服财政经济困难的基本方针。1950年5月，胡志明以即将断炊为由，要求新中国援助1500吨—2000吨大米③。为

---

① ［越］黄文欢：《越中情义深》，人民出版社1990年版，第5、6页。

② 罗贵波：《无产阶级国际主义的光辉典范——忆毛泽东和援越抗法》，见《缅怀毛泽东》，中央文献出版社1993年版，第290页。

③ 舒云：《建国初期，我国实施过多少超出国力的对外援助？——中国外援往事》，中国共产党新闻网，http://dangshi.people.com.cn/GB/85039/9395496.html。

了帮助越南克服战时困难的财政经济，新中国一方面打通了广西至凭祥、同登的中越铁路连接点和广西至凭祥的公路连接点①，为越南运送了大量的粮食、衣物等物资。另一方面，又帮助越共制定了克服财政经济困难的基本方针，1951 年 4 月 20 日刘少奇致电胡志明，指出要

> 用自力更生的办法基本上解决你们的战时财政问题。这是你们坚持长期斗争，战胜法国殖民者一项十分重要的基本战略。
>
> 为了解决你们的战时财政问题，建立统筹统支及其他必要的财政制度和纪律是完全需要的，并须进行不懈的斗争去反对那些破坏财政制度与纪律的人员，然后才能集中一切财力物力，合理地使用到反对法国殖民者的斗争中去。②

1951 年 8 月，罗贵波致电中央，总结了对越南经济援助的基本工作：

> 帮助越南财政经济的工作自今年一月开始到现在，大致告一段落。我们遵照毛主席和中央给予的任务和指示，尊重越南劳动党的领导，本着国际主义精神，从越南的实际情况出发，结合中国革命的经验，积极负责地帮助他们，主动地向他们提出建议。我们所做的工作主要有：
> 　（一）财政工作方面：废除一切额外捐献、摊派，目前只征收七种税。帮助制订各种税则。重订农业税征收计划。帮助夏季预征，基本停止货币购粮。颁布统一国家财政管理的法令，制定预算原则。建立公粮统一管理的粮库制度。进一步调整编制，确定脱离生产的人数。制定村级财政管理办法。调整财政机构，改进其领导方法和工作方法。
> 　（二）贸易工作方面：制定管理物价、平稳物价和物价为生产服务的具体措施以及今年的贸易经营计划。取消限制内地贸易自由

---

① 《建国以来刘少奇文稿》第 3 册，中央文献出版社 2005 年版，第 438 页。
② 同上书，第 275—276 页。

的措施。改革对外管理工作，建立国家贸易机构，并有重点地建立联区和省及边缘区的贸易机构。

（三）银行工作方面：制定货币发行计划，建立货币发行制度。布置对敌货币斗争的准备工作。制定信贷工作的章则办法及下半年工作计划。建立国家银行的组织机构及工作方法，并有重点有步骤地建立各级银行的组织机构。①

这份报告完整地体现了刘少奇关于对越经济援助的思路，也表明了援越政治顾问团在帮助越南克服困难的财政经济方面所做的主要工作。此外，刘少奇还根据越南经济情况的变化，不断指导越南生产方针的调整。比如，1951年越南北部粮食丰收后，刘少奇就1952年越南经济建设致电援越顾问团，指出："不要忧虑粮食多了不得了。但除开发展粮食生产外，同时注意发展手工业及其他特产，则是必要的。一切需要的和可能的生产，以及能够出口的生产，均应注意发展。"②

二是建立对越经济援助的体制。1951年1月31日，刘少奇以中央军委的名义致电韦国清和罗贵波，"请你们向胡志明同志提出，以后越军前方要求援助，均先经韦国清审查，后方要求先经罗贵波审查，再由罗、韦分别电告中央军委请求。"③ 这一体制的建立避免了越共提出一些超出实际的需求，而且保证了援助的针对性和有效性。为了进一步理顺对越经济援助与经济贸易的关系，1951年8月16日刘少奇致电罗贵波，要求把对越财政援助和经济贸易区别开来，"关于中越贸易问题，只能按照一般贸易规则进行等价交换，不能和财政援助混淆。所有财政和物资的援助，均须在贸易范围之外另行办理。又在越南尽可能大量地发展出口物资的生产，以偿付我方出口物资，这对越南财政和经济均有极大好处，必须大力组织"④。

---

① 《建国以来刘少奇文稿》第3册，中央文献出版社2005年版，第680—681页。

② 同上书，第724页。

③ 《刘少奇年谱》下卷，中央文献出版社1996年版，第269页。

④ 《刘少奇年谱》下卷，中央文献出版社1996年版，第286页；《建国以来刘少奇文稿》第3册，中央文献出版社2005年版，第674页。

三是敦促越共中央改善援越物资管理，避免援越物资的浪费。从1951年5月2日刘少奇在给罗贵波、韦国清的电报中的材料来看，中国的援越物资中存在着很大的浪费现象：

> 据该处（指南宁办事处——引者注）我方汽车团参谋长去越南查看运输情况回来报告称：我方运交越南物资，保管甚差，在公路两旁遗置很多弹药，无人看守，经开箱查看，均已生锈，如不修理，不能使用，现已运回三百余吨废弹药。又如去年送给越南的X光及电台机器，至今仍存放高平山洞中，山缝渗水，流及机器，亦无人过问。①

关于援越物资的浪费问题，刘少奇要求越共中央"规定办法加以禁止"②，并针对"我方运交越南物资保管甚差"，许多弹药、机器浪费、损失严重的情况，刘少奇致电韦国清、罗贵波，直接要求他们向胡志明提出意见，以"采取可能的办法加以改善"③。

从1950年到1954年，新中国向越南提供了1.67万亿元人民币（旧币）的援助④，对于保障越南抗法斗争的胜利起了巨大的作用。

五、在刘少奇的具体领导下，新中国在城市接收、越南土地改革、战后重建援助等方面也对越共进行了巨大的援助

随着抗法斗争的不断胜利，城市接收、新解放区的土地改革、货币改造以及越南战后重建等问题也不断提了出来。虽然1954年后，刘少奇不再具体负责新中国的对越援助政策的问题，但他对于这些问题仍然给予了高度关注。

1954年7月5日，刘少奇致电中国援越政治顾问团副团长乔晓光，指出：

---

① 《建国以来刘少奇文稿》第3册，中央文献出版社2005年版，第290页。
② 《刘少奇年谱》下卷，中央文献出版社1996年版，第269页。
③ 同上书，第276页。
④ 舒云：《建国初期，我国实施过多少超出国力的对外援助？——中国外援往事》，中国共产党新闻网，http://dangshi.people.com.cn/GB/85039/9395496.html。

同意派几个有接管城市工作经验的顾问随越南工作团到新收复的城市工作，应认真地帮助越南同志首先接收好城市，然后管理好城市，切忌引起混乱，招致人民和国家的损失。①

1954 年 7 月 12 日，胡志明在给中共中央的电报中正式提出了要求中国援助城市接收的问题，提出"请派几位顾问帮助我们搞接收新城市的工作"。刘少奇对这一问题批示："请小平同志告中组部办，应早去，以便在入城市前有所准备。"② 在派遣顾问帮助越共接收城市的同时，刘少奇还非常关注越共接收城市中的一些细节性政策问题。1954 年 9 月 26 日，在给罗贵波等人的电报中，刘少奇同意中国援越政治顾问团提出的建议越共在接收河内时"有关文化教育的具体政策及有关新闻出版政策"③。

从 1953 年起，中国就开始帮助越共进行土改，使越共很快形成了从事土改的经验。在这种情况下，1954 年 10 月 22 日，在审阅了罗贵波提交的《越南劳动党中央关于越南今后土地改革方案中的几个重要问题的意见》后，刘少奇加写了这样一段话：

越南进行减租和土改已有一年多，土改典型试验和第一期土改已经完成，越南同志已经有了进行土改的经验，今后土改完全可以由越南同志领导，中国派到越南帮助土改的顾问，应即逐步撤回，以便越南同志能够独立领导自己国家土地改革。此点望即向劳动党中央提出并征求他们的意见。④

关于越南战后重建的援助问题，新中国除了继续进行物资赠送之外⑤，还非常关注越南经济恢复和发展中的重要政策和长期计划问题。1954 年 12 月 26 日，刘少奇就越南调整货物税的方案致电罗贵波等人，

① 《建国以来刘少奇文稿》第 6 册，中央文献出版社 2008 年版，第 284 页。
② 同上书，第 289—290 页。
③ 同上书，第 417 页。
④ 同上书，第 423 页。
⑤ 仅在河内收复后，新中国就通过罗贵波等人赠送越南大米 1 万吨，棉布 500 万公尺，参见《河内举行仪式接受中国赠送给越南的物资》，《人民日报》1955 年 2 月 1 日。

根据中国的经验给越共提出了重要建议：

> 十一月十五日及廿二日两电均悉。原则上同意所拟货物税方案及营业税统一新老区税负的方案。但从营业税的税率设计来看，老区税负稍有提高，新区稍有降低，你们向越方建议时还须注意以下两种情况：
>
> （一）解放初期，由于财政收支不能平衡及物资供应不足，物价在短时期内尚难平稳下来。在此种情况下，新区降低税负，消费者得不到好处，只会增加私商利润，并有可能助长投机。这一点，还须采取其他适当措施加以控制。
>
> （二）根据国内经验，我们进入城市后，由于经济重心转移，老区工商业曾一度发生过萧条现象（如延安、阜平）。老区提高税负，须适当照顾此种情况。
>
> 以上只是根据中国经验，提出意见，供你们参考，请你们再行深入研究越南具体情况之后，才好向越方提出建议，并请越南同志很好地考虑这些问题。①

1955年2月3日，刘少奇在给胡志明的电报中明确提出："关于援助越南进行经济恢复和建设问题，中国是会尽力满足越南同志的要求。"由于长期计划的确定需要时间研究，而"在长期援助计划确定以前，越南同志可以即刻提出一九五五年要求中国援助的计划，以使尽早解决目前的问题"②。1955年6月，越南政府代表团在胡志明率领下访华，提出援建煤矿、水泥厂、纱厂、发电厂等。中国政府派出专家、技术人员和熟练工人，并无偿赠送越南8亿元人民币。在《关于中国1955年援助越南议定书》的附件中，中国不顾本国大米供应紧张，援助越南3万吨大米以及300吨面粉、5吨葡萄干、1130箱酒及粉条、香烟、中成药、医疗器械等；还有电炉、轮船、电话机、卡尺、灯泡；农业援助项目从农作物栽培、选种育种、病虫害防治，到建兽医院、家畜防疫药剂制造厂、火柴厂、加固水坝等，还包括10个碾米厂、两

---

① 《建国以来刘少奇文稿》第6册，中央文献出版社2008年版，第477—478页。
② 《建国以来刘少奇文稿》第7册，中央文献出版社2008年版，第60—61页。

个汽油库①。

在新中国的大力援助下，日内瓦会议后，越南经济迅速得到了恢复和发展。特别难能可贵的是，新中国在大力援助越南的过程中，始终保持着谦虚谨慎的态度。1961 年 6 月 12 日刘少奇在会见越南总理范文同时，回忆了新中国成立初期对越南的援助：

> 抗战时期派罗贵波同志去，用口讲了些东西，给你们些军火弹药，以后又给过你们一些贷款，这都是很有限的。可能有些地方帮助得不够好，我们国内也有这样的情况，想去做好事，但是做的结果成为一件坏事，我们的干部到你们的国家大概也有这种情况，他们帮助你们，但有时候却帮了倒忙。在这方面我们是有经验的，在我国的建设过程中，首先是苏联帮我们，的确有不少同志满腔热情地帮助我们，但是有些意见不合乎中国的具体情况，……因此，我们对派去越南的专家一再嘱咐注意这个问题，但有一个时期，我们的专家不敢讲话了，你们对此又提意见，你们不满意顾问不讲话。我们说专家还是要讲话的，但也可能会讲错。②

1963 年 5 月刘少奇在访问越南期间，河内市行政委员会主席陈维新在谈到中国对越南建设的援助时曾动情地说："我们所作出的努力和所取得的每一项成绩都是和苏联、中国以及其他的社会主义兄弟国家的巨大援助分不开的，都是和中华人民共和国的至诚援助和中国专家同志们提供的宝贵经验分不开的。在河内和日新月异的北方各地一样，在中国宝贵的援助下兴建的许多工厂、工地和文化科学工程，就像许多把越南和首都点缀得更加美丽的越中友谊的鲜花。"③

---

① 舒云：《建国初期，我国实施过多少超出国力的对外援助？——中国外援往事》，中国共产党新闻网，http：//dangshi. people. com. cn/GB/85039/9395496. html。

② 《刘少奇主席会见越南总理范文同谈话纪要》（1961 年 6 月 12）、中国外交部档案：204 - 01445 - 03，第 2 页。

③ 《河内市行政委员会主席陈维新在巴亭广场群众大会上的讲话》，见《和平外交和睦邻政策的典范——刘少奇主席访问印度尼西亚、缅甸、柬埔寨、越南》，人民出版社 1963 年版，第 107 页。中国对越南建设的援助一直持续到越南南北统一后。1975 年后，每年都有几十个援越工程建设项目，包括重工业、轻工业、军事工业等（参见《为什么越南统一后中越关系恶化了？——三评越南外交部关于中越关系的白皮书》，《人民日报》1979 年 11 月 26 日）。

第三节　20 世纪 60 年代初期刘少奇
睦邻和平的周边外交思想

　　独立自主的和平外交，是新中国成立后中国共产党最重要的外交理念和外交战略。在新中国探索和平外交道路的过程中，无论是在理论上还是在实践上，刘少奇都作出了重要的贡献，特别是在 1959 年 4 月，刘少奇在第二届全国人民代表大会上当选中华人民共和国国家主席后，开始在更广的范围内关注中国的外交发展问题[①]，尤其是在中国与周边国家关系的问题上投入了巨大的心血，通过各种各样的方式来阐述新中国以和平、睦邻为基点的周边国家外交政策[②]。

　　1960 年 3 月 21 日，刘少奇在与尼泊尔首相毕什韦什瓦·普拉萨德·柯伊拉腊的谈话中说："我们愿意在平等互利的基础上，在和平共处五项原则的基础上，同所有的国家友好相处。我们是不会侵略任何人的，不但今天不侵略，今后也永远不侵略。过去，我们长期遭受到侵略，我们知道被侵略的味道。侵略是不正义的行为，我们自己决不会干不正义的事，决不会侵略别人。"[③] 虽然在 20 世纪 60 年代，中国外交在"世界革命"的意识形态中不断走向革命化，但在与周边国家关系的处理上，刘少奇上述引文所反映的睦邻和平却一直是中国处理与周边国家关系的基本外交方略和外交准则。在 20 世纪 60 年代，刘少奇对中国睦邻和平外交最突出的贡献在于两个方面，一是在理论上系统阐述了新中国睦邻和平的对外政策，二是通过两次重大的对周边国家的国事访问，极大地改善和发展了中国与周边国家的外交关系。

---

　　① 据笔者粗略统计，《人民日报》所报道的有关刘少奇外交活动的材料，1956 年为 24 份，1957 年为 32 份，1958 年为 8 份，1959 年为 65 份，1960 年为 153 份，1961 年是 140 份，1962 年为 71 份，1963 年为 323 份，1964 年为 218 份，1965 年为 204 份。

　　② 20 世纪 50 年代前期和中期，刘少奇在中国周边国家外交的决策中就发挥着重要的作用。比如，在万隆会议召开前，刘少奇就参与了中国外交方针的制定，详细审阅了周恩来 1955 年 4 月 2 日关于亚非会议安排的报告（参见《建国以来刘少奇文稿》第 7 册，中央文献出版社 2008 年版，第 150 页）。中国代表团在赴万隆途中发生飞机爆炸事件后，刘少奇多次批示关于事件调查和处理的意见（参见《建国以来刘少奇文稿》第 7 册，中央文献出版社 2008 年版，第 164、217—218 页）。

　　③ 《刘少奇年谱》下卷，中央文献出版社 1996 年版，第 481 页。

　　新中国成立后一直奉行睦邻和平的周边国家外交政策，在 20 世纪 60 年代初期，特别是在陷入了"大跃进"的失败后，一方面中国在调整国内发展政策的过程中更加需要睦邻和平的周边环境①；另一方面，从当时中国所处的实际环境来看，由于中苏关系开始恶化、老挝内战、中印边界冲突、印度支那地区战争的升级、印度尼西亚等因素，中国周边环境又存在着进一步恶化的可能。正是在这一背景下，周边安全问题自新中国成立以来第一次严重地提了出来，也成为刘少奇担任国家主席后致力于在中国外交上努力的重要问题。

　　从 20 世纪 60 年代初期刘少奇关于中国周边外交政策的论述来看，在平等的基础上建设睦邻和平的周边国家关系，始终是中国外交战略的基本点。1961 年 2 月 12 日，刘少奇在与中尼边界联合委员会尼泊尔代表团的谈话中说：

> 　　中国是一个大国，历史上有大国主义，历史上对其他国家，特别是小国，是看不起的。这是不对的。现在是新中国，但是大国主义的残余还是有的，如果你们发现我们有大国主义的表现，请提出批评。
>
> 　　自从我们取得政权以后，决心永远地彻底地去除大国主义。一有这类现象冒头，马上加以反对。这一条是可以等待考验的，如你不信，可以看个几十年。
>
> 　　我们同情世界上弱小的、受压迫的民族。中国自己永远不去压迫或欺侮弱小的国家或民族。这种政策是我们国家的性质、党的性质所决定的。我们是共产党，是社会主义国家，决不允许侵略、压迫其他国家或民族。如果共产党领导的国家、社会主义国家去侵略、压迫其他国家、民族，那就不是共产党，不是社会主义国家。②

---

　　①　不过，在 20 世纪 60 年代初期中国对外政策调整的过程中存在一系列深层次的矛盾，特别是由于中央高层对于"大跃进"和国内经济衰退的认识不同导致了对外政策调整的不同方向，王稼祥 1962 年 2 月 27 日就外交问题写给周恩来、邓小平和陈毅的建议信及其被批判，所反映的正是这一时期对外政策调整上的不同方向。参见牛军《中国外交的革命化进程》，见杨奎松编《冷战时期的中国对外关系》，北京大学出版社 2006 年版，第 122—138 页。

　　②　《刘少奇主席接见中尼边界联合委员会尼泊尔代表团谈话纪要》（1961 年 2 月 12 日），中国外交部档案馆，105 - 01063 - 05，第 3 页。

　　刘少奇的这一讲话，显然是针对周边一些小国担心中国会不会搞"大国主义"而讲的，这不仅是周边一些小国担心的问题，也是西方世界一些人担心的问题。1961 年 9 月 22 日，刘少奇在与英国蒙哥马利元帅交谈中，蒙哥马利谈到"过三十年、四十年或五十年，那时中国将成为有十亿人口的大国，那时从中国以外的角度来看，情形将是怎样的呢？这就是西方许多国家正在考虑的问题"。对于蒙哥马利提到的这一问题，刘少奇坦诚地说：

　　　　我知道你的意思，你是问过几十年后中国是否会侵略和向外扩张？正如你们英国人曾经压迫我们一样，是否我们会转过来压迫英国或其他国家的人民？我们从历史的经验，从其他国家的情形得出结论：凡是压迫别国人民的民族，它自己就不会有自由，也得不到好的结果。我们不但不会压迫英国人，就是对一些小国，对我们的邻国，比如缅甸、泰国、柬埔寨、尼泊尔、印度等，我们都要在互利的条件下，互相尊重主权，根据和平共处的五项原则，发展友好关系。我们现在如此，将来也如此，并教育我们的后代永不侵略和压迫别的国家。我们只在自己的这块土地上把自己的生活过好。①

　　"中国自己永远不去压迫或欺侮弱小的国家或民族"、"永不侵略和压迫别的国家"，体现了社会主义中国对周边小国庄严的政治承诺，也是刘少奇在 20 世纪 60 年代初期的外交活动中对周边国家反复强调的中国基本政策。

　　1961 年 9 月 29 日，刘少奇在欢迎尼泊尔国王马亨德拉·比尔·比克拉姆·沙阿·德瓦和王后的宴会上的讲话中指出：

　　　　我们坚决主张，大小国家应该一律平等相待，相互尊重，相互帮助；任何国家的主权、领土完整和内政决不允许任何外力的侵犯和干涉，相互提供的经济援助，不应该附带任何政治条件。中国政府始终不渝地信守这些原则。我们的这种立场是坚定不移

---

　　① 《刘少奇年谱》下卷，中央文献出版社 1996 年版，第 539—540 页。

的，是经得起时间考验的。我们希望自己发展，也希望别国发展。我们希望自己生活得好，也希望别人生活得好。我们认为推行侵略、干涉和扩张政策的国家，不论它看起来是如何强大，最终是要失败的。①

1961 年 10 月 13 日，刘少奇同周恩来会见缅甸联邦总理吴努，并出席《中华人民共和国政府和缅甸联邦政府关于两国边界的议定书》签字仪式。当吴努讲到从中缅边界问题的解决和中缅友好迅速发展的事实，可以说明中国没有大国主义时，刘少奇说：

> 你这样讲我很高兴。我们就怕有大国主义。我们是大国，怕大国主义是好的。我们还要教育我们的后代，不要犯大国主义的错误。如犯有个别的这种错误，要立即改正，要道歉。承认错误，人家就高兴了。②

1962 年 9 月 1 日，刘少奇接受巴基斯坦新任驻华大使罗查递交的国书并在谈话中针对国际关系问题指出：

> 我们的政策是，同所有的国家友好相处；我们坚持主张，国家不论大小、强弱，应该互不干涉内政、互不侵犯、互相尊重、平等互利、和平共处。不管其他大国喜欢与否，我们将坚持这些原则。③

1962 年 12 月 26 日，刘少奇会见蒙古人民共和国部长会议主席泽登巴尔，在谈到解决两国边界问题时说：

> 我们两国的边界通过谈判，以条约的形式固定下来，我们认为，这对我们两国人民都有好处。我们两国是兄弟邻邦，在互相尊重、平等互利的基础上，本着互谅互让的精神，顺利地解决了边界问题。我

---

① 《刘少奇年谱》下卷，中央文献出版社 1996 年版，第 541—542 页。
② 同上书，第 542 页。
③ 同上书，第 559—560 页。

们和其他的兄弟国家也是采取同样的原则来解决边界问题的。①

1963 年 1 月 1 日，刘少奇在与锡兰（今斯里兰卡民主社会主义共和国）总理西丽玛沃·班达拉奈克夫人的谈话中说：

> 中国是大国，但是我们教育我们的一切工作人员和我国人民，无论如何不能犯大国沙文主义的错误。中国历史上有过大国沙文主义，但是取得革命胜利以后，我们就坚决改正。对国内民族也采取平等态度，反对大汉族主义。②

1963 年 2 月 12 日，刘少奇在会见柬埔寨西哈努克亲王的谈话中说：

> 我们革命胜利后，在毛泽东主席的倡导下，教育我们所有的干部、人民，不论同任何国家和人民打交道，都切记不要犯大国沙文主义，而且教育我们的后代，永远不要犯大国沙文主义。同时，我们也反对别人的大国沙文主义，美国人、英国人、印度人和其他国家的大国沙文主义，我们正在反对，我们不买它的账，在他们面前绝不低头。③

1963 年 3 月 6 日，刘少奇在会见老挝国王西萨旺·瓦达纳和政府首相梭发那·富马亲王的谈话中说：

> 最近一百多年来，中国这个大国、大民族也受到西方帝国主义和东方日本的欺侮。他们以不平等的态度对待我们，所以我们很理解国与国之间打交道时处于不平等地位是什么味道。不论大国小国，同别国打交道时处于不平等地位，是不能忍受的。所以首先的一条是，我们在同别国打交道时要处于平等地位。④

---

① 《刘少奇年谱》下卷，中央文献出版社 1996 年版，第 567 页。
② 同上书，第 568 页。
③ 同上书，第 572 页。
④ 同上书，第 573 页。

上述所引刘少奇对新中国周边外交政策的表述具有三层重要的内涵：一是中国坚决反对大国主义，反对大国侵略小国；二是中国致力于在和平共处原则的基础上与周边国家平等相处；三是妥善解决中国与周边国家的边界问题。20 世纪 50—60 年代，中国与周边许多国家存在遗留的边界问题，这些问题大概可以分为三类，即同某一国家从来没有划定过边界；与某一国家在旧中国划定过一部分边界，但仍然有某一部分没有划定过；即使已经划定过的边界，也存在一些需要解决的遗留问题①。如何处理这些遗留的边界问题，是影响中国周边国家关系的重要因素，也关系到整个中国睦邻和平的外交政策，因此也是中国在发展与周边国家关系时着力解决的问题。在相互平等和尊重历史与传统的基础上，从 1956 年到 1963 年，中国同接壤的民族主义国家的边界问题基本上都通过签订边界条约或边界协定的方式得到了解决，只剩下了印度和不丹②。这在客观上体现了中国作为社会主义大国对周边小国践行不搞扩张主义的政治承诺。

概括起来说，20 世纪 60 年代刘少奇关于周边国家外交的认识，已经没有如同新中国成立初期那样的"革命"色彩，相反，通过致力于解决历史遗留和现实存在的一系列问题，基于地缘政治之上、以国家安全和周边和平为指向性的外交思维特征越来越明显，这既是刘少奇周边外交思想进一步趋向成熟的标志，也是整个中国共产党周边外交思想进一步趋向稳健和务实的标志。

第四节　1963 年刘少奇对印度尼西亚、缅甸、缅甸、柬埔寨和越南的访问

20 世纪 60 年代，刘少奇不仅在理论上对中国周边国家的外交进行了集中的阐述，而且为了进一步改善和发展与周边国家的关系两次外出进行国事访问，将中国的周边国家外交政策付诸实践。1963 年 4 月 12 日到 5 月 16 日，刘少奇以中国国家主席的身份访问印度尼西亚、缅甸、柬埔寨和越南四国。在这次外交出访活动中，刘少奇"作为中国人民的

---

①　谢益显：《中国外交史：中华人民共和国时期（1949—1979）》，河南人民出版社 1988 年版，第 240—241 页。

②　同上书，第 254 页。

使者，为沟通中国人民同世界各国、各地区人民之间的理解和友谊，为中国社会主义建设事业有一个良好的国际和平环境做出了巨大的努力"①。

刘少奇这次出访周边 4 国，具有复杂的国际背景：第一，中苏关系再度紧张。1960 年莫斯科会议后，1958 年后紧张的中苏关系开始有所缓和，双方的经济贸易往来也开始恢复，但 1962 年初期在苏联的策动下，新疆伊犁 6 万中国居民出逃苏联，中苏关系重新紧张，也使中国的西部边界安全问题变得非常突出。第二，中国南部安全也由于美国干涉和介入老挝内战、扩大侵略战略变得非常突出，加上印度在地区大国主义的驱动下于 1959 年、1962 年两次挑起中印边界军事冲突，更加使中国的南部国家安全问题变得非常严峻。第三，印度尼西亚反华排华势力愈演愈烈。1957 年起，在印尼右派力量策动下，印尼东南省（即努沙登加拉省）军事省长下令关闭了大部分华侨中小学，揭开了印尼全面反华排华的序幕。此后，印尼全面反华排华运动愈演愈烈，到 1959 年底和 1960 年初，印尼政府开始武力迫害华侨，"对华侨施展了禁止营业、武力迫迁、逮捕禁拘等残暴手段，甚至发生了流血事件。"② 在中国政府的外交斗争和协商推动下，1960 年和 1961 年中印分别签订了两国关于印尼华侨双重国籍问题条约和两国友好条约，使印尼的反华排华运动暂时平息了下去，但这没有从根本上解决印尼右派力量反华的问题，特别是中国共产党与印尼共产党长期密切的党际交往③，一直是印尼右派

---

① 《刘少奇传》下，中央文献出版社 1998 年版，第 921 页。

② 谢益显：《中国外交史：中华人民共和国时期（1949—1979）》，河南人民出版社 1988 年版，第 277 页。

③ 参见《中共中央电贺印度尼西亚共产党建党四十周年　祝在争取完全的民族独立、保卫人民的民主自由、反对帝国主义的斗争中取得更大胜利》，《人民日报》1960 年 5 月 23 日；《应中共中央邀请来我国访问印度尼西亚共产党代表团到京　邓小平、彭真等同志到机场欢迎》，《人民日报》1961 年 6 月 6 日；《毛泽东主席六月十六日会见了艾地主席和由他率领的印度尼西亚共产党代表团》，《人民日报》1961 年 6 月 17 日；《中国共产党中央委员会主席毛泽东、副主席周恩来、总书记邓小平 11 月 17 日会见印度尼西亚共产党中央委员会主席艾地》，《人民日报》1961 年 11 月 18 日；《中国共产党中央委员会发出贺电祝印度尼西亚共产党七大圆满成功》，《人民日报》1962 年 4 月 27 日；《印度尼西亚共产党代表团到京　邓小平同志等到机场迎接》，《人民日报》1963 年 1 月 12 日；《毛主席会见并宴请印度尼西亚共产党代表团》，《人民日报》1963 年 1 月 22 日；《中共中央副主席刘少奇会见并宴请印度尼西亚共产党代表团》，《人民日报》1963 年 6 月 30 日。

力量反华排华的口实①。第四，这一时期中国周边外交还受到世界政治中其他因素的影响而显得不稳定，特别是 1958—1959 年铁托访问亚洲对中国在周边国家的政治形象带来了严重的负面影响。比如，在铁托访问印度尼西亚期间，印尼外长苏班达瑞尔在关于中国发展的问题上说："事实上，中国的发展使很多人担忧，也使很多人害怕。另外，历史告诉我们，那些大国应该被看作潜在的帝国主义国家。印度尼西亚所能希望的只是历史不要证明社会主义大国也会变成帝国主义国家。"②铁托在访问缅甸时，缅甸过渡政府奈温将军对中国的反应更为激烈："一旦中国出现内部问题，它就会利用台湾和沿海岛屿问题来动员民众，维持国家统一。只要沿海岛屿和台湾问题不解决，情况就不会发生变化，即使中国被联合国接纳，它也不会改变自己的政策。"③铁托的亚洲之行，对于中国的周边外交带来了严重的压力，"中国的形象一时受到歪曲，中国的外交政策遭到误解"④，引起了中国政府广泛的外交关注⑤。上述这些因素，决定了刘少奇对亚洲周边国家国事访问背景的复杂性和任务的艰巨性⑥。

刘少奇在 1963 年 4—5 月间对印度尼西亚、缅甸、柬埔寨和越南四

① 其实，印度尼西亚共产党一直坚持巩固民族阵线的团结。印度尼西亚共产党对社会主义的理解是以 1959 年印度尼西亚共和国的政治宣言为前提的，并没有试图寻求暴力革命推翻政府，参见《关于印度尼西亚共产党争取民族独立和争取和平的斗争的基本结论，艾地在庆祝印度尼西亚共产党成立四十周年大会上的演说（摘要）》，《人民日报》1960 年 5 月 28 日。而且中国共产党对印度尼西亚共产党的支持，都是通过印尼政府进行的，但是 1965 年印尼"九·三〇"军事政变后，印尼右派力量污蔑印尼共产党是"九·三〇"军事政变的主谋，屠杀了印尼共产党和进步分子以及群众达 20 万—25 万人。印尼右派力量在镇压印尼共产党的同时，并污蔑中国共产党是印尼共产党的后台，两国关系开始恶化，1967 年两国中断了外交关系。参见杨公素《当代中国外交理论与实践》，励志出版社 2002 年版，第 144—146 页。

② 周万：《与中苏争夺第三世界：1958—1959 年铁托的亚非之行》，华东师范大学国际冷战研究中心《冷战国际史研究》第 9 辑，世界知识出版社 2010 年版，第 93 页。

③ 同上书，第 93—94 页。

④ 中共中央党史研究室编：《中国共产党历史》第二卷下册，中共党史出版社 2011 年版，第 651 页。

⑤ 从解密的中国外交档案来看，这一时期有关南斯拉夫与第三世界国家关系的档案，在数量上远远超过了南斯拉夫与东方阵营和西方阵营国家关系的档案文献，参见周万《与中苏争夺第三世界：1958—1959 年铁托的亚非之行》，见华东师范大学国际冷战研究中心《冷战国际史研究》第 9 辑，世界知识出版社 2010 年版，第 78 页。

⑥ 事实上，1963 年 11 月到 1964 年 3 月中国对亚非 13 个国家的访问，也都是在这一背景下形成的中国外交的重要举措。

国的访问，主要围绕着中国周边外交中的两个基本问题，一是关于中国处理与周边国家外交关系的基本原则，二是关于国际政治中反现代修正主义的问题。

关于中国处理与周边国家外交关系的基本原则是刘少奇在四国访问中反复申明的一个基点，而在中国的周边外交政策中，首要的是反对大国主义、奉行广交朋友的政策。1963 年 4 月 13 日，刘少奇在印度尼西亚举行的欢迎国宴上的讲话中指出，

> 我们两国在反对帝国主义和殖民主义的共同斗争中，一贯互相支持。印度尼西亚政府和人民一贯支持我国人民解放台湾和反对"两个中国"的斗争，主张恢复我国在联合国的合法权利。在这里，我愿意再一次对此表示衷心的感谢。中国政府和中国人民一贯支持印度尼西亚维护自己的独立和主权、收复西伊里安的爱国正义斗争。我们感觉到，这样做是我们的国际义务。我们认为，印度尼西亚人民的斗争和胜利，是对中国人民的巨大支持。在反对帝国主义和殖民主义的共同斗争中，中国人民将永远是印度尼西亚人民可靠的战友。①

刘少奇对中国周边外交政策的这一解释，给印度尼西亚留下了深刻的印象。1963 年 4 月 13 日，苏加诺在印度尼西亚举行的欢迎国宴上的讲话中针对国际政治力量的划分提出了"新兴力量"和"旧有势力"两分法的概念，并指出：

> 我们现在站在什么立场上？印度尼西亚站在什么立场上？中华人民共和国站在什么立场上？显然，印度尼西亚不是站在"旧有势力"的立场上；同样很明显，中华人民共和国不是站在"旧有势力"的立场上；很明显，印度尼西亚和中华人民共和国以及其他一些国家是属于正在为击败"旧有势力"而进行大力斗争的"新兴力量"的队伍的。②

---

① 《和平外交和睦邻政策的典范——刘少奇主席访问印度尼西亚、缅甸、柬埔寨、越南》，人民出版社 1963 年版，第 4—5 页。

② 同上书，第 19 页。

在反对大国主义的基础上，刘少奇把中国处理与周边国家外交关系的基本原则确立在对社会主义与民族主义关系的分析之上，认为"世界社会主义的力量和民族民主运动的力量，是当代的新兴力量。帝国主义和新老殖民主义是反动的、腐朽的力量。社会主义和民族民主运动这两支力量在共同斗争中互相支持，互相鼓舞，推动着历史车轮的前进"①。中国作为社会主义国家，与周边民族主义国家完全可以在反对帝国主义和殖民主义的基础上以及在和平共处五项原则的基础上建立起睦邻和平的国家关系。在访问缅甸时，刘少奇在多次讲话中指出：

> 我们两国都是从殖民主义的侵略和压迫下解放出来不久的国家。殖民主义的长期统治和侵略在我们两国关系中遗留下来一些悬而未决的问题。但是，我们两国领导人在处理这些问题的时候，始终以两国人民和亚洲和平的根本利益为重，而不被陈腐的殖民主义观念所束缚。我们两国之间的关系是完全平等的。我们双方都尊重自己，也尊重别人。我们双方坚持通过友好协商、互谅互让解决我们两国之间的一切问题。我们任何一方从不损人利己，把自己的片面意见强加于另一方。和平共处的原则是适用于有关双方的原则。在我们两国关系中，我们真正做到了互相尊重主权和领土完整、互不侵犯、互不干涉内政、平等互利。正是因为这样，我们两国才能够在很短的时间内合理地解决了两国之间极其复杂的边界问题，并且全面地开展了两国之间的友好合作关系。我们两国人民在历史上从来就是友好的，但是，我们两国的关系从来没有像今天这样亲密。②

在访问柬埔寨时，刘少奇同样高度强调了中国睦邻和平的周边外交政策：

> 任何国家之间的关系，或者朋友之间的关系，如果没有相互尊重、平等相待的精神，就不可能建立真正的友谊。在这方面，无论

---

　①　《和平外交和睦邻政策的典范——刘少奇主席访问印度尼西亚、缅甸、柬埔寨、越南》，人民出版社1963年版，第10页。

　②　同上书，第36页。

是中国或者是柬埔寨都有过深切的体会。长期以来，中国遭受过各种各样的不平等待遇，柬埔寨也有过同样的经历。因此，无需解释就可以了解，为什么我们两国对大国沙文主义如此深恶痛绝。在中柬两国关系中，我们严格遵守了和平共处的五项原则和万隆精神，真正做到相互尊重而不强加于人，平等相待而不高人一等，互利互助而不损人利己。中柬两国的友好合作关系，可以说是不同社会制度的国家之间实行和平共处的良好榜样。①

刘少奇对柬埔寨的这次访问，推进了中柬双方友好关系的进一步发展，中国重申了对柬埔寨的支持，同时双方都重点强调"在许多问题上的看法完全一致"②。

在刘少奇这次对周边国家的访问中，1963 年 4 月 24 日刘少奇与缅甸奈温的会谈具有十分重要的政治意义。在这次谈话中，刘少奇在谈到新独立国家的发展道路时说：

在我们这些新独立国家面前，有三条道路可以选择。一条是资本主义道路。但是，现有的资本主义国家不会让后起的国家特别是小国变成发达的资本主义国家。因此这条路是走不通的。另一条道路是殖民地、附属国的道路，我们也不愿采取。因此只有走社会主义道路。中国就是走社会主义道路的。我们要取得经济上的独立，需要几十年的工作。在国内，我们必须依靠最大多数人民，即工人、农民、城市小资产阶级和其他愿意走社会主义道路的人。在国外，我们必须联合一切尊重我们独立、平等待我的民族，反对帝国主义。这样，我们就能站得稳。中国是真正尊重缅甸独立，平等对待缅甸的，缅甸可以依靠中国，中国不会做损害缅甸的事。③

---

① 《和平外交和睦邻政策的典范——刘少奇主席访问印度尼西亚、缅甸、柬埔寨、越南》，人民出版社 1963 年版，第 52 页。

② Task Force Southeast Asia Department of State, Status Report of Counterinsurgency Project in Thailand, Vietnam and Cambodia, May 1963, p. 20.

③ 《刘少奇年谱》下卷，中央文献出版社 1996 年版，第 575 页。

这一谈话的重要意义在于三个方面：第一，它清楚地解释了中国为什么会选择社会主义道路；第二，中国选择社会主义只是发展本国的一条道路，并不具有外在的扩张性；第三，中国尊重缅甸，并在平等的基础上处理中缅关系。从表面上看，这似乎只是一般的外交语言，其实它的重要性在于阐明了中国共产党对缅甸社会主义道路和缅甸共产党的态度。1962 年奈温发动政变，逮捕了前总理吴努，建立了"缅甸社会主义纲领党"，宣布缅甸实行社会主义，将走一条缅甸自己的社会主义道路。如何认识和对待缅甸的社会主义，是刘少奇这次缅甸访问中的一个重要问题，也是缅甸所关注的一个重要问题。关于对缅甸的社会主义道路，刘少奇在多次谈话中表现出极大的宽容和理解，指出：

> 马克思以前有各种社会主义，马克思以后也有各种社会主义，各国实行的社会主义，可以不一样，可以试验，彼此相互学习。我们实行的苏联那样的社会主义。过去试验的多种社会主义都失败后，现在苏联这种社会主义是比较成功的。但这种试验并没有完结。苏联在试验，我们中国也在试验。如果你们试验好了，成功了，我们中国也可以向你们学习。①

刘少奇这里所展现出来的政治大度和宽广眼界，缅甸表示极为满意。关于对待缅甸共产党的问题②，从刘少奇访缅期间多次谈话的内容来看，中国从自身的国家安全利益考虑，绝无意于通过支持缅甸共产党

---

① 张文和：《走出国门的刘少奇》，河北人民出版社 2001 年版，第 178—179 页。

② 缅甸共产党建立于 1939 年 8 月，1946 年 2 月发生分裂，德钦梭等人另外建立了红旗共产党。1948 年缅甸独立后，缅甸共产党被缅甸自由同盟政府宣布为非法，开始转入农村进行武装斗争，受到缅甸政府的严厉镇压，1958 年缅甸共产党的武装力量减少到 1500 人。1964 年，缅甸共产党制定了赢得战争、夺取政权的新纲领，并推行左的路线。（参见廖盖隆等《社会主义百科要览》下，人民日报出版社 1993 年版，第 3577—3578 页）。1954 年 12 月，毛泽东在会见缅甸政府总理吴努时说："我们在华侨中不组织共产党，已有的支部已经解散。我们在印尼和新加坡也是这样做的。"（《毛泽东外交文选》，中央文献出版社 1994 年版，第 189 页）。据《刘少奇年谱》记载，1963 年 7 月 10 日、20 日，刘少奇两次会见缅甸共产党中央委员会副主席德钦巴登顶谈话。虽然这次谈话的记录尚没有公布，但从当时中国的安全需求、周边外交战略以及中国与缅甸政府的关系等来看，中国共产党不会公开支持缅甸共产党的武装斗争，则是比较合理的推断。

来推动缅甸和东南亚地区的革命化①，体现出了中国共产党"只能以每一国的政府为对象来解决问题"②的国际政治思路，即把国家外交置于革命之上的安全战略考虑。这与20世纪50年代初期在"亚洲革命"思想指导下中国的周边外交政策相比，是一个显著的变化。不过，中国也极力促进缅甸政府与缅甸共产党的谈判。在这次访问中，刘少奇选择了一个非常特殊的方式来处理这一问题。4月26日，在访问结束后，刘少奇与奈温在机场进行了一场短暂却非常重要的谈话。针对缅甸共产党的问题，刘少奇说："你们颁布了'大赦令'，要缅共投降，这怕是不行的。因为这很不光彩，他们哪怕把武器埋在地下，也不会投降。你们最好还是坐下来谈一谈。"③刘少奇选择了一种非正式的方式来谈论如此重大的一个问题，显然是深思熟虑的。而且以这种特殊的方式来申明中国对缅共的态度，也往往容易使人授受。奈温接受了刘少奇的这一劝告，由此引出了现代缅甸历史上著名的政府与共产党的和谈。

　　关于国际政治中反现代修正主义的问题，则是刘少奇访问越南期间的一个重要问题。与其他三个国家不同，越南民主共和国是一个社会主义国家。在经历了20世纪50年代的援越抗法后，中越两党、两国关系迅速发展。20世纪60年代初期，中国领导人鉴于当时的国际政治形势和社会主义运动的形势，"当时曾经设想，与中国周边的亚洲社会主义国家（包括蒙古、朝鲜、北越）建立一个联盟体系。"④正是在这种情况下，毛泽东甚至明确赞同否定1954年周恩来在日内瓦所做过的和平努力，甚至不止一次地对自己当年也同意和平解决印度支那问题向兄弟党表示歉意⑤。而要建立这样一个联盟体系，不仅要基于对自身地缘政

---

　　①　就在刘少奇这次访问缅甸期间，缅甸宣布国内大赦，并建立无条件地与所有反政府力量进行谈判。在这一背景下，缅甸共产党的主要领导人开始返回缅甸。1964年初，缅甸政府宣布，除了官方组织一个政党外，其他政党均被取缔，但这并没有改变缅甸与中国的国家关系。就是在缅甸共产党开始武装反抗政府后，中国对于缅甸共产党也一直"保持沉默"。参见［美］费正清、［英］罗德里克·麦克法夸尔《剑桥中华人民共和国史（1949—1965）》，李向前等译，上海人民出版社1990年版，第588页。

　　②　《毛泽东外交文选》，中央文献出版社、世界知识出版社1994年版，第187页。

　　③　张文和：《走出国门的刘少奇》，河北人民出版社2001年版，第180页。

　　④　牛军：《中国外交的革命化进程》，见杨奎松编《冷战时期的中国对外关系》，北京大学出版社2000年版，第132页。

　　⑤　《毛泽东接见越南党政代表团谈话记录》（1963年6月4日），转引自杨奎松《新中国从援越抗法到争取印度支那和平解放的政策转变》，《中国社会科学》2001年第1期。

治利益的判断，而且要在对国际政治发展形势认识的基础上对于社会主义运动中的现代修正主义问题的认识达成一致的看法。

1963年5月12日，刘少奇在越南河内巴亭广场群众大会上的讲话中，系统地谈到了对国际政治形势发展的认识：

> 目前的国际形势是很好的。这种形势有利于世界各国人民，不利于帝国主义和各国反动派；有利于各国人民的革命斗争和维护世界和平的斗争，不利于帝国主义的侵略活动和战争阴谋。社会主义阵营各国的力量大大地加强了。亚洲、非洲、拉丁美洲的民族民主运动不断取得新的胜利。资本主义世界的劳动人民争取改善生活和民主权利的斗争有了新的发展。全世界各国人民反对帝国主义的侵略政策和战争政策、保卫世界和平的群众性运动，正在广泛地展开。与此同时，帝国主义正面临着日益严重的危机。帝国主义固有的各种矛盾越来越尖锐。帝国主义阵营正在加速走向四分五裂。美帝国主义日益陷于世界革命人民的包围之中。帝国主义及其在各国的走狗犹如夕阳西下。社会主义和为社会主义所支持的民族革命运动和人民革命运动正如旭日东升。这是当前国际形势的基本趋势。
>
> 在这种形势下，社会主义国家和国际无产阶级必须同被压迫民族和被压迫人民结成最紧密的联盟，团结一切可以团结的力量，建立和扩大反对以美国为首的帝国主义的最广泛的统一战线，再接再厉，同美帝国主义的侵略政策和战争政策进行坚持不懈的斗争。只要坚持团结、坚持斗争，美帝国主义的侵略活动和战争计划是可以挫败的，新的世界大战是可以制止的，全世界人民维护世界和平和争取人类进步的崇高事业一定能够取得最后胜利。[①]

在刘少奇的这一认识中，核心的思想是在对社会主义和帝国主义两种力量比较的基础上，得出了"新的世界大战是可以制止的"这一结论。在此基础上，刘少奇认为社会主义国家的基本外交政策应该是和平共处：

---

① 《刘少奇主席和胡志明主席联合声明》，人民出版社1963年版，第18—19、21页。

对于不同社会制度的国家，包括对于帝国主义国家，社会主义国家一贯坚持和平共处政策。实现和平共处的障碍，从来不在社会主义国家方面，而是来自帝国主义和各国反动派。争取实现和平共处，首先要求同帝国主义的侵略政策和战争政策进行坚决的斗争，而不是要求取消这种斗争，更不是要求取消被压迫民族和被压迫人民的革命斗争。

不能把社会主义国家对外政策片面地归结为和平共处。和平共处是指社会主义国家同资本主义国家的关系而言，不能随心所欲地加以解释，不能引申到被压迫民族同压迫民族、被压迫阶级同压迫阶级的关系上去，不能用和平共处来取消社会主义国家支援被压迫民族和被压迫人民革命斗争的义务，更不能用社会主义国家的对外政策来代替各国无产阶级及其政党的革命路线。①

社会主义国家必须要把与资本主义国家和平共处与支持被压迫民族和被压迫阶级的革命结合起来，只有这样才能防止外交路线上的"左"、右两种错误倾向。从中国对越政策的角度来解读，这其实也意味着中国将继续支持与援助越南革命和越南统一的民族解放斗争事业。

在中国共产党当时的认识来看，社会主义国家的对外政策重点是防止外交路线上的右的倾向，这是现代修正主义重要的理论和实践表现。因此，1963年5月15日刘少奇在越南阮爱国党校的讲演中指出：

目前，国际共产主义运动正处在一个极其重要的关键时期。马克思列宁主义者同现代修正主义者之间，正在世界范围内在一系列的重大原则问题上，展开一场尖锐的斗争。论战的中心问题是世界人民要不要革命，无产阶级政党要不要去领导世界人民革命。这场斗争的发展关系到全世界无产者和劳动人民整个事业的成败，关系到全人类的命运。在这样重大的原则斗争的问题上，

---

① 《刘少奇主席和胡志明主席联合声明》，人民出版社1963年版，第21—22、22—23页。

我们是不能袖手旁观的，是不能走中间道路的。

一部马克思列宁主义发展的历史，就是同各种机会主义斗争并且战胜它们的历史。我们深信，尽管当前反对修正主义的斗争是长期的、曲折的、复杂的，但是，战无不胜的马克思列宁主义一定会战胜修正主义，并且在斗争中得到新的发展。①

在刘少奇对越南的这次访问中，虽然并没有把苏联共产党与现代修正主义直接等同起来，但在当时中苏论战的背景下，刘少奇这里显然是针对"苏联修正主义"对外政策的。后来在中苏论战中，中国把苏联的对外政策称作"新殖民主义的辩护士"，其内容也与刘少奇在这次访问中对社会主义对外政策的阐述和对现代修正主义的批判是完全一致的。

1963 年 5 月 23 日，刘少奇访问回国后《人民日报》发表了《欢迎刘少奇主席访问归来》的社论，指出："刘少奇主席这次出访，不仅是中国人民政治生活中的一件大事，也是亚洲和全世界舆论所共同关心的一件大事。这次访问进一步加强了我国同亚洲四个近邻国家的相互了解和信任，对巩固和发展亚洲各国的友好团结，对世界和平和人类进步事业，都作出了重要的贡献。这是我国和平外交政策和睦邻政策的又一辉煌成就。"对于刘少奇的访越成果，社论则指出，刘少奇这次对越南的访问，"保卫了马克思主义的纯洁性"、"维护了国际共产主义运动的根本利益和全世界革命人民的根本利益"②。从表面上看，这一时期中国对于外部世界的反应特别激烈，特别是在中苏论战中中国扮演着"马列主义激进的革命捍卫者的角色，但中国在 1963 年至 1964 年间的外交政策与十年前万隆会议的对外政策是相似的，所不同的是，不断升级的越南战争威胁着中国自身的利益"③。

---

① 《刘少奇主席和胡志明主席联合声明》，人民出版社 1963 年版，第 27、29—30 页。

② 《欢迎刘少奇主席访问归来》，《人民日报》1963 年 5 月 23 日。

③ ［美］费正清、［英］罗德里克·麦克法夸尔：《剑桥中华人民共和国史（1949—1965）》，李向前等译，上海人民出版社 1990 年版，第 589 页。

第五节　1966 年刘少奇对巴基斯坦、
阿富汗、缅甸三国的访问

　　1966 年 3—4 月，刘少奇出访了巴基斯坦、阿富汗、缅甸三国，这是 20 世纪 60 年代中国周边国家外交中的一个重大举措。刘少奇的这次出访，与 1963 年的出访一样，并没有脱离 20 世纪 60 年代以来中国周边国际政治形势的变化，但与 1963 年不一样的是，到了 1966 年，中国已经完成了向"反帝反修"、"南北并重"外交战略的转变。一方面，经过 1963—1964 年中苏论战，中苏两党两国的关系非但没有进一步缓和下去，反而进一步紧张和尖锐，1949 年确立起来的中苏同盟关系开始破裂。与中苏两党意识形态的争论结合在一起的是，中苏两国边界冲突不断增加。从 1964 年 10 月到 1969 年 3 月，苏联挑起的中苏边界冲突事件为 4189 起，比 1960 年到 1964 年间的中苏边界冲突增加了一倍半[1]。与此同时，苏联开始在中苏边界布防重兵。1963 年 7 月苏蒙《关于苏联帮助蒙古加强南部边界的防务协定》签订，苏联开始派大量军队进驻中蒙边界。1966 年 1 月苏蒙又签订了《友好合作互助条约》，进一步加强了苏蒙军事同盟关系，威胁到中国北部的安全[2]。在这一背景下，1963 年 9 月，刘少奇出访朝鲜。刘少奇在朝鲜的整个谈话材料的基本点是反对帝国主义和反对现代修正主义：

　　　　当前的世界形势，已经发展到这样的地步，要反对帝国主义，就常常不能不同时反对为帝国主义服务的现代修正主义。问题就是这样尖锐地摆在全世界共产党人和革命人民的面前。
　　　　中国共产党同兄弟的朝鲜劳动党一道，同一切马克思列宁主义的兄弟党一道，历来主张坚持原则、消除分歧、加强团结、共同对

---

　　① 《中华人民共和国政府声明》，《人民日报》1969 年 5 月 25 日。
　　② 在中苏论战中，执政的蒙古人民革命党站在苏联共产党的立场上。1963 年 3 月 22 日，《人民日报》刊登了蒙古人民革命党第一书记泽登巴尔攻击中国共产党在国际共产党运动中犯了左倾机会主义和教条主义错误的言论。蒙古革命党在意识形态上对苏联共产党的支持以及苏蒙军事同盟的不断强化，在本质上是一致的。

敌。直到今天，我们仍然希望那些走上歧途的人认识他们所走的道路是极端危险的道路，从而改正错误，回到马克思列宁主义和无产阶级国际主义的轨道上来。①

通过刘少奇的访问，中朝两党达成了广泛的共识，"在所有问题上的立场和观点都是完全一致的"，"在反对现代修正主义的斗争中，我们两党两国和两国人民的立场和观点也是完全一致的。"② 从地缘政治来看，刘少奇这次访问进一步促进了中朝双方在东北亚地区重大问题上的相互配合。中国坚决反对美国干涉朝鲜、支持朝鲜革命统一、反对联合国讨论朝鲜问题等。与此同时，朝鲜对于中国的支持，特别是在反对"现代修正主义"斗争中对于中国的支持，对于中国东北地区的安全是一个重要保障。

在"苏修亡我之心不死"的同时，美国从 1964 年开始不断在越南扩大和升级战争。1964 年 8 月，北部湾事件③（当时又称为"东京湾事件"）后，美国开始将侵略越南的战争扩大到越南北方。1965 年 2 月，美国不仅对越南民主共和国进行持续性的轰炸，而且开始派出地面部队参与侵越战争。对于美国侵略越南民主共和国和扩大印度支那战争，中国政府公开明确宣告将不惜承担最大的民族牺牲，支援越南人民把抗美救国战争进行到底。"六亿五千万中国人民，从来都把南越人民的斗争看作是自己的斗争，把支援南越人民的正义事业作为自己神圣的国际义务。现在，我们庄严宣布，同全世界人民一道，给浴血战斗着的英雄的南越人民以一切必要的物质支援，包括武器和一切作战物资。同时，我们也时刻准备着，当南越人民需要的时候，派遣自己的人员，同南越人民一道，共同战斗，消灭美国侵略者。"④ 1965 年 4 月，刘少奇针对越

① 《刘少奇主席访问朝鲜》，人民出版社 1963 年版，第 23、28 页。

② 林枫副委员长在人大常委会第 105 次会议上所作的《关于刘少奇主席访问朝鲜的报告》（节录），见北京大学韩国学研究中心《中国对朝鲜政策文件集》，1994 年版，第 1583、1584 页。

③ 1964 年 8 月 2 日，美国军舰侵入越南民主共和国领海，被赶出后美国政府以美国海军遭到挑衅为借口，于 5 日开始轰炸越南民主共和国义安、鸿基等地。

④ 《全世界人民动员起来，援助南越人民，打败美国侵略者》，《人民日报》1965 年 3 月 25 日。

共军事援助的要求也明确表态："这是我们中国应尽的义务，中国党应尽的义务"；"我们的方针就是，凡是你们需要的，我们这里有的，我们要尽力援助你们"；"你们不请，我们不去。你们请我们哪一部分，我们哪一部分去。"① 援越抗美战略的形成和实施，成为20世纪60年代后期和70年代前期外交战略的重要内容。

整个来看，在反帝反修、"南北并重"的国际政治战略下，对于中国的国家安全来说，坚持睦邻和平的理论，处理好与周边民族主义国家的关系，特别是一些处于重要战略地带的民族主义国家的关系，对于中国的国家安全就具有非同一般的重要意义，这一点也决定了1966年3—4月刘少奇出访巴基斯坦、阿富汗、缅甸三国的重要外交使命。刘少奇的这次访问，涉及的基本问题主要是两个，一个是继续阐明中国睦邻和平的周边外交政策，一个是对中国反对帝国主义与援助越南抗击美国侵略的基本政策的阐释。

巴基斯坦是中国在南亚地区的传统盟友，长期以来一直与中国保持着友好的国家关系。在刘少奇访问巴基斯坦前，1964年中国给予了巴基斯坦6000万美元的长期低息贷款，这表明20世纪60年代的中巴关系的发展与反对苏联霸权主义和印度的地区扩张主义"是同步进行的"②。1965年印度和巴基斯坦因为克什米尔地区的主权问题发生了第二次军事冲突。对于中国在印巴冲突中的立场，1965年10月，国务院副总理、外交部长陈毅在中外记者招待会上明确指出，在印巴冲突中，"巴基斯坦是受害者，印度是侵略者"，"中国政府和人民当然要在道义

---

① 中共中央党史研究室编：《中国共产党历史》第二卷下册，中共党史出版社2011年版，第666页。中国为越南的抗美斗争提供了巨大的援助。仅1962年，中国一次就为越南人民援助了各种枪支9万支，此后连续不断地向越南提供各种枪支、弹药、粮食等。美国侵入北越后，中国不仅继续提供物资方面的援助，而且还派志愿部队进入越南。仅从1965年10月到1968年，中国向越南派出的各种支援部队共32万人，最高年份达17万人。参见《越南抗法、抗美斗争时期的中越关系——二评越南外交部关于越中关系的白皮书》，《人民日报》1979年11月21日。中国在为越南提供各种援助的同时，对于美国侵略中国也进行了积极的准备。1965年9月29日，国务院副总理兼外交部长陈毅在中外记者招待会上指出："为了反对美国侵略，我们一切都准备好了"，"我们等候美帝国主义打进来，已经等了十六年。我的头发都等白了"（《陈毅副总理兼外长举行中外记者招待会发表重要谈话》，《人民日报》1965年10月7日）。

② ［美］费正清、［英］罗德里克·麦克法夸尔：《剑桥中华人民共和国史（1949—1965）》，李向前等译，上海人民出版社1990年版，第587页。

和物质上给予巴基斯坦人民支持，这是肯定的。"① 从中国周边外交来看，支持巴基斯坦对于抑制印度的地区扩张主义、维护南亚的和平具有重要的战略意义。刘少奇在访问巴基斯坦时，对于中国支持巴基斯坦的立场再次进行了申明，指出："当巴基斯坦为了维护民族独立和领土主权，坚决反对外来侵略的时候，六亿五千万中国人民将毫不动摇地站在巴基斯坦人民一边，坚决支援你们。"② 支持巴基斯坦是符合中国周边国家安全需要以及维护世界和平需要的，体现了中国与周边民族主义国家的和平共处。

> 最近，帝国主义和它们的合伙者放肆地污蔑中国，妄图组织反华包围圈，巴基斯坦政府严正批驳了所谓中国威胁次大陆的胡言乱语，表达了巴基斯坦人民坚决要同中国人民友好的意志。事实表明，尽管我们两国的政治和社会制度不同，我们完全可以在和平共处五项原则的基础上发展友好关系。这种关系是符合我们两国人民的根本利益的。③

在对阿富汗的访问中，刘少奇则申明了中国反对大国主义，与一切国家平等相处、睦邻友好的基本政策：

> 中国一贯主张根据和平共处五项原则，同各国发展关系。我们特别强调大小国家一律平等，坚决反对大国沙文主义。我们反对大国歧视和蔑视小国、欺压小国。世界问题只能由世界各国来共同决定，绝不容许少数大国来包办。中国不容许别人用大国沙文主义态度来对待我们，同时也不容许自己用这样的态度来对待别人。④

---

① 《陈毅副总理兼外长举行中外记者招待会发表重要谈话》，《人民日报》1965 年 10 月 7 日。

② 《团结反帝，保卫和平——刘少奇主席访问巴基斯坦、阿富汗、缅甸文件集》，人民出版社 1966 年版，第 2 页。

③ 同上。

④ 同上书，第 22 页。

在对缅甸的访问中，刘少奇同样高度突出强调了和平共处在中缅两国国家关系中的重要意义，指出：

> 我们两国能够这样和睦相处，友好合作，这决不是偶然的。最重要的原因是，我们双方认真执行了两国政府共同倡导的和平共处五项原则。我们真正做到了互相尊重，平等相待。我们始终以两国人民的友谊为重，友好地解决了两国之间的问题。我们的友好关系是有原则的，是有广阔发展前途的。①

中国对周边国家的睦邻和平政策，一方面建立在中国对于周边国家正义的民族解放和进步事业的支持上，另一方面则是建立在中国对于周边国家的经济援助的基础之上。中国的这种经济援助，与一切帝国主义式的经济援助不同，是一种新型的国际经济援助形态，即在平等、不损害受援国主权基础之上的一种大国对于小国的援助。关于中国的对外援助原则，刘少奇在访问阿富汗时指出：

> 我们认为，在我们的能力范围以内，向亚非国家提供经济援助，是我们应尽的国际义务。我们提供援助的时候，严格尊重受援国的主权，绝不附带任何条件，绝不要求任何特权。我们反对利用援助进行控制和掠夺。我们提供援助的目的，是要帮助受援国逐步走上自力更生的道路。②

在强调中国睦邻和平的周边外交政策的同时，刘少奇在对上述三国访问过程中所关注的另外一个重大问题，就是关于中国援助越南反抗美国侵略的政策。从当时中国共产党对世界政治的认识和判断来看，中国的援越抗美并不是孤立的，而是世界范围内反对帝国主义和新殖民主义的一个重要组成部分，是世界反革命力量和革命力量的一场严重斗争。刘少奇在访问巴基斯坦时，针对美国侵略越南的问题

---

① 《团结反帝，保卫和平——刘少奇主席访问巴基斯坦、阿富汗、缅甸文件集》，人民出版社1966年版，第31—32页。
② 同上书，第26页。

指出：

> 帝国主义和新老殖民主义到处破坏，到处捣乱。他们在亚非国家中，不断进行颠覆活动，制造反动政变。他们以为这样蛮干，就可以挫败亚非人民团结反帝的革命斗争。其实，这是一种绝望的挣扎，是虚弱的表现。最能够说明这个事实的，是美国对越南的侵略。在这一场侵略和反侵略的战争中，真正有力量的，是坚持正义立场的越南人民，而不是貌似强大的美国侵略者。美帝必败，越南必胜，这是肯定的。反帝反殖是当前世界政治的主流。不管形势多么复杂，这个方向和主流是明确的。①

访问阿富汗时，刘少奇在解释中国的援越抗美政策时说：

> 中国人民一向关怀和支持亚非各国人民的反帝革命斗争。我们认为，任何一国的独立受到威胁，就是对所有亚非国家的威胁；任何一国人民的斗争胜利，就是对全体亚非人民的支持。现在，越南人民面临着美国疯狂的武装侵略，正在英勇抗战。帝国主义的颠覆破坏，使一些亚非国家的独立和进步事业遭遇到了暂时的挫折。这些国家的人民正在进行不屈的斗争，保卫他们经过长期奋斗取得的民族独立。亚非人民争取和维护独立的斗争，不可能是一帆风顺的。但是，经过反复曲折的斗争，他们会锻炼得更加坚强，团结得更加紧密。亚非人民的团结反帝事业，最后一定要胜利的。②

在缅甸时，刘少奇则不仅解释了中国的援越抗美政策，而且还谈到了越南问题和平解决的可能性。事实上，在美国刚刚开始扩大越南战争的时候，中国并没有放弃争取不发生战争的努力。1965 年周恩来就代表中国政府向美国提出了四条原则，即中国不主动挑起战争、中国所承

---

① 《团结反帝，保卫和平——刘少奇主席访问巴基斯坦、阿富汗、缅甸文件集》，人民出版社 1966 年版，第 3 页。

② 同上书，第 22—23 页。

担的国际义务是要履行的、中国是做好准备的、只要美国轰炸中国就是向中国发动战争，这其实是中国对战争态度的底线①。刘少奇则进一步申明了中国和平解决越南问题的态度：

> 我们两国都是越南的近邻。我们自然十分关心越南局势的发展，希望早日恢复那里的和平。
>
> 越南问题和平解决"最根本的两条就是美国立即撤退在越南的一切军事力量和承认越南南方民族解放阵线是越南南方人民的唯一合法代表。但是美国拒绝接受，还继续扩大侵略越南的战争。在这种情况下，越南人民只有坚持战斗到底。越南人民的斗争是正义的，是一定能取得最后胜利的。中国人民坚决支持英勇的越南人民"。②

这表明，中国支持越南反对侵略，根本的目的在于维护南亚地区的和平，即使是在与美国处于对立的情况下，中国也愿意和平解决越南问题。从这个意义上说，中国当时坚持的是以斗争求和平的国际政治思维。

1966 年 3—4 月刘少奇对于中国周边巴基斯坦、阿富汗以及缅甸的访问，是 20 世纪 60 年代中国周边外交的重大战略性举措。当刘少奇结束访问时，《人民日报》发表了《我国和平外交政策的重大胜利——欢迎刘少奇主席出国访问归来》的社论，高度评价了刘少奇这次访问的历史意义，指出刘少奇的这次访问"是对我国和平外交政策的又一次检验。它证明我国的对外政策是完全正确的。帝国主义、现代修正主义和各国反动派最近费了九牛二虎之力掀起的反华逆流，无损于中国的一根毫毛。事实仍然是：中国的朋友遍天下"。③刘少奇这次访问的三个国家，分别处于中亚、东南亚和南亚地区的战略关节点，是防止美国帝国

---

① 郭德宏、王海光、韩钢：《中华人民共和国专题史稿（1956—1966）》，四川人民出版社 2009 年版，第 356 页。

② 《团结反帝，保卫和平——刘少奇主席访问巴基斯坦、阿富汗、缅甸文件集》，人民出版社 1966 年版，第 32、33 页。

③ 《我国和平外交政策的重大胜利——欢迎刘少奇主席出国访问归来》，《人民日报》1966 年 4 月 21 日。

主义、印度地区扩张主义以及苏联形成对中国周边国家安全威胁的战略
合力的三个关节点。这次访问，正如上述《人民日报》所评论的，再
一次检验了中国睦邻和平的周边外交政策，体现了"中国的朋友遍天
下"的国际政治空间，同时刘少奇的这次访问，为中国实施"南北并
重"的外交战略以及援越抗美的政策提供了强有力的周边安全保障，如
同美国情报局在分析刘少奇这次访问结果时所说的，实现了在中亚地区
美国、苏联和中国之间的平衡①。

在美苏两极对立的政治格局中，20 世纪 60 年代前半期中国外交思
想中最重要的就是毛泽东提出的"中间地带"。1962 年毛泽东在分析国
际政治力量格局时指出：

> 社会主义阵营算一个方面，美国算另一个方面，除此以外，都
> 算中间地带。但是中间地带国家的性质也各不相同：有些国家有殖
> 民地，如英、法、比、荷等国；有些国家被剥夺了殖民地，但仍有
> 强大的垄断资本，如西德、日本；有些国家取得了真正的独立，如
> 几内亚、阿联、马里、加纳；还有一些国家取得了名义上的独立，
> 实际上仍然是附属国。中间地带国家各式各样，各不相同，但美国
> 统统想把它们吞下去。②

1963 年毛泽东又进一步提出"两个中间地带"的战略思想：

> 我们现在提出这么一个看法，就是有两个中间地带：亚洲、非
> 洲、拉丁美洲是第一个中间地带；欧洲、北美加拿大、大洋洲是第
> 二个中间地带。日本也属于第二个中间地带。③

毛泽东"中间地带"的思想，开始淡化了世界政治和国际关系中的
意识形态性质，突出了国家利益矛盾的地位，把原初的"盟国"、"集

---

① Peking Continues Efforts to Woo Afghanis*tan*, Central Intelligence Agency Directorate of Intelligence, 2 June 1966.
② 《毛泽东外交文选》，中央文献出版社、世界知识出版社 1994 年版，第 487 页。
③ 同上书，第 509 页。

团"式的国际政治战略思维带到了更加接近实际和独立的战略框架之内，成为中国外交真正走向独立自主的新的思想起点①。刘少奇在 20 世纪 60 年代对周边国家的两次出访，则是对毛泽东"中间地带"思想的积极实践，是中国在周边国家的"中间地带"中成功外交的典范。

---

① 郭德宏、王海光、韩钢：《中华人民共和国专题史稿（1956—1966）》，四川人民出版社 2009 年版，第 358 页。

第六章

刘少奇与中国共产党的政党外交

政党外交，又被称作为党际外交，是指政党和政党之间相互交往形成的一种关系格局。在现代国际关系中，政党外交在一个国家总体外交中有着重要的地位，是国家关系的重要基石，是国家关系的助推器，是政府外交的重要补充，也是执政党自身建设的一条重要战线①。新中国成立后，中国共产党与世界各国的政党交往迅速发展，使政党外交成为新中国外交中的重要内容。在1949—1966年期间，刘少奇在领导新中国建设的各项工作过程中，高度重视政党外交的作用，通过政党外交的方式参与了新中国许多重大的外交问题，对于推动新中国外交事业的发展起了重要作用。

第一节　政党外交是新中国外交的重要组成部分

从政党交往的角度来看，1921年中国共产党建立后就开始了一定程度的政党外交工作。1921年7月中共一大通过的决议指出："党中央委员会应每月向第三国际报告工作。在必要时，应派一特命全权代表前往设在伊尔库茨克的第三国际远东书记处。此外，应派代表赴远东各国，以便商讨发展和配合今后阶级斗争的进程。"② 1922年中共二大正式通过了关于加入第三国际的决议案，指出："中国共产党为国际共产

---

① 戴秉国：《发挥政党外交优势，服务全党全国工作大局》，《当代世界》2001年第2期。

② 《建党以来重要文献选编》第1册，中央文献出版社2011年版，第6页。

党之中国支部。"① 这标志着中国共产党正式开始了自己的政党交往。不过，在相当长的时间里，中共政党交往的对象主要是苏共和共产国际，而且这种交往也带有上级组织和下级组织关系的特点。在抗日战争之后，特别是 1943 年共产国际的解散"使各国共产党更加民族化，更加适应于反法西斯战争的需要"② 之后，中共政党外交的局面发生了很大的变化。1944 年 8 月，中共中央在《关于外交工作的指示》中针对进一步扩大政党交往对象的问题指出："凡愿与我们来往的英美人士及其军事人员，顽固保守分子总还占少数，且其顽固又常常是只反对其国内共产党，而不反对我们者，故其情形又与国内顽固分子有别。因之我们外交工作中心，应放在扩大我们影响，争取国际合作上面。"③ 中共突破意识形态的界线，坚持与英美打交道的政策，对于扩大中共的国际影响、推动中共领导的抗日战争的发展起了重要的作用。此外，在 20 世纪 30—40 年代，中共与东北亚、东南亚、东亚一些国家的共产党也开始有了一些接触。比如，1938 年越共领导人胡志明来到延安，与中共领导人开始接触，中共对于越共领导的反抗日本帝国主义和法国殖民主义统治的斗争给予了道义和物质上的支持。朝鲜革命领导人金日成长期在中国东北地区领导朝鲜的武装抗日斗争，并在 1931 年加入了中国共产党，1945 年 8 月金日成从中国返回朝鲜后于同年 10 月建立了北朝鲜共产党④。

新中国成立后，中国共产党在全新的历史条件下开始推动政党外交的发展。毛泽东、周恩来、刘少奇等党和国家领导人对于推动中国共产党的政党外交付出了巨大的心血。据不完全统计，从 1949 年到 1976 年的 27 年里，毛泽东先后 700 多次会见应中共和中国政府邀请访华的来自五大洲 100 多个国家的各类客人，共计 3000 多人次。周恩来从中国总体外交出发，也高度重视政党外交，多次亲率中共高级代表团访问欧亚国家，会见各国访华的政党领袖，为中共政党外交倾注了毕生的心

---

① 《建党以来重要文献选编》第 1 册，中央文献出版社 2011 年版，第 141 页。
② 《建党以来重要文献选编》第 20 册，中央文献出版社 2011 年版，第 326 页。
③ 《建党以来重要文献选编》第 21 册，中央文献出版社 2011 年版，第 474 页。
④ 仲廉言：《中国共产党的国际交往》，五洲传播出版社 2007 年版，第 34—35 页。

血①。与毛泽东、周恩来一样，刘少奇也非常重视政党外交在中国总体外交中的作用，并从多个方面不断推动中共政党外交的发展。据不完全统计，在刘少奇主管党的对外工作17年中，先后280次会见各国政党领导人和党宾，为在国际上树立新中国和中国共产党独立自主的形象，为反帝反殖和国际共产主义运动的开展，作出了不可磨灭的贡献②。

在中国共产党和新中国领导人的高度重视和不懈努力下，很快就开创出中国共产党政党外交的全新局面。1956年中共召开八大时，世界上有56个政党派代表出席，这些代表们遍布世界各国，其中有48个外国共产党、工人党、社会党和劳动党的代表在大会上致词。毛泽东在大会开幕时的讲话中也说："今天在座的有五十几个国家的共产党、工人党、劳动党和人民革命党的代表。他们都是马克思列宁主义者，他们和我们有一种共同的语言。他们走了很长的路程来到我国，以崇高的友谊参加我们党的这次代表大会。这对于我们是一个很大的鼓舞和支持。"③1959年有61个外国政党派代表参加新中国建国十周年庆典。《人民日报》社论指出："今天，前来参加我国建国十周年庆祝盛典的有以赫鲁晓夫同志为首的苏联党政代表团，有各兄弟国家的党政代表团，有来自亚洲、非洲、拉丁美洲、欧洲以及澳洲的朋友们。这象征着社会主义阵营的大团结，国际共产主义运动的大团结，全世界人民的大团结。"④

1949—1966年这期间，中共政党外交的范围，明显地分为四个层次，第一个层次是执政的共产党，在这个层次上，政党关系与国家关系、政党外交与国家外交往往是重叠在一起的，而且在很大程度上是政党关系决定着国家关系的好坏，中苏关系就是典型的例子；第二个层次是非执政的共产党、工人党和革命党；第三个层次是亚非拉各国的民族主义政党；第四个层次是西方一些资产阶级政党。从中共政党外交的基本思想来看，这一时期总体上是非常开阔的，能够突破意识形态的界线，主张与各种类型的政党进行友好交往，广交朋友。1954年8月，毛泽东在与英国工党代表团的谈话中说："不同的制度是可以和平共处

---

① 仲廉言：《中国共产党的国际交往》，五洲传播出版社2007年版，第9页。
② 戴秉国：《试论刘少奇党际关系思想与实践》，《高校理论战线》1999年第1期。
③ 《毛泽东文集》第7卷，人民出版社1999年版，第117—118页。
④ 《为第二个十年的更伟大的胜利而奋斗》，《人民日报》1959年10月1日。

的。""我们和你们也可以合作。我们之间首先就不会打仗。何必打仗呢？我们不仅不会和工党开仗，也不会和保守党开仗。"① 1957 年周恩来在会见日本社会党代表团时也说："我们是知心朋友，我们之间可以完全理解"，"我们互相配合，不仅可以打破两国的隔阂，也可以促进世界人民的了解。"② 1963 年毛泽东在与日共领导人的谈话中甚至说："中、苏两国之间的关系，还不如中国同日本自由民主党的关系好。"③尽管党的领导人对政党外交范围的认识已经开始呈现出非意识形态化的特点，但由于当时的世界冷战局势和中国共产党对时代发展认识的制约，在中共政党外交的实际工作层面，这一时期中共主要是以与世界各国的共产党和马克思列宁主义政党以及亚非拉的民族主义政党的交往为主，而且主要是"与中共意识形态和观点看法相同或相近的外国共产党和左派组织"④。尽管在这一时期的不同阶段上，中共政党交往的幅度也有不同的阶段性变化，但总体上来说，这一点却并没有发生根本性的变化。而相比之下，与西方非共产党的交往更多地带有接触和试探的性质，还远远没有达到"破冰"的程度⑤。

从这一时期中共政党外交的战略来看，也是分为不同层次的。第一个层次，与执政的共产党交往，主要的战略目的在于巩固社会主义国家间关系，进而巩固社会主义阵营。从这个意义上说，很难把社会主义国家之间共产党的关系与国家关系区别开来。比如，1955 年，在苏联主动改正了 1948 年对南斯拉夫"民族主义"批判的错误后，中国与南斯拉夫正式建交，但 1956 年后中共与南斯拉夫共产党之间就苏共二十大的评价和斯大林问题的形成根源问题的认识出现分歧，但对于中国与南斯拉夫的国家关系问题，毛泽东则指出："同南斯拉夫的国家关系还得保持，我们一万年也不要断。"⑥ 把政党外交与国家外交区别开来，在中国共产党外交思想发展史上具有重要意义，但这一点在当时的条件下事实上还是没有能够做到。1958 年后，中南两党在意识形态上的争论

① 《毛泽东外交文选》，中央文献出版社、世界知识出版社 1994 年版，第 160 页。
② 《周恩来外交文选》，中央文献出版社 1990 年版，第 228 页。
③ 《毛泽东外交文选》，中央文献出版社、世界知识出版社 1994 年版，第 507 页。
④ 仲廉言：《中国共产党的国际交往》，五洲传播出版社 2007 年版，第 36 页。
⑤ 齐鹏飞：《中国共产党与当代中国外交》，中共党史出版社 2010 年版，第 355 页。
⑥ 仲廉言：《中国共产党的国际交往》，五洲传播出版社 2007 年版，第 23 页。

"很快发展到国家关系上，两国外交关系规格降低到代办一级"。① 在执
政的社会主义国家，由于受国际共产主义运动中不正常的党际关系的长
期影响，因此社会主义国家之间政党关系与国家关系的重叠是具有深层
次的结构原因的。第二个层次，与非执政的共产党、马克思列宁主义性
质的政党的交往，特别是与亚非拉各国兄弟党的交往，主要的战略目的
在于巩固和扩大世界范围内的革命力量。1951 年 1 月，在具体主管政
党外交工作的组织——中共中央对外联络部成立时，刘少奇在代表中央
给中联部第一任部长王稼祥的信中明确指出，中联部的主要任务是

> 　　与各国兄弟党联络，但具体任务也是最重要的任务是与东方各
> 国兄弟党联络并帮助他们。现在日本、印尼、缅甸、暹罗、越南、
> 马来各国党都有代表在京。菲利滨（原文如此—引者注）有联系，
> 印度则尚无关系，但有大批材料来，须要加以研究。这些工作应是
> 当前中央对外联络部的主要工作，配合这些工作的机关，则有工
> 会、妇女、青年团体的国际联络部及外交部。②

　　刘少奇并且代表中央同意中联部创办干部学校，为各国兄弟党训练
干部，培养革命力量：

> 　　同意对外联络部设立干部学校为各兄弟党训练干部。但这个学
> 校是秘密的，不要正式名称，也不要正式的校长，由中央委人负责
> 办理，一切日常事务由联络部解决。③

　　刘少奇这里不仅规定了中联部的工作重点，而且体现了中国共产党当时
推进政党外交的主要思路和战略着眼点。不过，在这个层次的政党外交中，
中共遇到一个非常复杂的问题就是面对许多民族主义政党执政的国家，如何
处理与这些国家的国家关系以及与这些国家内部的共产党关系。在这个问题

---

① 伍修全：《在外交部八年的经历》（1950.1—1958.10），世界知识出版社 1983 年版，
第 109 页。

② 《建国以来刘少奇文稿》第 3 册，中央文献出版社 2005 年版，第 25 页。

③ 同上书，第 26 页。

上，1954年12月，毛泽东在与缅甸政府总理、缅甸执政党"反法西斯人民自由同盟"主席吴努会谈时指出："我们只能以每一国的政府为对象来解决问题。"1955年12月在与泰国代表会谈时则说："我们也不在你们国家讲共产主义，我们只讲和平共处。你们国内也有共产党，我们也不支持他们来反对你们的政府。"① 显然，在这里毛泽东指明了政党外交必须要首先服从于国家外交需要这一基本原则，但在强意识形态主导下的中国外交中，这一点在整个中国政党外交中表现却并不是十分明显。第三个层次，是与西方社会党、工党、自由民主党等各类政党的交往，主要的战略目的在于推动西方社会对中国共产党和中国共产党领导下的中国社会主义建设的了解。

　　政党外交作为国家关系的重要基石，发挥了基础作用；作为国家关系的助推器，发挥了促进作用；作为国家关系的开拓者，发挥了桥梁作用②。刘少奇在1959年纪念新中国成立十周年的讲话中指出："我们的党不只是同中国人民共命运、同呼吸，而且我们从来认为，我们的事业是全世界社会主义事业的一个部分。"③ 刘少奇作为中国外交事业的开拓者和领导者，从多个方面参与了中国共产党的政党外交，并通过政党外交的渠道参与了当时与中国相关的许多国际问题的解决，形成了丰富的关于政党外交的重要思想。

第二节　刘少奇与波匈事件危机的处理

　　波匈事件是1956年2月苏共二十大后在波兰、匈牙利先后发生的大规模群众抗议党和政府的重大事件，这是"二战"后世界社会主义阵营中一件带有危机性的事件，也是当时世界政治中的一件大事。与当时的苏伊士运河事件一起，"彻底改变了战后国际关系的模式"。④ 而刘少奇对于波匈事件这一社会主义阵营内部的重大危机性事件的妥善处理

---

① 《毛泽东外交文选》，中央文献出版社、世界知识出版社1994年版，第187、229页。
② 戴秉国：《开创有时代特征和中国特色的政党外交新局面》，《求是》2002年第19期。
③ 刘少奇：《马克思列宁主义在中国的胜利》，人民出版社1959年版，第29页。
④ ［美］亨利·基辛格：《大外交》，顾淑馨、林添贵译，海南出版社1999年版，第528页。基辛格认为，苏伊士运河事件的意义在于西方国家自此不再认为相互利益共契的神话，而匈牙利事件的意义则在于它表明战后苏联为了维护其利益不惜使用武力，而美国的所谓解放政策，只是空话而已。

起了重要的作用。

1956 年 6 月 28 日，波兰西部工业城市波兹南斯大林机车车辆工厂（这是当时波兰最大的工厂企业）的工人要求政府增加工资，降低所得税，要求遭到政府拒绝后，波兹南斯大林机车车辆工厂的 1.5 万工人开始上街游行示威。在通往市中心的路上，加入游行队伍中的其他工厂的工人和普通市民越来越多，最后估计达 20 万（而当时波兹南市共有市民 37.2 万人）①。游行群众打出"我们要自由"、"结束苏联占领"、"打倒假共产主义"等口号，并进攻监狱和国家安全局，放走政治犯。这次示威引发的骚乱后来在波兰政府镇压下被平息②。波兹南工人罢工事件后，执政的波兰统一社会党把事件的主要原因归结为党和政府中的官僚主义。应该说，这一认识虽然还没有深入到事件的本原，但却是积极的，反映出战后波兰照抄照搬苏联模式导致的严重弊端。1956 年 7 月，波兰统一社会党召开了二届七中全会，重申波兹南工人罢工事件的根源是党和政府中的官僚主义，决定进行经济改革，并重新恢复了哥穆尔卡的党籍③。但与波兰党的认识不一样，事件发生后，苏共中央却认为这一事件的根源在于西方帝国主义的策划和颠覆，"波兰事态的发展好象是一场汹涌向前的反苏浪潮。全国各地都在举行集会，我们担心波兰随时都会脱离我们。"④ 苏联部长会议主席布尔加宁甚至把波兰党称

---

① 刘邦义：《哥穆尔卡评传》，中共中央党校出版社 1995 年版，第 155、158 页。

② 这次事件平息时，波兰官方 6 月 29 日报道的死亡数字 38 人，受伤数字是 270 人。参见《波兹南事件详细经过》，《人民日报》1956 年 7 月 1 日。波兰官方 7 月 17 日报道的死亡人数为是 53 人，受伤人数是 300 多人。1981 年波兰政府发布的新数字是：死亡人数 75 人，受伤人数 900 人。参见［英］本·福凯斯《东欧共产主义的兴衰》，张金鉴译，中央编译出版社 1998 年版，第 140—141 页。

③ 哥穆尔卡是波兰党早期著名的领导人。1943 年当选为波兰党总书记，1945 年后担任波兰临时政府第一副总理。1948 年，在苏联掀起批判南斯拉夫民族主义分子的政治风波中被扣上"右倾机会主义"的帽子，遭到批判并被撤销党内外一切职务，开除了党籍，甚至在 1951—1954 年身陷囹圄。也正是因为这样，一段时期里，哥穆尔卡被波兰人民视为改革和独立自主的象征。20 世纪 60 年代后哥穆尔卡的思想开始趋于保守。

④ 《最后的遗言——赫鲁晓夫回忆录续集》，东方出版社 1988 年版，第 318 页。在波兰和随后的匈牙利事件中，传统的解释一直过于夸大美国帝国主义的颠覆作用，但根据最新档案材料所做的研究，美国在波匈事件期间虽然在理论上坚持的是所谓"解放政策"，但一直不愿意卷入波匈事件之中，因此在这一时期美国的整个东欧政策显得非常滞后。关于这一点，可参见郭洁《匈牙利事件：美国的政策与反应》，上海人民出版社 2011 年版；另可参见［美］亨利·基辛格《大外交》，顾淑馨、林添贵译，海南出版社 1999 年版，第 534 页。

作为"敌对分子和机会主义分子"①。10 月 19 日，波兰党召开了二届八中全会，拟选举哥穆尔卡担任党中央第一书记，并撤销苏联元帅、华约军队副司令罗科索夫斯基担任的波兰国防部长等职务。这引起了苏共的强烈不满。为了阻止波兰党的行动，赫鲁晓夫率领庞大的苏联党政代表团访问波兰，并调动华约军队向华沙开进，试图阻止波兰党调整政治局。但波兰党抵制住了苏联的压力，仍然选举哥穆尔卡为第一书记，并宣布了一系列的改革措施。哥穆尔卡在会议上的讲话中指出，要改革社会主义模式中不好的东西，把波兰自己的、更加完善的机制加在这种模式之上②。这样，波兰党成功地抵制了苏联的大党主义和大国主义。

中共高度关注波兰事件事态的发展。早在 1956 年 10 月 8 日，毛泽东主持召开的中共八届中央政治局常委会第一次会议上就讨论了波兰的局势问题③。中共中央在波兰事件处理过程中，从一开始就对苏共的大党主义和大国主义持批评态度。1956 年 10 月 20 日，毛泽东在中央政治局会议上指出："苏联动用军队来对待波兰这样一个社会主义国家很不妥当，儿子不听话，老子打棍子，旧社会习以为常。但苏波关系不是老子与儿子的关系，是两个国家、两个共产党之间的关系。按道理，两党之间是平等的，不能像旧社会老子对儿子那样。看来苏联是把波兰当作儿子。苏波关系搞得这样紧张，我看是苏联大国沙文主义造成的。"当天下午政治局会议之后，毛泽东在约见苏联驻华大使尤金的谈话中说，在收到苏共中央出兵波兰的征求意见通知后，"我们政治局今天下午开会讨论了此事，我们坚决反对你们这样做。请你马上把我们的意见打电话告诉赫鲁晓夫：如果苏联出兵，我们将支持波兰反对你们，并公开声明谴责你们武装干涉波兰。"④ 10 月 22 日，中央政治局经过讨论，决定派遣刘少奇、邓小平率领中共代表团参加在莫斯科举行的苏波两党会谈。会议确定："代表团的任务是劝和；方针是着重批评苏共的大国

①　[英] 本·福凯斯：《东欧共产主义的兴衰》，张金鉴译，中央编译出版社 1998 年版，第 141 页。

②　参见黄宗良、孔寒冰《世界社会主义史论》，北京大学出版社 2004 年版，第 438 页。关于这次会议的具体的详细过程，可参见刘邦义《哥穆尔卡评传》，中共中央党校出版社 1995 年版，第 174—191 页。

③　《邓小平年谱（1904—1974）》（中），中央文献出版社 2009 年版，第 1319—1320 页。

④　吴冷西：《十年论战》（上），中央文献出版社 1999 年版，第 35、39 页。

沙文主义，同时劝说波兰党顾全大局，总的是劝他们协商一致，达成协议，巩固苏波友谊。方式是分别与波兰或苏联代表团谈，不参加他们两方的会谈。"① 为了进一步明确中共在波兰问题上的基本态度，10 月 27 日，毛泽东接见了波兰驻华大使基里洛夫，向其详细介绍了中共关于处理波兰事件的态度。据后来基里洛夫向波兰政府发回的报告中说，毛泽东对波兰"满怀信心地予以支持"，并申明对波兰的改革道路"持肯定的态度"。波兰问题处理的关键在于苏共能否"剔除那些在社会主义阵营关系中惯用的活动方式和形式"。同时，毛泽东也向波兰指明，"必须在党际关系及在我们自己的国家中表现出宽容态度。我们不能容许敌人利用我们阵营内出现的裂痕。中共无意干涉波兰的内部事务。"② 毛泽东关于波兰问题的认识及其处理的态度，为刘少奇在莫斯科与苏共具体协商波兰问题奠定了理论和政策基础。

1956 年 10 月 23 日到 31 日，刘少奇率领中共代表团到达莫斯科，开始对苏波两党的关系进行协调③。复杂的是，就在刘少奇率领中共代表团抵达莫斯科开始善后波兰问题时，匈牙利事件又跟着爆发。匈牙利事件的暴力规模和对社会主义阵营的影响，又远远超过了波兰事件。

1956 年 10 月 23 日，匈牙利首都布达佩斯的 1 万多大学生上街游行，游行过程中大批市民和工人参加，游行队伍人数多达 20 余万人。游行群众向匈牙利政府提出 16 点要求，核心内容是：苏联撤军；在平

---

① 吴冷西：《十年论战》（上），中央文献出版社 1999 年版，第 45 页。

② 《基里洛夫关于毛泽东对波兰事件态度给哥穆尔卡的电报》（1956 年 10 月 27 日），参见华东师范大学国际冷战史研究中心《国际冷战史研究》第 1 辑，华东师范大学出版社 2004 年版，第 234—235 页。

③ 按照中共代表团事先确定的方针，拟先后分别进行中苏、中波两党会谈，但由于哥穆尔卡当时没有到莫斯科，而是在 11 月 15 日到 18 日才率领波兰党政代表团访问苏联，因此在刘少奇这次访问苏联期间并没有举行中波两党会谈。后来，赫鲁晓夫提议刘少奇赴波兰与波兰党会谈，但被哥穆尔卡婉拒。关于这一问题，参见沈志华《一九五六年十月危机：中国的角色与影响》，《历史研究》2005 年第 2 期。师哲后来的回忆也可以证实这一点，参见师哲回忆、李海文整理《波匈事件与刘少奇访苏》，《百年潮》1997 年第 2 期。《刘少奇年谱》在记录 1956 年 10 月 23 日到 31 日刘少奇的活动时，也是只提到刘少奇与苏共领导人的会谈情况，没有提到刘少奇与波兰党的会谈。这样来看，吴冷西在《十年论战》中回忆的刘少奇 1956 年 10 月 31 日回国后谈到的关于在这次调节过程与波兰党的会谈情况（参见吴冷西《十年论战》（上），中央文献出版社 1999 年版，第 57—58、426 页）可能是回忆有误。另外，崔奇在对中苏论战的回忆中，也说 10 月 23 日到 31 日，苏、中、波三党代表团先后举行了会谈（崔奇：《我所亲历的中苏大论战》，人民日报出版社 2009 年版，第 20 页），应该说也是不实的。

等的基础上重新调整匈苏关系；任命纳吉为政府总理；实行思想、政治、言论和新闻自由①。在游行的过程中，示威者袭击了市内的交通干线、警察局、各种军事机构以及印刷厂、军工厂等，示威者与军警的冲突不断发生。仅 10 月 25 日，守卫国会大厦的军警就打死示威群众 60—80 人，打伤 100—150 人②。为了控制和平息事态，匈牙利党任命纳吉出任部长会议主席，卡达尔担任匈牙利党中央第一书记。但在高层进行的人事更替，并没有制止住事态的恶化。10 月 30 日，发生了严重暴力事件。示威者围攻布达佩斯市委大楼，23 名国家保安局士兵死亡或被处以私刑，布达佩斯市党委书记麦泽·伊姆雷也遇难。10 月 30 日的暴力事件使整个匈牙利事件迅速恶化，匈牙利党发生了分裂。11 月 1 日，纳吉改组政府，宣布结束一党专政，并于第二天致信联合国，宣布废除华沙条约、匈牙利中立、要求四大国联合保卫匈牙利的中立③。与此同时，卡达尔重新改组了匈牙利劳动人民党，宣布成立匈牙利社会主义工人党，并于 11 月 4 日另外成立了匈牙利工农革命政府，发布了《匈牙利工农革命政府告匈牙利人民书》，指出："10 月 23 日在我国掀起了一个群众运动，这个运动的崇高目的是纠正拉科西和他的同谋者所犯下的反党、反人民的错误，保卫民族独立和主权。伊姆雷·纳吉政府的软弱以及钻入运动中的反革命分子日益得势，使我们的社会主义成果、我们的人民国家、我们的工农政权和我们整个祖国的存在面临危险。""反革命势力利用了伊姆雷·纳吉政府的软弱无能而横行霸道、屠杀和掠夺，我们有必要担心这种力量会占上风。"④ 应匈牙利工农革命政府的请求，苏联红军 11 月 4 日进入布达佩斯，平息了事件。

波匈事件是"二战"后社会主义政治发展史上一个空前重大的危机性事件，是在苏共二十大反斯大林的历史背景下东欧国家发展中一系列矛盾的集中爆发。这一事件所包含的危机主要是三个方面：首先是东欧执政的共产党政权的合法性危机。东欧的共产党大多数是在苏联红军的帮助下回到国内上台执政的，其执政的基础并不牢固，加上执政后一系

---

① 参见黄宗良、孔寒冰《世界社会主义史论》，北京大学出版社 2004 年版，第 432 页。
② 郭洁：《匈牙利事件：美国的政策与反应》，上海人民出版社 2011 年版，第 103—109 页。
③ 《关于匈牙利事件》，世界知识出版社 1957 年版，第 29 页。
④ 同上书，第 31、33 页。

列发展中的失误，导致了广大人民群众的强烈不满。其次是斯大林模式
在东欧的危机。1947 年后东欧国家开始加快向苏联社会主义模式的过
渡，到 1952 年前后基本上整齐划一地完成了苏联模式在东欧的移植，
但在集权政治体制下以优先发展重工业、全盘国有化和快速集体化为主
要特点的发展战略并不适合东欧国家的具体情况，波匈事件反映的正是
这种外部模式与本国具体情况之间的矛盾。最后是苏共与东欧国家共产
党在"国际主义"意识形态下形成的"兄弟式"政党关系模式的危机。
波匈事件表明，共产党之间"兄弟式"关系模式并不能掩盖住不同共
产党所代表的不同民族利益和国家认同之间的矛盾和冲突。如何认识和
处理波兰匈牙利问题，迫切地提到了世界各国共产党人面前，也成为刘
少奇在莫斯科与苏共会谈期间的一个重要问题。根据毛泽东和中央政治
局的方针，刘少奇领导中共代表团卓有成效地展开了工作，具体地体现
出了中国共产党政党外交的原则和策略艺术。

　　10 月 23 日当晚，刘少奇同赫鲁晓夫就波匈事件交换了意见①。10 月 24
日，刘少奇出席了苏共政治局会议。刘少奇首先介绍了毛泽东和中共中央
关于解决波兰问题的方针，指出，尽管波兰问题已经趋于缓和，但还要分
析事件发生的原因，总结经验教训。在此基础上，刘少奇从党际关系的角
度进行了长篇发言。关于波兰问题出现的原因，刘少奇指出：

　　　　社会主义国家之间有一个相互关系的问题，相互之间的关系要
　　依据什么原则来处理？大国的党，较老的党，最先取得政权的党，
　　理所当然应多承担义务，做出较好的榜样。苏联长期以来诚心诚意
　　地帮助其他社会主义国家，包括波兰、匈牙利、中国在内，而且帮
　　助很大。但是关系还是搞不好，波兰还是发生这样的事情，匈牙利
　　也发生这样的事情。因此，就值得研究一下，是不是一切事情已做
　　得尽善尽美，是不是其中还有一些缺点或者还有一些错误。请苏联
　　同志考虑：苏联在斯大林时期，是不是犯有大国沙文主义、大民族
　　主义的错误，致使社会主义国家相互之间的关系处于一种不正常的
　　状态。这也是波兰事件、匈牙利事件发生的根本原因之一。

---

①　《刘少奇年谱》下卷，中央文献出版社 1996 年版，第 378 页。

刘少奇进而批评苏共在历史上的大党主义错误的表现：

> 有不少苏联同志处理许多国际事务时有缺点，有错误。有些国际会议不是采取认真协商的方式，甚至于常常把自己的意志强加于人。有时也有协商的形式，但明天甚至当天就要通过决议，人家没有时间考虑。事先既没有个别谈话，又不作集体商谈，只有强加于人，就是要别人听你们的话，不听，你们就要整人。在世界工联、世界妇联、世界青联、世界和平运动中，都有这种情况。
>
> 你们随便在报纸上发表文章批评外国的兄弟党，如 1950 年 1 月《关于日本形势》一文，批评日共。这种文章是不应该发表的，不适当的。这回《真理报》批评波兰，也在波兰引起很大反感。何必这样呢？这种事情要很慎重，这种方式要改变。必须学会同兄弟党、兄弟国家间协商、合作、协同动作；只想到自己，只考虑自己而不考虑别人的做法，是极其严重的错误，会给我们的共同事业带来极大的害处和恶果。①

刘少奇这一同志式的实事求是的批评，起到了非常积极的作用。26 日，刘少奇再次列席了苏共中央主席团会议，29 日和 30 日，刘少奇同赫鲁晓夫、布尔加宁、莫洛托夫等苏共领导人会谈②。在多次的会议会谈后，苏共决定接受中共的建议，起草并通过一个关于正确处理社会主义国家关系的宣言，并将宣言草稿送交刘少奇审阅，这就是著名的《苏联政府关于发展和进一步加强苏联同其他社会主义国家的友谊和合作的基础的宣言》。这个宣言基本上是刘少奇多次讲话的内容，甚至在一些地方连词句都一样③。30 日晚，刘少奇率领中共代表团再一次出席了苏共中央主席团会议，讨论并通过了这一宣言。《苏联政府关于发展和进一步加强苏联同其他社会主义国家的友谊和合作的基础的宣言》是第二次世界大战结束后关于规范执政的共产党之间以及社会主义国家之间关

---

① 上述三段引文参见师哲回忆、李海文整理《波匈事件与刘少奇访苏》，《百年潮》1997 年第 2 期。

② 《刘少奇年谱》下卷，中央文献出版社 1996 年版，第 378 页。

③ 沈志华：《一九五六年十月危机：中国的角色与影响》，《历史研究》2005 年第 2 期。

系的一个重要文件，它指出，苏联"对外关系的不可动摇的基础过去是，今后仍然是一切国家之间和平共处、友好和合作的政策"。"这种政策最深刻、最一贯地表现在各社会主义国家的相互关系上。社会主义国家大家庭中的各个国家以建成社会主义社会的共同理想和无产阶级国际主义的原则团结在一起，它们之间的互相关系只能够建立在完全平等、尊重领土完整、国家独立和主权、互不干涉内政的原则上。这不仅不排除社会主义大家庭中的各个国家在经济、政治和文化各方面实行紧密的兄弟合作和互助，而且相反，规定了这种合作和互助。"① 这个宣言的形成得到各国共产党的普遍欢迎，也标志着波兰问题"比较稳妥地得到解决"②。1956 年 12 月 4 日，毛泽东在接见波兰驻华大使基里洛夫的讲话中，高度评价了 10 月 30 日宣言的意义，指出这一宣言证明"必须借助党与党之间的批评，同时又注意捍卫苏联免除帝国主义攻击的做法"③。毛泽东的这一评价表明，10 月 30 日宣言的意义在于恰到好处地维持了党际之间的正常批评与坚持以苏联为首的社会主义阵营团结两者的统一。

与波兰问题相比，如何处理匈牙利问题更为复杂。从苏共方面来看，10 月 23 日，匈牙利事件爆发后，苏联在当天就决定出兵。10 月 24 日朱可夫向苏共中央详细报告了关于出兵的军事部署情况④，意味着

① 《苏联政府关于发展和进一步加强苏联同其他社会主义国家的友谊和合作的基础的宣言》，《人民日报》1956 年 11 月 1 日。

② 《毛泽东传（1949—1976）》上，中央文献出版社 2003 年版，第 603 页。

③ 《基里洛夫关于毛泽东谈波苏关系给拉帕茨基的电报》（1956 年 12 月 4 日），参见华东师范大学国际冷战史研究中心《国际冷战史研究》第 1 辑，华东师范大学出版社 2004 年版，第 237 页。拉帕茨基为当时波兰外交部长。

④ 根据朱可夫的报告，苏军当时已经作了完备的军事准备。关于军队序列：苏联驻匈牙利由 2 个机械化师组成的特别军；由 1 个步兵师和 1 个机械化师组成的喀尔巴阡军区步兵军；部署在罗马尼亚靠近罗—匈边界的独立机械化集团军的 1 个机械化师。关于军队装备：共向苏军 5 个师发出战斗警报，计 31550 人，1130 辆坦克和自动火炮装备，615 门火炮和迫击炮，185 门高射炮，380 辆装甲运兵车，3930 辆汽车。空军同时进入战斗准备：驻匈 1 个歼击机师和 1 个轰炸机师，喀尔巴叶军区 1 个歼击机师和 1 个轰炸机师，共计歼击机 I59 架，轰炸机 122 架。关于军事任务：特别军：其主力进入布达佩斯，占领该市重要设施并恢复那里的秩序。以部分兵力在奥地利—匈牙利边境担任掩护；喀尔巴阡军区步兵军进入匈牙利领土并占领该国东部大行政中心：德布勒森、亚斯贝雷尼和索尔诺克；独立机械化集团军的机械化师进入匈牙利南部地区并占领塞格格德市和凯奇凯梅特市。参见《朱可夫给苏共中央的报告》（1956 年 10 月 24 日），《苏联历史档案选编》第 27 卷，社会科学文献出版社 2003 年版，第 279—280 页。

苏联完成了出兵布达佩斯的军事准备。但随着事态的复杂化，苏联决定从匈牙利撤军。10 月 29 日，苏共正式通知纳吉政府，苏联已经开始从布达佩斯撤军。纳吉在 10 月 30 日的电台讲话中宣布苏军开始撤离，并宣布正式退出华沙条约组织。就在同一天，苏联在《关于发展和进一步加强苏联同其他社会主义国家的友谊和合作的基础的宣言》中针对匈牙利问题也说："鉴于苏联军队继续驻留匈牙利可能导致局势更加紧张，苏联政府已经指示自己的军事司令部，一俟匈牙利政府认为必要，即将苏联军队撤出布达佩斯市。"[①] 但在 11 月 1 日，苏共又突然改变了撤军的方针，重新选择了出兵匈牙利的方针。其间的变化是由多方面因素影响的，而中共的态度起到了重要的甚至是关键的作用。

如前所述，刘少奇与赫鲁晓夫在 10 月 23 日就讨论过匈牙利的问题，但在 30 日之前，从各种材料推断，刘少奇把匈牙利问题与波兰问题看作了同一性质的问题来认识和处理。10 月 24 日刘少奇在苏共中央主席团会议的讲话中，把苏共大党主义和苏联大国主义看作是"波兰事件、匈牙利事件发生的根本原因之一"。这一点也表明了刘少奇把波兰问题和匈牙利问题看作是同一性质的问题。30 日，匈牙利事件中出现暴力化倾向后，米高扬和苏斯洛夫致电苏共中央："全国和布达佩斯市的政治形势不是好转而是变坏。这表现于如下方面：党的领导机关感到束手无策，党组织正在解体。流氓分子横行霸道，强占区党委，杀害共产党员。组建党的纠察队的工作进展缓慢，工厂停工。居民闲坐在家。铁路不运行，无赖大学生和其他叛乱分子改变策略，表现出十分猖獗。现在他们不开枪而是占领机关。"[②] 同一天，在中共代表团与苏共的会谈中，通过米高扬等给苏共中央的报告了解到了匈牙利的局势恶化。随后，中共代表团讨论了匈牙利问题，提出两种处理方针，"一个是进攻的方针，即用苏联的军队把反革命压下去；一个是退让的方针，即苏联从匈

---

① 《苏联政府关于发展和进一步加强苏联同其他社会主义国家的友谊和合作的基础的宣言》，《人民日报》1956 年 11 月 1 日。

② 《米高扬和苏斯洛夫从布达佩斯发给苏共中央的电报》（1956 年 10 月 30 日），《苏联历史档案选编》第 27 卷，社会科学文献出版社 2003 年版，第 312 页。

牙利撤军"。由于这一问题已经超出了中共代表团最初的外交任务，因此刘少奇当即请示了毛泽东。毛泽东同意把上述两个方针同时给苏共提了出来，并提出"暂时不忙作决定，看多少天以后再说。如果采取进攻政策，要等反革命更多地暴露、人民看清楚的时候，这样比较适当"。根据毛泽东的意见，中共代表团向苏共中央反映了中共对匈牙利问题的意见，并指出"在还可以挽救的时候，是不是尽最后的力量把它挽救一下"①。

10 月 30 日，毛泽东主持召开了政治局会议，进一步讨论匈牙利问题。这次会议在中共对匈牙利事件性质的认定以及对苏共决策的影响方面起了非常重要的作用。根据吴冷西对这次会议讨论内容的回忆，毛泽东和与会人员一致认为匈牙利问题的性质已经变为一场反革命、反社会主义的暴力：

> 匈牙利的情况同波兰完全不同。苏联如出兵波兰，就会爆发波苏战争。在匈牙利的苏军既是根据华沙条约又是应匈牙利政府邀请帮助维持秩序的。显然，现在匈牙利党和政府无法控制局势，这时如果苏联不帮一把，撒手不管，匈牙利这个社会主义阵地就会丧失。这与苏联武装干涉波兰是性质完全不同的事情。在波兰采取武力干涉内政的方针，是完全违反无产阶级国际主义的原则的。在匈牙利动用苏联驻军帮助政府和人民平息反革命叛乱，则是完全符合无产阶级国际主义的原则的。相反，如果不采取这样的方针，撒手不管，听任匈牙利社会主义政权垮台，那就是背叛无产阶级国际主义原则。

> 会议很快得出一致的结论后，毛主席提出，要赶紧起草电报，告诉少奇和小平同志，要他们代表我党中央郑重向苏共中央提出，我们不赞成他们从匈牙利撤兵，建议苏军仍然留在匈牙利，帮助匈牙利党和人民。给代表团的电报当晚就起草好，经宣读通过，立即

---

① 《毛泽东传（1949—1976）》上，中央文献出版社 2003 年版，第 604、605 页。但《毛泽东传（1949—1976）》认为，最终在苏联出兵匈牙利的问题上"没有采纳中共的意见"（参见该书第 605 页）。这一判断明显把问题简单化了。

发出。这时已是 10 月 30 日深夜。①

　　从讨论的内容来看，波兰问题与匈牙利问题已经有质的不同。波兰问题的实质是反对苏联的大国主义和苏共的大党主义，是一个平等与否的问题，而匈牙利问题则是一个社会主义会不会变质的问题，能不能坚持住社会主义的问题，纳吉政府只能导致匈牙利的资本主义复辟②，而要制止这一危险，出兵是唯一的选择。

　　在接到中共中央的指示后，刘少奇于 10 月 31 日下午紧急约见苏共中央主席团，并向苏共中央陈述了出兵的重要性和必要性：

　　　　少奇同志讲得很严厉。据少奇同志回北京后说，当时苏共中央主席团的所有成员都认为从匈牙利撤出苏军是不得已的事。目前的状况没有别的解决办法，只好撤军。少奇同志最后严肃地对他们说，如果你们真是现在撤兵，对匈牙利撒手不管，那么你们将要成为历史的罪人。苏共主席团听了这些话大为震动，但当时并没有表

---

　　① 吴冷西：《十年论战》（上），中央文献出版社 1999 年版，第 52 页。从《人民日报》1956 年 10 月—11 月关于匈牙利事件的材料来看，10 月 30 日的政治局会议确实是一个转折点。在 10 月 30 日之前，关于匈牙利事件的报道并不多，而且没有定性。比如《新政府就职》（10 月 29 日）、《美英法无理要求安理会讨论匈牙利局势　匈驻美使馆通知美国务院说联合国无权讨论》（10 月 29 日），但从 10 月 30 日到 11 月 4 日，相关的报道数量明显增加，而且开始定性化。11 月 3 日《人民日报》发表了《社会主义各国的伟大团结万岁》的社论，已经明确把匈牙利问题定性为反革命，指出："我们痛心地看到，极少数反革命阴谋家正在利用局势，企图在匈牙利实行资本主义复辟和法西斯恐怖，企图从匈牙利打开破裂社会主义国家团结、破坏华沙条约的缺口。对于这种情形，全世界爱好和平的人民都感到忧虑，只有凶恶的反动派才感到高兴。但是人民终究是不能蒙蔽的。"此外，在《匈牙利国内局势仍然混乱》（10 月 2 日）、《卡达尔号召击败匈牙利反革命的危险》（11 月 3 日）、《爱国的匈牙利人民，为保卫社会主义，击败反革命复辟而奋斗！》（11 月 4 日）、《匈牙利革命力量在十分困难情况下坚持斗争　反革命分子实行资本主义复辟的阴谋明显地暴露出来　各种反动的"革命委员会"篡夺了政府各部门的领导权》（11 月 4 日）、《匈牙利工农革命政府成立　在苏军援助下粉碎了反革命复辟阴谋》（11 月 5 日）中也鲜明地体现出了中共对匈牙利事件性质的新认识。

　　② 《人民日报》1956 年 11 月 3 日发表的新华社消息《纳吉政府背弃匈民族利益片面废除华沙条约转向帝国主义方面》说，纳吉宣布退出华沙条约，"表明这一政府已经背离匈牙利人民共和国宪法的社会主义原则而转入帝国主义国家方面"。《人民日报》11 月 5 日在《庆祝匈牙利人民的伟大胜利》的社论中指出，在苏军的援助下，匈牙利人民"推翻了背叛匈牙利人民、背叛匈牙利民族的纳吉反动政府，击败了反革命复辟的阴谋，控制了匈牙利的整个局势。十多天来深切关怀匈牙利命运的中国人民，热烈祝贺匈牙利劳动人民和一切爱国者所取得的这一伟大胜利"。

示苏军要留在匈牙利。①

　　这里所谓的"震动"是能够想象的。在中共代表关于反对大党主义和大国主义的推动下，苏联刚刚发布了体现党际平等和社会主义国家间平等要求的《关于发展和进一步加强苏联同其他社会主义国家的友谊和合作的基础的宣言》，而这时中共却主张苏共出兵匈牙利，苏共领导人当时的内心释怀是可想而知的。10 月 31 日，在送刘少奇回国启程时的机场会谈中，赫鲁晓夫通知刘少奇，苏共中央已经决定将在匈牙利采取进攻方针。"在这种情况下撤退，放弃匈牙利，让反革命取得胜利，全世界的革命者、共产党员都要骂我们，说我们是傻子。"②

　　无疑，刘少奇率领的中共代表团在莫斯科根据中共中央的指示，对苏共中央提出的意见，对于推动苏军平息匈牙利事件和化解东欧国家的政治危机起了非常重要和关键的作用。1960 年 7 月 2 日，刘少奇在接见以山道尔·约瑟夫为首的匈牙利代表团时，再次谈到了 1956 年的匈牙利事件，非常具体地体现出了当时中共对匈牙利事件的认识和处理思路：

　　　　这次事件我完全清楚，我当时正好在莫斯科，苏联同志同我们交换意见，我们是坚决主张出兵的。

　　　　那时如果不出兵就会犯历史性错误，我们是这样对苏联同志说的，向波兰出兵我们是不赞成的。

　　　　国际共产主义运动从匈牙利事件得到一个重大的教训就是：建设社会主义仅仅解决一个所有制问题还不行，还要在政治战线和思想战线进行革命。

　　　　必须在政治上思想上打垮资产阶级，这方面不打垮资产阶级，可能就把无产阶级专政推翻，你们被推翻过，政府、军队和党都瓦解了。这不是个严重的教训吗？

　　　　所以，匈牙利事件不是你们一国的教训，是全世界工人运动的

---

① 吴冷西：《十年论战》（上），中央文献出版社 1999 年版，第 53 页。
② 师哲回忆、李海文整理：《波匈事件与刘少奇访苏》，《百年潮》1997 年第 2 期。

教训，我们吸收了你们的教训，立即就搞，就搞出了 45 万个纳吉分子。所以匈牙利问题不是一个国家的问题。①

　　波匈事件是 20 世纪 50 年代中共通过政党外交的方式成功参与区域性重大政治危机事件处理的一个典范，通过刘少奇为首的中共代表团的工作，不仅有效地把中国共产党主张的党际平等和社会主义国家间平等的观念传播开来，而且中共参与波匈事件的处理，推动了中国在苏联和东欧国家中影响的进一步扩大，中国共产党和新中国的国际声望显著提高，也可以说以此为标志，中共开始介入东欧事务，在国际共产主义运动中的地位迈上了一个新的台阶②。

　　刘少奇是一个伟大的马克思主义理论家和政治家，他在参与波匈事件处理的过程中，认识并没有仅仅停留在外交的层面，而且着眼于中国的发展，试图从更深的层次吸取波匈事件的教训。1956 年 11 月，刘少奇在中共八届二中全会上关于国际形势的报告中系统讲述了就波匈事件与苏共会谈的情况，指出，在与苏共会谈中"批评了他们在国际关系中间特别是在对兄弟党的关系中间的大国主义、大民族主义的倾向，并且指出了他们在一些具体事情上的一些缺点错误。我们算是比较坦率地这么讲了一次"③。在此基础上，刘少奇进一步指出了中共应该从波匈事件中吸取的两个重要教训。

　　第一个教训是，应该改革苏联发展模式，加强社会主义民主政治建设，刘少奇指出：

　　　　我们要吸取波匈事件的教训，不能片面强调发展重工业，要重视发展农业和轻工业，要关心人民的生活；要扩大社会主义民主，反对干部中的官僚主义特权思想；要限制领导人的权力，加强对领导人的监督。④

　　① 《刘少奇同志接见匈牙利社会主义工人党工作人员代表团谈话记录》（1960 年 7 月 2日），中国外交部档案，102 - 00036 - 12（1），第 30—31 页。
　　② 沈志华：《一九五六年十月危机：中国的角色与影响》，《历史研究》2005 年第 2 期。
　　③ 《刘少奇传》下，中央文献出版社 1998 年版，第 805 页。
　　④ 《刘少奇年谱》下卷，中央文献出版社 1996 年版，第 379 页。

从发展的政治经济模式来总结波匈事件，反映出了刘少奇对这一事件实质的更深层考虑。

第二个教训就是要大力反对特权阶层，防止党和国家工作人员的"贵族化"：

> 为了把我们的工作做好，要特别注意一个问题，就是我们党的以及我们国家的领导机关和各级领导人员，无论如何也不要脱离工农劳动群众。这是一个根本问题。
>
> 鉴于若干社会主义国家的情况，国家的领导人员有可能成为一种特殊的阶层，特殊的"统治阶层"。在这个问题上我个人想了一下，看是不是妥当。列宁讲过，在英国这些帝国主义国家的工人阶级中，有一部分成了工人贵族阶层。那是在帝国主义条件之下的工人阶级，因为帝国主义剥削了殖民地，拿一部分利润来收买一部分工人，使这一部分工人成为工人贵族。因此，这一部分工人就不愿意革命了，脱离他们的下层工人，而且成立他们的党，成为社会沙文主义者了。在帝国主义国家有这种可能，那么在工人阶级执政的国家里面，就是说在我们社会主义国家里面是不是也有一种可能，也有一种条件，产生工人贵族这种阶层？如果我们不注意，让其自流的话，在我们这些国家，也可能产生一种新的"贵族阶层"。在工人阶级里面可以产生，在共产党里面也可以产生。我想是有这种可能性的。但是如果我们注意了的话，如果我们采取一些办法的话也不一定产生，是可以避免的。①

正是出于这一认识，1957 年当刘少奇开始在人民内部矛盾的理论框架下来思考中国政治的发展时，则把党群矛盾放置到了人民内部矛盾的首位来加以认识和强调："人民内部的矛盾，现在是大量地表现在人民群众同领导者之间的矛盾问题上。更确切地讲，是表现在领导上的官僚主义与人民群众的矛盾这个问题上。"② 刘少奇的这一认识，显然没

---

① 《刘少奇论党的建设》，中央文献出版社 1991 年版，第 643—644 页。

② 同上书，第 665 页。

有简单地把资本主义与社会主义的矛盾和斗争作为中国应该汲取的教训，这一认识更符合中国自身的实际。这一点作为刘少奇对波匈事件在政治上最为深刻的认识，至今也有其重要的现实意义。

上述两个方面对波匈事件教训的认识，体现出刘少奇在置身事件处理过程中对社会主义发展方式和共产党执政命运的思考，也体现出了中国共产党善于从重大国际事件中汲取经验教训、统筹国际发展与国内发展的能力。

第三节　中苏论战前后刘少奇的政党
外交思想与实践

从狭义上说，中苏论战主要是指 1963—1964 年期间中苏两党围绕国际共产主义运动中一系列重大理论问题的争论。在这次争论中，围绕着 1963 年 7 月 14 日苏共中央公布以批判中共为主题的《给苏联各级党组织和全体共产党员的公开信》，中共中央连续发表了九篇评论苏共中央"公开信"的文章，一般被称作为"九评"①。中苏论战是中苏国家关系史、共产党之间党际交往史上沉重的一页。经过这次争论，苏共的大党主义更加严重，而中共这一时期的"左"的错误也更加发展，"严重影响着我们党对国际形势的判断和对社会主义的认识，进而又影响到对国内形势的判断，成为后来逐渐走向'文化大革命'的一个重要原由。"② 在中苏论战前后，特别是在中苏论战公开爆发前的一段时间以及在 1964—1966 年期间，面对已经出现的中苏两党分歧，刘少奇通过政党外交的方法对于团结中苏两党做出了许多重要的努力，形成了鲜明的政党外交思想，虽然后来中苏两党两国关系由于各种原因还是不断恶

---

① 即《苏共领导同我们分歧的由来和发展》（1963 年 9 月 6 日）、《关于斯大林问题》（1963 年 9 月 13 日）、《南斯拉夫是社会主义国家吗?》（1963 年 9 月 26 日）、《新殖民主义的辩护士》（1963 年 10 月 22 日）、《在战争与和平问题上的两条路线》（1963 年 11 月 19 日）、《两种根本对立的和平共处政策》（1963 年 12 月 12 日）、《苏共领导是当代最大的分裂主义者》（1964 年 2 月 4 日）、《无产阶级革命与赫鲁晓夫修正主义》（1964 年 3 月 31 日）、《关于赫鲁晓夫的假共产主义及其在世界历史上的教训》（1964 年 7 月 14 日）。

② 中共中央党史研究室编《中国共产党历史》第二卷下册，中共党史出版社 2011 年版，第 657 页。

化并最终走向破裂，但这一时期刘少奇关于中共政党外交的理论和实践仍然具有重要的意义①。

1950 年《中苏友好同盟互助条约》签订后，中苏两党两国关系不断巩固和发展，逐步进入了双方关系发展的"黄金时期"。但是，1956 年苏共二十大后，中苏两党在关于斯大林地位评价、社会主义共同规律、战争与和平、社会主义国家的对外政策以及国际政治中一系列重大问题的认识上逐渐出现了一系列的分歧。面对分歧，中国共产党出于世界社会主义阵营的团结意愿，一直致力于以苏联为首的社会主义阵营和中苏两党关系的巩固。1957 年 11 月，毛泽东亲自率领中共代表团赴莫斯科参加十月革命 40 周年庆典和各国共产党、工人党代表会议，体现了中国共产党试图巩固中苏关系和团结世界社会主义力量的外交努力。

1957 年 11 月 6 日，毛泽东在苏联最高苏维埃庆祝十月革命 40 周年大会上的讲话中高度凸显了中苏两党团结的重要性，指出中苏两国"是两个伟大社会主义国家的伟大同盟。我们同苏联和整个社会主义阵营共命运，同呼吸。我们认为，增强以苏联为首的社会主义各国的团结，是一切社会主义国家的神圣的国际义务"②。11 月 8 日，在十月革命庆典结束后召开的各国共产党和工人代表会议上，毛泽东进一步阐述了社会主义阵营以苏联为首的重要意义，指出："我们六十几国共产党大会上一股朝气，并且一致承认要有一个头，这个头就是苏联，就是苏共中央。中国有句俗话，蛇无头而不行。你看，我们每个人都有一个头。每个国家的党也有一个头，有集体的头和个人的头。中央委员会、政治局是集体，第一书记是个人，两者都要，不然就是无政府主义。"③ 与此同时，面对党与党之间的认识分歧问题，毛泽东提出了通过谈判的方式来解决党和党之间争论的思路，指出："我提议同志之间有隔阂要开谈判。有些人似乎以为，一进了共产党都是圣人，没有分歧，没有误会，不能分析，就是说铁板一块，整齐划一，就不

---

　　① 从目前出版的有关刘少奇研究的文献资料来看，这一时期有关刘少奇的活动比较少。比如，在中央文献研究室编辑的《刘少奇年谱》和《刘少奇传》中所反映的 1963—1964 年刘少奇的活动中，基本上看不到刘少奇在中苏论战中的活动和作用。但从相关当事人的回忆以及当时的报刊文献资料来看，关于中苏关系和中苏论战问题也是这一时期刘少奇关注的重大问题。

　　② 《毛泽东文集》第 7 卷，人民出版社 1999 年版，第 318 页。

　　③ 同上书，第 329 页。

需要讲谈判了。好像一进了共产党，就要是百分之百的马克思主义才行。其实有各种各样的马克思主义者：有百分之百的马克思主义者，有百分之九十的马克思主义者，有百分之八十的马克思主义者，有百分之七十的马克思主义者，有百分之六十的马克思主义者，有百分之五十的马克思主义者，有的人只有百分之十、百分之二十的马克思主义。我们可不可以在小房间里头两个人或者几个人谈谈呢？可不可以从团结出发，用帮助的精神开谈判呢？"① 在马克思主义党际关系学说史上，这是一个新的思想和实践创举。在中共的努力下，出席这次莫斯科会议的 12 个国家的共产党和工人党②签署了《莫斯科宣言》，宣言指出：

> 　　在目前情况下，加强各社会主义国家、各国共产党和工人党之间的团结和兄弟合作，加强国际工人运动、民族解放运动和民主运动的团结，有特别重大的意义。
>
> 　　为了巩固社会主义各国间的兄弟关系和友谊，共产党和工人党必须执行马克思列宁主义的国际主义政策，用国际主义和爱国主义相结合的精神教育全体劳动人民，坚决克服资产阶级民族主义和沙文主义的残余。③

这一宣言是继 1956 年《苏联政府关于发展和进一步加强苏联同其他社会主义国家的友谊和合作的基础的宣言》后又一个关于规范执政的共产党之间关系的重要文件。不同的是，前一个宣言是从苏联政府的角度来阐述的，而后一个宣言则是各个执政的共产党通过协商、求同存异④的

---

① 《毛泽东文集》第 7 卷，人民出版社 1999 年版，第 331—332 页。

② 即阿尔巴尼亚劳动党、保加利亚共产党、匈牙利社会主义工人党、越南劳动党、德国统一社会党、中国共产党、朝鲜劳动党、蒙古人民革命党、波兰统一工人党、罗马尼亚工人党、苏联共产党和捷克斯洛伐克共产党。

③ 《莫斯科宣言》（1957 年 11 月 16 日），参见齐世荣编《当代世界史资料选编》第一分册，北京师范学院出版社 1990 年版，第 305—306 页。

④ 对于这个宣言，特别是宣言关于从资本主义向社会主义和平过渡问题的认识，中共是有不同意见的。但中共并没有因为认识上的不同而反对这个宣言。不过，中共也没有隐瞒和放弃自己坚持的认识，因此在会后向苏共提交了一份中共代表团关于从资本主义向社会主义和平过渡不同意见的提纲。这个提纲一直没有公开发表，直到 1963 年中苏论战公开后，中共才正式发表了这个提纲。

"谈判方式"而形成的。《莫斯科宣言》的形成，对于推动共产党之间的团结、反对大党主义、以平等的方式进行党际交往在当时的条件下起了比较重要的作用。

不过，从后来共产党党际交往的教训来看，《莫斯科宣言》本身是包含了一系列矛盾和悖论的，其中之一就是对于社会主义国家关系和共产党党际关系规定的矛盾上。在社会主义国家关系方面，宣言说，"社会主义各国把相互关系建立在完全平等、尊重领土完整、尊重国家独立和主权、互不干涉内政的原则上。"从这个方面看，强调的是社会主义国家间彼此的独立和自主，但另一方面宣言又规定，"社会主义国家的团结一致，是每一个社会主义国家的民族独立和主权的可靠保证。"①从这个方面看，强调的又是执政的共产党之间的整体性。那么党和党之间的整体性如何才能保障国与国之间的独立性？这个问题看来当时并没有引起人们太多的理论思考。

1958 年后，中苏两党之间的矛盾再次开始明显化②，并且从局部的个别问题开始发展到了对国际共产主义运动中一系列问题整个看法的不同。中苏两党关系何去何从的问题再次提到了关心社会主义命运的人们面前，自然也成为已经担任国家主席的刘少奇思考和面对的重要问题。

在 1963 年中苏论战公开爆发前，刘少奇对于中苏两党关系的认识主要体现在以下三个方面：

一是继续强调中苏两党要互相妥协，着眼于长远，加强中苏两党的团结。

中苏两国关系是新中国成立后最重要的国家关系，中苏两党关系则是新中国成立后最重要的政党关系。因此，无论中苏两党之间的争论有多大，在处理两党关系的问题上一定要慎重。1959 年 11 月 30 日，刘

---

① 《莫斯科宣言》（1957 年 11 月 16 日），参见齐世荣编《当代世界史资料选编》第一分册，北京师范学院出版社 1990 年版，第 305 页。关于对《莫斯科宣言》中的悖论及其影响的分析，可参见孔寒冰《中苏关系及其对中国社会发展的影响》，中国国际广播出版社 2004 年版，第 295—297 页。

② 1958 年后中苏关系的再次恶化，是在一系列复杂矛盾的因素推动下形成的，其中包括苏联对中国"大跃进"、"人民公社"运动的指责、中苏长波电台和联合舰队事件、1959 年由赫鲁晓夫访问美国引发的中苏对美关系进而对社会主义与资本主义关系的不同认识，在中印边界冲突中苏联对印度的偏袒、中苏对批判南共七大新纲领强度的不同等。

少奇在中共中央工作会议上针对中苏关系的问题指出："我们在处理中苏关系问题时，要严肃、慎重地对待，一定要有原则上的坚定性和策略上的灵活性。"① 这是刘少奇反复强调的一个重要思想，直到中苏论战公开爆发前夕，1963年1月4日刘少奇在与日本共产党中央政治局委员、书记处书记袴田里见、书记处书记伊井弥四郎、罔正芳的谈话中说：

> 我们对苏共的关系，一定采取极为谨慎的态度，我们方面决不主动采取分裂步骤，一定尽量保持团结，即使内部不团结，那么维持表面上的团结也好，而且时间维持越长越好，除非苏共下决心，同中国分裂，把关系搞坏。我们决不先采取步骤。即使被迫采取步骤，我们也采取有利于世界人民的斗争方式。②

1963年2月4—5日，刘少奇在同英国共产党总书记约翰·高兰和英国《工人日报》主编乔治·马修斯会谈时，针对如何处理中苏两党的关系问题指出：

> 我们在处理同苏联的关系，在处理中苏两党的关系时是很谨慎的。我们绝对不会首先采取同苏联分裂的步骤。
>
> 我们从来就宣传，中苏两国的团结，是中苏两国人民根本利益所在。如果中苏两国破裂，对中苏两国人民的根本利益，特别对中国人民的根本利益，是有严重损害的。十几年来，我们一直这么讲。我也相信，苏联同志也不愿意中苏两党两国分裂，因为，中苏两党、两国的分裂，对于苏联的利益也是严重的问题、严重的威胁。因此，我们对于中苏两党、两国避免分裂，恢复团结，是抱有希望的。现在的问题是：苏联和其他一些党采用施加压力的办法，要我们放弃我们认为正确的一些原则和观点，这是办不到的。只能采取独立、平等和协商一致的办法，来解决分裂，增进团结。③

---

① 《刘少奇年谱》下卷，中央文献出版社1996年版，第474页。
② 同上书，第568页。
③ 同上书，第570页。

二是比较早地开始思考并探索共产主义运动和世界共产党新的联合形式。

中苏两党关系的反复，从一定程度上表明，以"一个中心"为基础的国际共产主义运动组织形式和联合方式已经开始适应不了时代的发展，特别是适应不了已经在不同民族国家范围内执政的共产党之间关系的需要了。1959 年 4 月，刘少奇在会见意大利共产党中央书记处书记贾恩卡洛·巴叶塔率领的意共代表团时指出：

> 各国党互派代表团会谈、交换意见比较好。一定时候，几个共产党一起开会，交换意见，互供参考，这是一种比较好的、活泼的方式，可以采取。另一种方式是莫斯科会议，由苏共召集大家到莫斯科去，开会讨论，通过文件，这个方式比较正式，也应肯定。此外，两个党或几个党会谈，交换意见，这种方式比较更好。交换意见只能供参考，不能强加于人，不能要人家一定按照自己的意见办。共产国际时，通过决议，各国党一定要接受照办，这是历史经验。过去，有些党要我们提意见，我们提过意见，但再三说明只供参考，可以采纳，可以完全不采纳。这是我党与各国党交往的一个原则。要允许各国党犯错误，这是避免不了的，不犯错误就没有经验。我们党过去犯过多次错误，这才取得了些经验，做得比较正确。现在胜利了，但对社会主义建设没经验，很可能还会犯错误。我们应该团结起来，各国的革命政党，包括犯各种错误的党，团结起来，对我们的斗争有利。①

刘少奇的这一认识在国际共产主义组织思想史上具有重要的意义，它实质上已经开始否定传统的"一个中心"下的联合和组织方式，转而开始强调政党交往中的多元方式和自主性。这体现出刘少奇对于中苏两党关系以及在此基础上对于整个共产党组织方式在交往结构层面的深刻思考。

三是刘少奇率领中共代表团于 1960 年 11 月赴莫斯科参加世界 81

---

① 《刘少奇年谱》下卷，中央文献出版社 1996 年版，第 454—455 页。

国共产党和工人党代表会议，体现了中共以实际的行动和政治智慧来化解中苏分歧和推动中苏团结的外交努力。

1960 年 11 月在莫斯科举行的世界各国共产党和工人党代表会议是在特殊的背景下召开的。在这次会议召开前的 4 个月，即在 1960 年 7 月召开的各国共产党和工人党布加勒斯特会议上出现了苏共策动东欧一些国家的共产党和工人党集体围攻中共的局面，在布加勒斯特会议上中共坚决抵制苏共的大党主义，但出于维护团结的愿意，如同对待《莫斯科宣言》一样，仍然进行了妥协，在会议的公报上签了字，但保留了自己的不同意见。关于这一点，后来刘少奇在与匈牙利党的代表团会谈中说：

> 公报中未提及修正主义这个危险，是错误。会议上没有接受我们的修正案，发生了激烈的争吵，为了照顾团结，照顾大局，在我们不完全同意的情况下，我们在公报上签了字，但是我们发表了声明，保留我们的观点和立场，我们的社论反映了我们的观点，所以社论比公报完全。①

这体现出中共在重大分歧面前，试图在保留自己意见的同时，进行积极的有意义的妥协。这一点更加鲜明地体现在刘少奇率领的中共代表团在 1960 年 11 月召开的 81 国共产党和工人党代表会议上的活动中。

在刘少奇赴莫斯科前召开的中央政治局会议上，经过讨论，毛泽东为中共代表团定下的谈判方针是：坚持原则，坚持团结，放手斗争，不怕破裂，以斗争求团结，力争达成一定的协议。在当时中苏两党关系面临破裂的背景下，毛泽东提出的这一方针具有非常明显的积极意义，表明中共努力化解中苏两党分歧的愿望和努力。莫斯科会议期间，刘少奇指导中共代表团进行斗争的作用主要体现在以下四个方面：

一是坚持抵制苏共对中共和新中国发展的粗暴干涉。

会议一开始，如同布加勒斯特会议一样，苏共就策动一些党来强烈

① 《刘少奇同志接见匈牙利社会主义工人党工作人员代表团谈话记录》（1960 年 7 月 2 日），中国外交部档案，102 - 00036 - 12（1），第 36 页。

反对和指责中共。面对苏共的大党主义，在刘少奇的领导下中共代表团进行了坚决的抵制和反对。11 月 26 日在与米高扬和科兹洛夫的会谈中，刘少奇说：

> 这次会议实质上是由你们苏共策动的反华会议，我们对这一点表示极大的遗憾、极大的愤慨。第二，到现在为止，苏共仍然坚持错误路线，这样下去究竟是一个什么结果你们知道。第三，我们劝苏共不要做绝，要看得远一点，还是以大局为重。第四，只有把不指名攻击中国党的所有"钉子"（即在这次会议上，苏共坚持要全面肯定苏共"二十大"、坚持通过匈牙利党提议的，通过少数服从多数来解决共产党内部争论的议案以及坚持以反对中共为目标的反民族共产主义的问题——引者注）拔掉，而且不做少数服从多数的内部决议，我们才能签字。①

刘少奇的这一谈话体现了毛泽东所定的放手斗争、不怕破裂的基本原则。事实上，也向会议表明了整个中共代表团的政治底线，从而为推动会议上的双方妥协奠定了基础。

二是以争取团结为目标，根据会议的进展情况制定具体的谈判策略。

刘少奇到莫斯科的第二天，就在与代表团成员的谈话中详细阐述了中共在此次谈判中的基本方针，即

> 以互让互谅的协商精神达成协议，使 81 国会议开好，并在这一基础上改善中苏关系。
>
> 我党与苏共争论的问题，经过研究，有些我们要妥协让步，有些争取互相让步以达成折衷协议，当然有些问题我们也要坚持。我们代表团要高举照顾大局，互谅互让，达成协议，加强友好团结，开好会议的大旗。②

---

① 吴冷西：《十年论战》（上），中央文献出版社 1999 年版，第 401—402 页。
② 刘晓：《出使苏联八年》，中共党史出版社 1998 年版，第 122 页。

这是对毛泽东所订谈判方针的更加具体化。此外，根据会议的进展情况，刘少奇还提出了外交形式与个人意见相结合的谈判方略，即一方面在会议上正面阐述中共的原则和主张，另一方面，在会下广泛与各国代表团接触，"会外多活动"，"这样可以争取主动"①。这样一个策略，有利于广泛地接触会议代表，使大家更加了解中共的主张，分化苏共策划的对中共的集体指责，从而推动会议各方面的主张能够积极进行妥协，形成明显的会议成果。中共代表团政党外交在这次会议上的成功，与刘少奇提出的这一谈判策略是分不开的。

三是坚持对苏共又打又拉，充分阐述了中共关于加强中苏两党团结的愿望。

11 月 30 日，在与赫鲁晓夫的会谈中，刘少奇首先批评了赫鲁晓夫解决中苏两党分歧的方式：

> 中国有句成语，叫做"言多必失"，希望你以后少讲话，不要站在争论的第一线，不要公开出面争论。有话我们在内部商量。对一些问题有不同意见，我们两党先协商达成一致，然后再提到国际会议上去。
>
> 我们还是应该团结，不管有多大分歧。因为我们还是要搞社会主义、共产主义。我们共产党人要搞马克思列宁主义，马克思列宁主义就讲团结，国际无产阶级要讲团结。有意见分歧是很自然的、很难免的，因为不断出现新的问题。只有不断地交换意见，出现分歧就内部协商，不要搞公开论战，不要搞指名的或者不指名的那种指桑骂槐的论战。这一点希望赫鲁晓夫同志本人特别注意。②

刘少奇这里鲜明地体现了中共试图把长期以来形成的"团结—批评—团结"的公式运用到国际共产主义运动中处理党和党的关系问题上来，应该说这也是对马克思主义党际交往理论和实践的一个重要创新。在中共批评的基础上，中苏两党在会议声明的问题上开始各自妥协，中

---

① 刘晓：《出使苏联八年》，中共党史出版社 1998 年版，第 123 页。
② 吴冷西：《十年论战》（上），中央文献出版社 1999 年版，第 416—417 页。

共在关于苏共二十大的问题上妥协，苏共则在反民族共产主义问题和宗派主义问题以及匈牙利党提案的问题上妥协，这就为会议成果的形成提供了基础。当时，密切关注这次会议的美国情报机构在给美国政府的分析报告中，也不得不高度评价了刘少奇在这次会议上的谈判成就，指出："在会议的最后几天，刘少奇与苏联代表团进行了协商和谈判，努力在宣言起草中就一些关键问题找到双方的共同点。12 月 6 日最后形成的宣言，清楚地表明，刘少奇在最重要的问题上获得了胜利，特别是在宣言没有肯定多数原则这一点上（指以少数服从多数的原则来解决国际共产主义运动和社会主义国家中分歧性问题的原则——引者注）。"①

四是以情动人，将心比心，软化其他党对中共的粗暴生硬态度。

政党外交并不简单地是党和党之间生硬的程式化的会谈和协商，也包括程式化外的许多因素。在莫斯科会议期间，刘少奇将东方政治家特有的情感气质溶入会议，为争取其他党的代表团改善对中共的态度起了积极的作用。

11 月 30 日，在与赫鲁晓夫会谈结束后，刘少奇亲自到波兰党代表团驻地，拜会了哥穆尔卡。在会谈中，针对哥穆尔卡跟着苏共在大会发言中攻击中共的情况，刘少奇说：

> 1956 年我们党曾促成你们同苏共友好，支持了你们党的正确意见。但波兰党代表团在这次 81 党会议中没有起到促进中苏团结的作用。对这点我们是不满的。
>
> 我们过去花那么大力量来帮助你们、支持你们。为着你们跟苏共的团结，我们做了很大的努力。而你们在这次会上，不管你是什么观点，你可以讲，但是你对促进中苏团结方面没有起应有的作用，或者坦率地说，没有起好的作用。②

刘少奇将心比心的态度软化了哥穆尔卡对于中共的强硬态度。虽然哥穆尔卡仍然为自己的做法辩解，不过最后他说，这些都是过去，现在

---

① Office of Current Intelligence, Current Intelligence Studies, the Chinese Communist Leadership, 1958—1961, 28 November 1961, p.51.

② 吴冷西：《十年论战》（上），中央文献出版社 1999 年版，第 427 页。

我们还是讲团结。对中国党对波兰党的支持我们是永远不会忘记的①。

在以刘少奇为首的中共代表团积极努力下，参加莫斯科会议的各党，特别是中苏两党在许多重大的问题上进行了妥协，形成了《各国共产党和工人党代表会议声明》，即《莫斯科声明》。这一声明表明，中共在最重要的问题上，即国际共产主义运动中的权威与纪律问题上"确实做得很好"②。据当事人吴冷西回忆，当时《莫斯科声明》通过后，许多国家的代表"都有点莫名其妙，都表示很惊奇、很愕然。他们说怎么搞得这么顺利呀？怎么苏共和中共没多大争论就通过了？"③ 这鲜明地体现出了在刘少奇领导下的中国共产党政党外交的正确策略和艺术。当然，这在更深的层次上说明中共的影响力在不断扩大，无论是在与西方共产党和工人党的对话上，还是在对民族主义解放运动及其领导人的影响上，中共都开始发挥着重要作用并进行着积极的介入④。

在《莫斯科声明》通过后，刘少奇在大会上发表了最后的讲话，这也是刘少奇在整个会议期间唯一的正式大会发言⑤，指出：

> 会议表明，尽管我们之间有分歧，这种分歧是难免的，也是自然的，但是，我们是能够在马列主义的基础上，根据协商一致的原则，在解决共同有关的问题上达成协议。通过协商取得一致，这是我们解决共同问题的唯一正确的道路。
>
> 中国共产党是抱这样一个愿望、抱这样一个信心的。中国共产党希望今后要加强团结，加强整个国际共产主义运动的团结，加强社会主义国家之间的团结，消除分歧，停止攻击，以集中力量反对

---

① 吴冷西：《十年论战》（上），中央文献出版社1999年版，第428页。

② Office of Current Intelligence, Current Intelligence Studies, the Chinese Communist Leadership, 1958—1961, 28 November 1961, p52.

③ 吴冷西：《十年论战》（上），中央文献出版社1999年版，第419页。

④ Office of Current Intelligence, Current Intelligence Studies, the Chinese Communist Leadership, 1958—1961, 28 November 1961, p53.

⑤ 根据中共代表团事前确定的方针，由副团长邓小平处在谈判一线，团长刘少奇处在二线，因此在大会上两次代表中共的发言都是由邓小平作的，而在《莫斯科声明》签字后，刘少奇的这次讲话则是他在整个大会期间唯一的一次公开讲话。参见吴冷西《十年论战》（上），中央文献出版社1999年版，第380页。

我们的共同的敌人，发展我们共同的共产主义事业。①

　　这是刘少奇对中共政党外交思想和基本政策的一次集中阐述。此外，刘少奇之所以这样强调中苏之间的团结，也有从中国国内发展方面的考虑。在领导中共代表团进行会谈期间，刘少奇一再指示代表团成员要从国内发展来认识中苏两党两国关系的重要战略意义，指示代表团成员要"看到我国目前困难较大，又缺乏社会主义建设经验，所以必须争取苏联援助，学习苏联经验。要考虑美国可能会利用我们的困难，伙同蒋介石对我们进行军事冒险，我们也非与苏联改善关系不行。中苏关系改善了，美国对我国的军事侵犯的危险性就会减弱，所以缓和与苏联关系，争取改善与加强这一关系是有战争［略］意义的"②。这反映出刘少奇在政党外交思想中统筹国内发展和国际发展的意识和能力。

　　执政党关系的改善和发展，往往会带动国家关系的改善和发展。莫斯科会议后，鉴于中苏两党在一系列重要问题上出现和解，因此，会议结束后，刘少奇以国家主席的身份对苏联进行了国事访问。这是自1957年毛泽东访问莫斯科后，中苏交往中的一件大事。在这次国事访问中，刘少奇赴苏联多地进行参观访问，多次出席了苏联组织的大规模的欢迎活动。其间，刘少奇各种讲话所坚持的一个基本的主题仍然是中苏两党的团结和中苏两国关系的战略意义。

　　1960年12月7日，刘少奇出席莫斯科各界为欢迎中国党政代表团访苏在中央列宁运动场体育馆举行的苏中友好群众大会，并且发表了题为《团结就是生命，团结就是力量，团结就是胜利》的讲话。在讲话中，刘少奇深情地回忆了自己早年赴苏联学习的经历和感受，回忆了苏联对中国革命和建设的帮助，并指出：

　　　　中共和苏共是国际共产主义运动中两个最大的党，中国和苏联是社会主义阵营中最大的国家，两党两国对于我们共同的事业负有

①　吴冷西：《十年论战》（上），中央文献出版社1999年版，第424—425页。
②　刘晓：《出使苏联八年》，中共党史出版社1998年版，第126—127页。

特别重大的责任，两党两国的团结也就具有特别重大的意义。

中国共产党和苏联共产党，中国人民和苏联人民，将像保护自己的眼珠一样，永远坚定不移地保护我们两党两国人民的团结。①

12 月 9 日，刘少奇参观了苏联伊尔库茨克水电站，在准备参观时的讲话稿时，刘少奇亲自加写了一段话：

> 这几天在苏联访问，使我得到深刻的印象，这就是苏联人民和中国人民一样，对增强两党、两国、两国人民之间的团结抱有强烈愿望。

> 任何损害这个团结的基础——马克思列宁主义的基本原理，在中国人民中间是通不过的，在苏联人民中间也是通不过的，而且我相信，在社会主义阵营人民中间也是通不过的，在资本主义世界占人口百分之九十的人民中间也是通不过的。②

刘少奇对苏联的国事访问进一步加强了莫斯科会议的成果，也进一步加强了中苏两党的团结，"在中苏友谊史上写下了光辉灿烂的一页"。③ 但是，正如前面所分析的，传统社会主义发展时期，执政的共产党之间关系的一个深层次的问题在于共产党意识形态国际主义的特征与所代表的民族国家利益之间的矛盾。1957 年的莫斯科宣言，1960 年的莫斯科声明，都没有能够经受住这一矛盾的考验。1963 年后，长期积累下来的矛盾和分歧最终导致了中苏论战的公开爆发，这也意味着中共的政党外交进入了整体上严重曲折的发展时期。

中苏论战爆发后，刘少奇坚定地坚持中共的立场和捍卫中共的利

---

① 刘少奇：《团结就是生命，团结就是力量，团结就是胜利》，《人民日报》1960 年 12 月 9 日。从《人民日报》所载这篇文章的标注来看，刘少奇的这一讲话，被在场的群众共 37 次用热烈的掌声打断，反映出苏联人民对于改善两党关系的真诚愿望。

② 吴冷西：《十年论战》（上），中央文献出版社 1999 年版，第 437 页。

③ 《最亲密的兄弟，最伟大的友谊》，《人民日报》1960 年 12 月 10 日。《人民日报》社论这一观点表明，中国对于刘少奇访苏的成果是满意的。同一天，苏联《真理报》也刊发了《最伟大的友谊》的社论，指出刘少奇的访苏"表明苏中两国牢不可破的友谊"，这表明苏联对于这次访问的成果也是满意的。

益。这集中体现在两个方面：

一是刘少奇赞同用公开论战的方式来解决中苏分歧问题：

现在有人把公开论战讲得那么坏，可是，过去赫鲁晓夫说公开论战是马克思列宁主义政党唯一正确的办法。我们现在赞成他过去的观点，而不赞成他现在说公开论战有害的观点。①

二是在当时的历史和认识条件下，刘少奇也坚决地支持反对修正主义，并从整个国际共运史发展的高度赋予反修正主义一种特殊的历史意义：

修正主义出现是列宁主义发展的重要条件。没有修正主义，列宁主义就不会这样的大发展。现代修正主义的出现，我们可以大大发展马列主义，可以组织马列主义的队伍。这是一个很好的机会。能够担当起这么一个任务是非常光荣的。马克思、恩格斯搞第一国际的时候，反动派猖狂进攻，发生了机会主义。恩格斯再组织第二国际，又有很大发展。可是恩格斯一死，修正主义又抬头，因为资本主义和平发展。列宁当时是很孤立的。后来列宁组织了第三国际，把国际工人运动推向前进。列宁死后又发生修正主义，因为整个欧洲、美洲产生了工人贵族，而且在社会主义国家产生了高薪阶层。苏联的高薪阶层是斯大林 30 年代肃反以后产生的。1930 年我在苏联的时候，苏联的工资最高的是 300 卢布，1932 年肃反以后，提高了工资，叫做物质刺激，这样就产生了高薪阶层。有了高薪阶层就有产生修正主义的可能。至于是谁，是张三还是李四，那是一种偶然性，而产生修正主义是一种必然性。②

1964 年，刘少奇在有关国际形势和中苏关系问题的讲话中更是直接谈到了分裂的好处：

① 吴冷西：《十年论战》（下），中央文献出版社 1999 年版，第 692 页。
② 吴冷西：《十年论战》（上），中央文献出版社 1999 年版，第 342 页。

反修斗争关系到全人类的命运。这个斗争必须继续进行。必须严肃进行。不久前很多人关心中苏关系破裂，关心国际共运分裂，但是最近有好多党表示不怕中苏分裂，不怕国际共运分裂。这是一个很大的进步，但是还有很多人怕，这些人是好心人。我们对这些人不能采取粗暴的态度，只能采取说服的方法。再等几个月，几年，他们会觉悟的，就不怕分裂了。因为过去有这样的印象，过去我们宣传国际共运的一致团结是社会主义、共产主义胜利的保证。团结破坏了，保证就没有了。现在，宣传上不这样提。社会主义阵营不团结，国际共运分裂，社会主义、共产主义的胜利还是有保证的。因为与修正主义的分裂，在某种条件下是必要的。相反，不分裂反而对世界革命不利。①

上述这两个方面反映出了当时整个中国共产党的一种认识。现在来看，当时有些认识并不完全正确，正如后来邓小平所说的，"真正的实质问题是不平等，中国人感到受屈辱"②。不过，在整个中苏论战期间，中国共产党试图把政党外交与国家外交相对区别开来。1965 年 2 月，毛泽东和刘少奇在会见苏联部长会议主席柯西金的谈话中说，中苏两党的原则争论还要继续下去，"但国家关系应当改善"。刘少奇也强调，"兄弟党之间思想分歧应该讨论解决，一时解决不了，慢慢讨论，还可以保留起来等历史作结论，不要发展到影响国家关系"。此后，刘少奇多次强调不要因为政党关系的恶化而影响了国家间的正常交往。1965年 4 月 21 日，刘少奇在与拟离任的苏联大使契尔沃年科的谈话中说：

我们个人之间没有什么仇恨。分歧是意识形态、路线和政策方面的问题。把这些问题放在一边，我们和苏联领导、苏联的党员干部是持友好的态度。

这个事情是要发生的，而且不断会发生。所以我们对这一点没有丧失信心，苏联是伟大的国家，伟大的人民，有许多人

---

① 《刘少奇主席和中央领导谈国际共运问题、德国统一以及美国与苏联关系问题》（1964年 2 月 11 日—1964 年 7 月 8 日），中国外交部档案：109 - 03473 - 01，第 1 页。

② 《邓小平文选》第 3 卷，人民出版社 1993 年版，第 294—295 页。

和我们抱的希望是一样的，所以，在这一点上，将来逐步的事实会证明的。我们两个伟大的国家、伟大的人民会走到一道的。①

尽管在当时的历史条件下，还不可能在实践中把政党外交与国家外交真正地相互区别开来，但是这一思想本身是非常重要的，成为后来中国特色社会主义政党外交思想的一个重要组成部分。

第四节　与非执政的共产党和工人党广泛接触

在 1949—1966 年期间，中共政党外交的主要对象是世界上各种类型的共产党和工人党。其中，最重要的对象是执政的共产党，不过，对于世界上非执政的共产党和工人党，中共也给予了非常重要的外交关注。与这些政党的交往，也成为这一时期中共政党外交的重要内容。后一方面的交往对象，又可以划分为两类，一类是欧洲较有影响的共产党，如法共、意共、西班牙共产党等，另一类是亚非拉民族主义国家的各种各样的共产党②。与这些政党的交往，构成了刘少奇政党外交实践活动的重要组成部分。

从刘少奇代表中共与非执政的共产党的外交往来来看，交往的重点在于介绍中国革命的经验。

1959 年 2 月 20 日，在同智利共产党代表团的谈话中，刘少奇向他们介绍了中国革命中统一战线的基本经验：

首先，要认真分析敌人，分析可以联合的同盟者，把他们分作几部分，对他们采取不同的政策。在不同的时期里，对不同的人要采取不同的政策，这是一条原则，其次，主要打击对象应该极少，要集中力量反对最反动、对革命最有妨害的敌人，其他的可以暂时

---

① 《刘少奇主席、邓小平总书记与拟离任的苏联大使契尔沃年科的谈话记录》（1965 年 4 月 21 日），中国外交部档案，09 - 03974 - 07，第 17 页。

② 许月梅：《建国以来中国共产党政党外交理论研究》，中国社会科学出版社 2003 年版，第 40 页。

放下或者联合他们一起斗争。第三，联合尽可能多的朋友，一切反帝、反封建、反官僚资本的力量都要团结。中立一切能够中立的人，这样才能打击主要敌人。在彻底完成第一个革命阶段的任务以前，不要提出第二个阶段的任务，不然会树敌太多。我们在完成了民主革命以后，才提出反对资本主义和进行社会主义革命的任务，进行对资产阶级和小生产者的社会主义改造。我们的革命路线是：一方面实行马列主义的革命阶段论，区分资产阶级民主革命和社会主义革命两个阶段；另一方面也实行马列主义的不断革命论。这是马列主义理论的两个特点。资产阶级民主革命完成以后，开始社会主义革命的条件是：无产阶级政党取得资产阶级民主革命的巩固的领导权，以实现无产阶级专政。所谓对民主革命的领导，主要就是对农民的领导，对贫雇农的领导。只有真正取得了工人、农民的拥护，掌握了革命的军队，党才有巩固的领导权，才能在革命胜利以后，实现对政权的领导。所以，必须有这三个条件：工人的拥护，农民的拥护，特别是贫雇农的拥护，革命的武装。①

1959 年 2 月 21 日，在与美国共产党代表团的会谈中，刘少奇着重阐述了中共党内斗争的基本经验：

就我们党的经验来说，犯教条主义错误的同志，基本上都是好的同志，他们要革命，要斗争，但是他们的策略不正确。修正主义的性质则根本不同。修正主义者是资产阶级在党内的代理人，他们是阶级异己分子。我们必须反对修正主义，不能把修正主义者当做同志。党对教条主义和修正主义两者的方针应该根本不同。对教条主义者要采取同志的态度，批评、教育、帮助、挽救的态度，对修正主义者则采取坚决反对的态度，要对他们进行斗争。如果他们不肯改正错误，同党对抗，就应该把他们清除出党，以保卫党的纯洁。②

---

① 《刘少奇年谱》下卷，中央文献出版社 1996 年版，第 450—451 页。
② 同上书，第 451 页。

此外，刘少奇还应一些国外共产党的要求，就其发展中的一些重大问题提出自己的意见。比如，1958 年日共七大召开后，应日共总书记宫本显治的要求，刘少奇就日共七大的路线纲领提出自己的看法，主张日共把路线的中心放到和平和团结上：

> 中心的口号就是独立。要独立就要脱离美国，美国把日本捆在战车上，因此要反美，就是要和平。如果日本要独立，势必联合苏联、中国及其他国家，不然就无法反美。要反美就要讲民主，不然反美是办不到的。因此，基本问题是反美、独立。这和投降美国、联合美国、复活军国主义与实行帝国主义路线相对立。
>
> 日本国内提出团结口号，最得人心。社会党不合作没有道理。我们主张一切主张独立、和平、民主的团结起来，旗帜比它更好，不要共产党，它将来会丧失人心，不要怕，要团结它。党的工作很有成绩，党内外都提出团结，对社会党也有一定的批判。党坚决为独立、和平、民主而奋斗。代表大会开得很好，党的领导机构也很好。党提出统一行动，反对"警察法"斗争都很正确。你们的工作很好。①

对中国基本政策的介绍，也是刘少奇在与国外政党交往中经常谈论的一个重要问题。1957 年 12 月 20 日，在会见加拿大劳工进步党代表团的谈话中，刘少奇向他们介绍了中共领导下的多党合作与政治协商制度的政治内涵：

> 现在我国民主党派的作用是为社会主义服务，而不是反对社会主义的。它们是赞成社会主义的政党，它们已成为为社会主义服务，促进社会主义前进，为社会主义建设服务的政党。既然它们是这样性质的政党，那么，没有理由不长期共存了。
>
> 在中国，政权在共产党和工人阶级手中，我们制定建设社会主义的计划，我们要监督民主党派为社会主义服务，监督它走社会主

---

① 《刘少奇、周恩来等国家领导人与日本共产党总书记宫本显治的会谈记录及其摘要》(1959 年 2 月 24 日—1959 年 3 月 2 日)，中国外交部档案：105 - 00667 - 02 (1)，第 5、8 页。

义道路。这是问题的实质。当然，民主党派也可以对共产党进行监督，对共产党人提出批评和建议，指出我们工作上的缺点。①

1959 年 2 月，在与印度共产党代表团的谈话中，刘少奇针对土地改革以及工业和农业的发展关系问题指出：

> 土地分散不会降低生产力，而且会提高。因为种地的还是农民，但由于他们分得了土地，他们会经营得更好些，对于机械化生产的机器，土地改革时不能分，否则会降低生产力。当时我们国家的资本主义农场极少，这种农场有进步的生产方法，产量高。
> 建设社会主义农业很需要高度机械化、电气化，但现在不能搞得很快，因为我们国家的钢铁不够，只有钢铁多了以后，才能机械化、电气化。这是必须做的事情。②

政党外交是服务于国家外交的。在新中国建立后国家外交战略的多次变化中，中共政党外交也跟着发生变化，特别是进入 20 世纪 60 年代后，随着中国外交的意识形态化和革命化，中共政党外交的范围和内容也不断缩小，几乎与西方社会党和资产阶级政党没有往来③。在与非执政的共产党和工人党的交往中，贯穿在刘少奇思想和活动中的一个基本原则是：通过介绍中国革命的经验以及中国社会主义建设中的基本问题，促进了国外政党对于中国历史和现状、对于中共政策的了解，从而也在客观上推进了世界对中国的了解。

此外，在这一时期刘少奇政党外交思想中，一个非常重要的观点就是提出非执政的共产党和工人党不要围绕着社会主义国家的政策来提出

---

① 《刘少奇年谱》下卷，中央文献出版社 1996 年版，第 411 页。

② 同上书，第 449 页。

③ 其实，这一时期中共也试图与社会党发展正常的政党外交关系。1957 年 11 月 10 日，《莫斯科宣言》签订后，中共为苏共提交的不同意见声明指出："社会党不是社会主义的政党，除了个别的左翼以外，它们是为资产阶级服务的，为资本主义服务的政党，是资产阶级政党的变形。"但是，"加强对社会党的工作，争取同社会党的左派和中间派建立统一战线，是很重要的"。（《中国共产党代表团关于和平过渡问题的意见提纲》，参见齐世荣编《当代世界史资料》第一分册，北京师范学院出版社 1990 年版，第 313 页），但是，由于各种原因，改革开放前中共并没有能够与社会党建立起正常的党际交往。

自己的政策和主张。刘少奇指出，一些国家的外交政策，可以给兄弟党造成一些顺利条件，也可能造成一些困难条件，不要根据它的政策去制定自己的政策。社会主义国家的外交政策即使是正确的，也不能作为另一个党的政策①。这一思想的实质在于希望各国共产党和工人党能够独立自主地运用马克思主义来解决本国革命和建设过程中遇到的问题，而不是依靠"一个中心"或"一个模式"。

1949—1966 年这一时期，刘少奇对政党外交的思考和实践是中国共产党把马克思主义党际关系学说与中国共产党的实际相结合的重要探索，贯穿着坚持无产阶级国际主义、坚持独立自主与平等相待、坚持与国际主义相统一的爱国主义等马克思主义政党交往学说的三项基本原则，也为后来改革开放后系统提出政党外交的四项原则即"在马克思主义基础上，按独立自主、完全平等、互相尊重、互不干涉内部事务的原则，发展我党同各国共产党和其他工人阶级政党的关系"②，提供了重要的理论和实践基础。

---

① 戴秉国：《刘少奇的党际关系思想和实践》，《光明日报》1999 年 1 月 15 日。
② 《十二大以来重要文献选编》上，人民出版社 1986 年版，第 45 页。

第七章

刘少奇外交思想的历史特点和时代价值

刘少奇的外交思想与实践，是整个刘少奇思想和实践的重要组成部分，是新中国成立后中国共产党把马克思主义与中国社会主义建设实际相结合的具体体现，是中国共产党领导中国人民探索社会主义建设和发展道路的具体体现，是中国共产党统筹国际发展和国内发展的具体体现，在中国共产党思想史和政治史上具有重要的历史意义和现实价值。

第一节　刘少奇外交思想的历史特点

1961 年刘少奇在纪念中国共产党成立 40 周年大会上的讲话中说："我们在国际关系中的基本方针是：发展同苏联和各社会主义兄弟国家的友好互助合作关系；在五项原则的基础上，争取和社会制度不同的国家和平共处、反对帝国主义的侵略政策和战争政策；支援各国被压迫人民和被压迫民族反对帝国主义和殖民主义的革命斗争。这就是我们的对外政策的总路线。"[①] 从本书前面从对国际政治和新中国和平外交的理论思考、中苏同盟关系、新中国周边外交以及中国共产党党际外交等层面对刘少奇外交思想的具体研究来看，刘少奇关于中国外交的理论和实践鲜明地体现出了他所阐述的这条"对外政策的总路线"。就 1949—1966 年这一时期而言，刘少奇在复杂国际政治环境下展现出来的外交思想具有以下五个方面的历史特点。

---

① 刘少奇：《在庆祝中国共产党成立四十周年大会上的讲话》，人民出版社 1961 年版，第 16 页。

一、刘少奇对新中国外交的思考和实践基本上是在"两个阵营论"的基础上展开的

从整个世界发展的时代背景来看，1949—1966 年这一时期是第二次世界大战后世界政治发展中的冷战全盛时期。"阵营论"，即把世界政治力量划分为以苏联为首的社会主义阵营和以美国为首的帝国主义阵营这两个对立的阵营，是冷战在国际政治思维和观念上的一种特定反映。自从 1947 年 9 月欧洲九国共产党和工人党情报局在成立时提出"两个阵营论"以来，可以说，把社会主义与帝国主义的矛盾和斗争视为世界政治发展的主线和核心的这一理论，整整支配了社会主义国家和共产党国际政治观的一个时代。客观地说，"两个阵营论"从最初提出到 20 世纪 70 年代之前，总体上说是比较准确地抓住了当时国际政治发展中的核心问题，对于巩固东欧国家以及新中国的人民民主政权，对于推动现实社会主义国家的国际联合，对于保卫世界和平事业起了非常重要的理论指导意义。不管时代条件如何变化，"两个阵营论"在当时条件下所起到的这一作用，客观上是无法否认的。在"两个阵营论"的基础上，新中国成立初期确立起了"一边倒"的外交方针，即新中国倒向以苏联为首的社会主义阵营。1950 年 4 月，毛泽东在中央人民政府委员会第六次会议上的讲话中，在评价刚刚签订的标志着新中国加入了以苏联为首的社会主义阵营的《中苏友好同盟互助条约》时说，这一条约的订立意味着"帝国主义者如果准备打我们的时候，我们就请好了一个帮手。这个条约是一个爱国主义的条约"[1]。这是对《中苏友好同盟互助条约》意义的积极肯定，同时在更深层次上也是对作为新中国"一边倒"外交理论基础的"两个阵营论"意义的积极肯定。

从 1948 年发表《论国际主义与民族主义》这一理论著作开始，刘少奇就是"两个阵营论"的积极宣传者、阐述者和实践者。从新中国成立后刘少奇的外交思想和实践来看，"两个阵营论"是刘少奇对国际政治和中国外交理论思考最重要的理论基础。无论是在刘少奇对国际政治和中国外交一般性的理论思考，还是在他对中苏同盟关系、对周边国

---

[1]　《毛泽东外交文选》，中央文献出版社、世界知识出版社 1994 年版，第 132 页。

家外交以及对中国共产党党际关系的具体认识中，人们都可以比较清晰地看到"两个阵营论"的逻辑和观念。也可以说，刘少奇外交思想和实践的着眼点始终是巩固和发展世界社会主义阵营、团结民族主义力量、反对和削弱帝国主义阵营。虽然在新中国早期发展的不同阶段上，这一逻辑和观念的具体表现程度不同，但整个来说并没有离开过这个基点。这是刘少奇个人的思想特点，也是整整一个时代中国共产党外交思想和外交战略的一个基本特点。

二、刘少奇的外交思想是从"两个阵营论"向"三个世界划分"思想转变的过渡性理论形态

从新中国成立到 20 世纪 70 年代，中国共产党外交思想和外交战略最大的转变就是完成了从"两个阵营"向"三个世界划分"的转变。20 世纪 70 年代后，国际政治出现的一些新的变化已经无法用"两个阵营论"的理论来进行解释了，同时中国所面临的国家安全形势，特别是苏联对中国安全的威胁，更是无法用"两个阵营论"来进行解释。因此，国际政治的发展和中国国家安全面临的新形势和新情况迫切需要用一种新的理论来加强解释和阐述。正是基于这一现实基础，毛泽东在 20 世纪 70 年代提出了著名的"三个世界划分"的思想。1974 年 2 月毛泽东在同赞比亚总统卡翁达的谈话中指出："我看美国、苏联是第一世界。中间派、日本、欧洲、澳大利亚、加拿大，是第二世界。咱们是第三世界。""亚洲除了日本，都是第三世界。整个非洲都是第三世界，拉丁美洲也是第三世界。"① "三个世界划分"的思想是中国共产党国际政治理论的重大变化，是对"两个阵营论"的重大突破。"作为分析由美苏两极格局向新的世界格局发展演变中的国际战略理论，毛泽东关于'三个世界划分'的理论尽管不可避免地带有时代和历史发展的局限性，但是为中国外交顺利进入改革开放新时期铺平了道路。"②

从"两个阵营论"向"三个世界划分"思想的转变过程来看，这一时期刘少奇的外交思想具有明显的过渡性特点。

---

① 《毛泽东外交文选》，中央文献出版社、世界知识出版社 1994 年版，第 600、601 页。
② 李捷：《正确理解"三个世界划分"理论的历史内涵》，《中国社会科学报》2012 年 2 月 29 日。

如前所述，刘少奇是"两个阵营论"积极的宣传者、阐述者和实践者，但从刘少奇对新中国外交的具体思考和实践来看，他对"两个阵营论"的理解并不是僵化不变的，而是不断根据国际环境的变化而变化，已经包含着突破"两个阵营论"的思想因素。比如，在对世界政治发展主题的判断上，依据"两个阵营论"，在社会主义与帝国主义尖锐对抗的时代条件下，世界政治的主题无疑是革命与战争的问题。新中国成立初期，刘少奇确实是持这一认识的，但在朝鲜战争之后，刘少奇开始敏锐地抓住和平的时代趋势，逐渐开始提升和平在世界政治发展中的意义，即便是在20世纪60年代中国外交重新高扬"世界革命"的条件下，刘少奇其实也没有改变对和平发展的认识。1963年4月，刘少奇在一次谈话中批评了把帝国主义之间的矛盾作为国际政治的一个突出矛盾的认识，指出："现在，帝国主义国家不打帝国主义国家，只搞冷战，所以这个矛盾不突出。"① 1963年10月，他在一次讲话中则说："日本人有日本人的风尚，它受压迫，要奋斗，大概是明治维新以后养成的，有那末一股干劲，发奋图强的风气。德国过去也是受欺侮，以后才有那股干劲，铁血宰相俾士麦提倡的。当然，他们是资产阶级的，但是全民族的。"② 这些认识表明，刘少奇并没有简单地排斥西方资产阶级和西方国家，相反却包含着对西方资本主义国家发展经验的积极肯定。刘少奇的这一认识尽管还不稳定、不系统，但这一认识在当时的条件下是相当"解放"的，其中的逻辑与毛泽东后来提出的"三个世界划分"的逻辑基本上是一致的。再比如，在对周边国家外交的认识上，20世纪60年代后，以中国自身的安全为目标，奉行与周边国家的和平睦邻政策的认识已经取代了新中国成立初期的"亚洲革命"的思想。如果说，"三个世界划分"思想是以中国安全为目标重新认识和划分世界政治力量形成的新理论，表明毛泽东"已基本放弃了以社会制度、意识形态为标准处理国家关系的旧模式，开始逐步把中国的对外事务纳入正轨"③，

---

① 中国科学院革命历史研究所、近代革命史研究所：《刘少奇言论汇编》，1967年版，第144页。

② 同上。

③ 李丹慧：《毛泽东"三个世界划分"战略和策略思想的历史考察》，《世界历史》1994年第1期。

那么在刘少奇 20 世纪 60 年代后对周边国家外交的思考和认识中同样也包含着这一逻辑。

1969 年刘少奇蒙冤去世后，并没有能够看到"三个世界划分"思想的提出，但是思想史的联系却是无法中断的。从这个意义上完全可以说，刘少奇的外交思想和实践是新中国成立后中国共产党从"两个阵营论"走向"三个世界划分"思想的过渡性理论形态，一方面，它还带有"两个阵营论"的特点；另一方面，它又不断呈现出一些新的认识特点。这两个方面形成的过渡性特点，其实正是包含于刘少奇外交思想中的意识形态和现实主义这两个因素在理论形式上的体现。

三、刘少奇的外交思想具有较明显的意识形态特点

意识形态是影响一个国家外交的重要因素。对于高度重视意识形态的社会主义国家来说，意识形态的影响更大。"中国共产党的意识形态体现在外交决策的开始、政策选择、政策执行和政策评价的全部过程。"[1] 在 1949—1966 年期间，中国的外交承载了沉重的意识形态功能。具体地说，中国外交中的意识形态集中体现于中国在世界政治中所坚持的无产阶级国际主义。这主要包含两个方面的内容：团结世界社会主义力量，反对世界资本主义和帝国主义；以对外经济援助、甚至是以如援越抗美那样的军事援助方式，坚决支持民族主义和民族民主革命。当外交中融入过多的意识形态功能后，就使中国虽然提出并坚持和平共处，但却没有能够把和平共处上升到外交总原则的高度。1963 年六评苏共中央的公开信《两种根本对立的和平共处政策》指出：

> 社会主义国家对外政策的最根本的原则是什么呢？这就是无产阶级国际主义的原则。
>
> 因此，在我们看来，社会主义国家对外政策的总路线应当包括下列内容：在无产阶级国际主义的原则下，发展社会主义阵营各国之间的友好互助合作关系；在五项原则的基础上，争取和社会制度不同的国家和平共处，反对帝国主义的侵略政策和战争政策；支援

---

① 齐建华：《影响中国外交的五大因素》，中央编译出版社 2010 年版，第 107 页。

一切被压迫人民和被压迫民族的革命斗争。这三项内容是互相联系的，缺一不可的。①

这一点，在刘少奇的外交思想和实践中也有比较明显的体现。无论是从新中国成立初期对于"亚洲革命"的设想，对新中国援越抗法的指导，还是从对中苏两党两国战略同盟巩固的积极推动，都能够看到刘少奇外交思想中的以无产阶级国际主义为主旨的意识形态因素。也正是在这个意义上，刘少奇把中国作为社会主义的中坚力量与西方资本主义国家尖锐地对立起来：

> 我们所做的事，凡是遭到帝国主义强烈反对的，我们都高兴。因为这正好说明我们做对了。凡是帝国主义感到高兴的，我们就要考虑考虑，我们是不是犯了错误。在中国，不仅是领导人这样看问题，广大人民也这样看问题。②

这鲜明地体现出刘少奇外交思想和整个中国外交战略的强烈意识形态特点和强烈的政治倾向性，以及意识形态利益在中国外交中所占有的重要地位。不过需要指出的是，反思新中国早期发展中外交所承担的过多意识形态功能，与外交和意识形态的一般关系并不是一回事。也就是说，不存在完全超越意识形态的纯粹的外交。如果说资产阶级要按照自己的面貌创造一个世界的话，那么无产阶级也将要按照自己的面貌创造一个世界。外交与意识形态是具有内在关联性的。因此，反思外交承担的过多意识形态和政治任务，并不是反对外交中的意识形态本身。刘少奇是伟大的马克思主义者，他在认识和重视外交意识形态性的同时，也非常关注国家现实利益。不过，在当时的情况下，前者要显得更为突出一些。

---

① 《建国以来重要文献选编》第 17 册，中央文献出版社 1997 年版，第 547 页。
② 《刘主席会见锡兰驻华大使佩雷拉谈话记录》（1961 年 8 月 13 日），中国外交部档案，105 - 01778 - 02，第 6 页。这一点与前面分析的刘少奇外交思想的过渡性特点并不矛盾，相反，它更好地、客观地说明了这一时期刘少奇外交思想的过渡性特点。

四、刘少奇的外交思想又具有较强劲的"现实主义"[①]特点

虽然在这一时期刘少奇的外交思想和实践带有较明显的意识形态特点，但单一的意识形态因素本身并不能决定一个国家和执政党的外交，同样，单一的意识形态因素也不能够解释像刘少奇这样的重要理论家和政治家的外交思想。

就从新中国成立到改革开放之前这一时期中国外交走向的整体性而言，其实体现出来的是执政的中国共产党在意识形态利益的基础上不断提升现实主义因素的过程。"意识形态作为一种政治文化目标，与现实政策作为一种追求实际利益的方式和手段之间，毕竟存在着明显的区别。把两者混淆起来，或者在政策考虑中过多地加入意识形态的因素，势必会造成政策功能的紊乱。"[②] 正是这种功能上的紊乱，使得这一时期中国共产党的外交理论与实践又呈现出较强劲的现实主义特点，即立足于中国国家民族利益来认识世界和定位中国的外交政策。关于这一点，美国在关于 1961 年中国外交的一份评估报告中说："北平的对外政策受共产党人的目标和中国国家利益的影响。通常，并不总是两者指向一致，也有可能是中共领导者没有意识到这两者之间还会存在冲突。他们可能坚信，对共产党中国有益的必然也对世界共产主义运动有益。"虽然中国外交的意识形态因素具有很强的显示度，但"中国人的国家利

---

① 本书此处所讲的现实主义，主要是指刘少奇在非意识形态层面上对国家民族利益的关注以及对于认识和处理与西方国家关系的务实性思考，这与当代国际政治中的现实主义理论流派所讲的"现实主义"不同。现实主义理论流派是与理想主义流派相对立的，认为国际政治和国际关系中的一切问题归根到底都是权力问题，不同形式的争取权力的斗争，必然使国家间充满竞争、冲突和战争，这一理论崇尚弱肉强食、适者生存的丛林法则，否认任何正义、道路和原则（参见张仲云、林德山、赵绪生《马克思主义国际政治理论发展史研究》，重庆出版社 2011 年版，第 15 页）。这样的现实主义"既不同于马克思主义，也异于自由主义，因为现实主义者假定国家利益应该而且在大多数情况下确实主导着阶级利益；而且假定国家利益应该而且能够与个体权利相区别"。（白云真、李开盛《国际关系理论流派概论》，浙江人民出版社 2009 年版，第 109 页。）

② 杨奎松：《新中国从援越抗法到争取印度支那和平解放的政策转变》，《中国社会科学》2001 年第 1 期。

益仍然具有相当分量，即便在那些需要暂时牺牲共产主义目标的情况下"①。在这一报告中，关于中国外交中的政治意识形态和国家利益关系的分析还是比较中肯的。但是，中国外交中以国家利益为基点的现实主义，并不是无意识和不自觉的。无论是在毛泽东、周恩来还是刘少奇的外交思想中，这一点表现得都是非常清楚的，而且是越来越强劲有力。

1959 年 9 月 22 日，刘少奇在接见丹麦驻华大使巴特森时说：

> 各国的政治制度、社会制度可以不同——我们的制度和你们的不同——但还是可以做朋友的，只要互不干涉对方内政、维护和平，维护世界和平，我们的制度要由中国人民来选择，如果不好，人民会反对，我们也不会坚持。②

1964 年 5 月 31 日，刘少奇在会见法国首任驻华大使吕西恩·佩耶时指出：

> 我们欣赏戴高乐总统在国际上执行独立的政策。我们两国政治和经济制度是不同的，但这并不妨碍我们两国和两国人民之间发展友好的关系。我们在国际上有很大一部分是执行与你们相似的政策——独立的政策，不听别人指挥。③

虽然可以从构建国际统一战线的过程中分化像丹麦、法国这样的中间派力量的角度来理解刘少奇的上述认识，但在这一认识中却仍然体现着超越了意识形态利益后对民族利益和国家安全的考虑。不仅是与西方发达国家的关系，在刘少奇关于中国周边外交的思考和实践中同样能够看出在事关中国安全的战略地带中国外交的现实主义。

---

① 沈志华、杨奎松：《美国对华情报解密档案（1948—1976）》三，东方出版中心 2009 年版，第 471 页。

② 《刘少奇主席接见丹麦驻华大使巴特森谈话记录》（1959 年 9 月 22 日），中国外交部档案，110 - 00352 - 03，第 5 页。

③ 《刘少奇年谱》下卷，中央文献出版社 1996 年版，第 592 页。

此外，从这一时期刘少奇对中国外交总目标的论述来看也能够看出其中的现实主义特点。如果从意识形态的层面来看，中国承担着世界革命的任务，那么中国外交的最后任务则在于反对帝国主义，实现世界革命。但从现实主义的层面来看，中国外交的任务则在于以自身的民族利益和国家安全为目标，争取并不断保卫世界和平。1960 年 7 月 2 日，刘少奇在接见匈牙利社会主义工人党代表团谈话时说：

> 不进行斗争，不反对帝国主义就不可能造成使帝国主义难以发动战争的条件，我们应该有决心造成一种情况使帝国主义知道，如果它要挑起战争，我们就会消灭帝国主义和资本主义。我们不能乞求和平，越乞求和平就越得不到和平，就会越有战争的危险。和平是斗争的结果，目前看来世界大战还打不起来，因为美国人自己还有困难，他一向不愿意自己打仗，而要让西德和日本去替他们打仗。现在美国人的火箭武器还落后于苏联，西德和日本还没有武装起来，因此看来五年内还打不起来世界大战来。将来西德和日本武装起来以后，能打仗了，也不知道他们是不是会打苏联和中国。①

从刘少奇对和平与战争的这一论述看来，中国外交的任务在于争取和平，而不是反对帝国主义和推动世界革命，这正是对中国外交现实主义精神的鲜明体现。"五年内还打不起来世界大战"的这一观点，在当时的历史和认识条件下，是一个非常具有前瞻性的认识。总体上看，这一时期刘少奇外交思想中的这种现实性主要体现为三个方面，一是将争取世界和平置于中国外交任务的首位来加以强调，二是不断扩大对和平共处的理解，主张"一切社会制度不同国家都应本着五项原则实行和平共处，进行和平竞赛"②。三是 20 世纪 50 年代后刘少奇的外交思想中已经开始蕴含着重新认识资本主义与社会主义两个主义的关系、重新认识中国与西方国家的关系的思想性因素，这一点应该说是更为重要的。

---

① 《刘少奇同志接见匈牙利社会主义工人党工作人员代表团谈话记录》（1960 年 7 月 2 日），中国外交部档案，102 - 00036 - 12（1）。

② 中国科学院革命历史研究所、近代革命史研究所：《刘少奇言论汇编》，1967 年版，第 137 页。

从 1949 到 1966 年新中国外交史发展的总体态势来看，意识形态因素和现实主义因素这二者有些时候是一致的、重合的，有些时候又充满着矛盾，有时是意识形态占主要作用，有时是国家利益占主要作用①。一旦中国安全利益问题比较突出，中国外交就能够超越意识形态的束缚而具有比较鲜明的现实主义特点；相反，意识形态的特点就比较鲜明。就刘少奇对中国外交的思考和实践而言，一个总的趋势则是他试图不断致力于平衡这一矛盾或冲突②，从本书前面的研究来看，这一点非常突出地表现在刘少奇在中苏论战期间对于中苏两党两国关系的认识上。但在改革开放以前，无论是刘少奇个人还是整个中国共产党，都没有能够走出这一内在的矛盾和冲突。

五、刘少奇的外交思想与同一时期毛泽东的外交思想在总体演进上是一致的，但在某些重大问题上，刘少奇则具有自己独特的创造性认识

"文化大革命"之前，中共中央外交决策中的"毛泽东—刘少奇—周恩来"体制是一个权力高度集中的体制。在这一体制中，毛泽东处于最核心的地位，中国的外交战略和外交政策是由毛泽东来掌舵的，因此毛泽东的个人特点和行为特征也成为这一体制最为突出的特点和特征。从 1949 年到 1966 年刘少奇外交思想的发展来看，它与毛泽东的外交思想在整体上是一致的，或者说，刘少奇是在毛泽东外交思想的理论框架内来形成自己的外交思想和实践的。刘少奇外交思想与毛泽东外交思想的这种一致性，不仅仅体现在对某些具体的国际问题和外交政策的认识上，更为重要的是，毛泽东关于时代发展、关于中国国际政治战略的定位（在 1949 年到 1966 年主要是从"一边倒"战略到两个"中间地带"思想），为刘少奇外交思想的形成提供了直接的理论基础，而毛

---

① 参见杨洁勉等《中国共产党和中国特色外交理论与实践》，东方出版中心 2011 年版，第 109—110 页。

② 这其实是观察新中国外交史的一个非常重要的视角。有学者指出："如果仅从现实主义的国家利益、国家实力角度或制度派主张的政治体制或法律规范的角度把握政治和外交决策显然是不够的，而仅仅从心理认知角度分析党的领袖个人作用出发，把握中国外交决策也往往会以偏概全。"（参见齐建华《影响中国外交的五大因素》，中央编译出版社 2010 年版，第 112 页）。这也表明，意识形态与现实主义的结合或平衡应该是贯穿于中国外交史的一个重要线索。

泽东运用国内革命战争时期统一战线的经验来观察和认识世界政治的方法，在刘少奇的外交思想和实践中同样具有方法论的意义。

但是，刘少奇外交思想与毛泽东外交思想的一致性，并不是说刘少奇对毛泽东是亦步亦趋，相反，在对许多重大问题的认识上，刘少奇具有自己独特的创造性认识。刘少奇外交思想中的这种创造性，主要体现在以下两个层面：

第一、在实践毛泽东国际政治战略和外交思想的过程中，刘少奇进行了充分发挥并提出许多重大的创造性认识。

比如，"一边倒"战略，是新中国成立前夕毛泽东提出的关于新中国外交的总体战略，而刘少奇1949年秘密访问莫斯科，对于毛泽东在新中国成立后访问苏联以及实现新中国向以苏联为首的社会主义阵营"一边倒"奠定了重要的政治基础。在访问莫斯科期间，在"两个阵营论"和"一边倒"的理论和政治框架下刘少奇的许多认识显然是具有独创性的。在1949年7月4日写给联共（布）中央和斯大林的报告中，刘少奇在解释中国共产党的人民民主专政理论时说，中国的"人民民主专政不是资产阶级专政，也不是无产阶级专政"。关于新中国成立后中国社会发展的矛盾，刘少奇也没有简单地按照"两个阵营论"的逻辑，把资本主义与社会主义的矛盾作为中国社会的主要矛盾，而是认为这一矛盾"在一个相当长的时期内，将仍然处于次要的服从的地位"①。20世纪50年代初期，刘少奇对越援助的思想和实践，则是对毛泽东关于援助越南抗法斗争思想在理论上和实践上的充分发挥。对于刘少奇在外交方面的这种能力，毛泽东完全是持肯定态度的。1950年1月，胡乔木致电正在访问苏联的毛泽东，询问关于对共产党情报局机关刊物《争取持久和平，争取人民民主》发表的批评日本共产党的文章的意见和指示，毛泽东在回电中说："由少奇同志看过即可发表。我党应当发表意见，支持情报局刊物对冈野进（日本共产党总书记——引者注）的批评，而对于日共政治局未能接受此批评表示惋惜，希望日共采取适当步骤纠正冈野进错误。"②毛泽东的这一回电充分表明了他对于刘少奇代

①《建国以来刘少奇文稿》第1册，中央文献出版社2005年版，第6、7页。
②《建国以来毛泽东文稿》第1册，中央文献出版社1987年版，第237页。

表中国共产党对外活动能力的高度认可，也是对刘少奇在外交活动中创造性能力的高度认可。

不过，在某些具体的问题上，毛泽东与刘少奇的意见也有不完全一致的时候。比如，在1960年的莫斯科会议上，对于如何在《莫斯科宣言》起草过程中处理中苏两党对于社会主义国家和共产党之间关系的认识分歧这一问题，当时作为中共代表团团长的刘少奇在代表团会议上提出，在苏共拒绝去掉中共无法接受的观点的情况下，中共准备接受最后宣言并发表一份解释性声明，以此来处理中苏两党的认识分歧。而毛泽东的主张则是，中共代表团应该为去掉宣言草案中使中共无法接受的内容而斗争，只要不破裂中苏两党关系即可①。如同本书第7章第3节所分析的，最后的处理方式则是刘少奇根据会议谈判的实际情况，迫使苏共在宣言中删除了反对所谓分裂主义的条文，而对于其他中共无法接受的内容，刘少奇则在签署这一宣言时发表了保留性意见，这类似于1957年莫斯科会议发表的声明的处理方式。1960年莫斯科宣言中的中苏分歧性问题，最终是以折中了毛泽东和刘少奇的两种意见的方式得到处理的。从中不难看出，刘少奇在重大外交活动中根据具体的情况创造性地开展工作的意识和能力。

第二、刘少奇不仅在理论和实践方面丰富和发展了毛泽东的外交思想，更为重要的是，在毛泽东对国际政治和中国外交的谋划出现误判的情况下，刘少奇试图尽可能地对毛泽东的误判在认识上进行纠正。这一点特别明显地体现在20世纪60年代中国外交史上著名的所谓"三和一少"的问题上。

20世纪60年代初期，在"大跃进"战略失败后，如何调整国内发展战略并调整中国与外部世界的关系成为一个迫切的问题。在这一背景下，1961年初"七千人大会"结束后，担任中共中央对外联络部部长的王稼祥联系国内发展的实际问题，对中国的对外战略和外交政策进行了深刻的思考，先后撰写了和主持起草了《关于我国人民团体在国际会议上对某些国际问题的公开提法》、《关于支持别国反帝斗争、民族独

① ［英］罗德里克·麦克法夸尔：《文化大革命的起源》（二），《文化大革命的起源》翻译组译，河北人民出版社1989年版，第400—401页。

立运动和人民革命——实事求是，量力而行》、《关于如何处理对外活动中的失言与失算问题》等。在这些文件中，王稼祥的一个基本主张就是在面临巨大国内困难的情况下，在国际斗争中不应该绷得过于紧张。在此基础上，王稼祥提出了许多关于当时中国外交政策转型的问题：在关于中国外交基本政策的问题上，王稼祥提出，中国在外交方面应该牢牢确定和平外交的基点，不要再过多地强调战争的不可避免性，"不要说社会主义阵营同帝国主义阵营的根本矛盾必然导致发生世界战争。不要说必须在消灭美帝国主义以后，第三次世界大战才能避免"①。只有充分强调和平，才能使中国摆脱"好战"的国际形象。关于社会主义与资本主义的关系，王稼祥主张两个制度应该和平共处，不能"把社会主义力量夸大为可以决定一切，把帝国主义说成已经听凭我们安排"。"那种认为，'在帝国主义存在的条件下，不可能有和平共处'；'必须打倒帝国主义，才能有和平共处'；'必须彻底消灭帝国主义和殖民主义，才能实现和平共处和世界和平'等等说法，是错误的。"②

此外，王稼祥还在给中央的信中批评了我国外交中不善于妥协的做法：

> 国与国之间关系的发展好像有这样的情况，当两国之间有争议时，互不相让，一方攻一下，于是一方再反击，如此循环下去，争议愈闹愈大，关系愈弄愈紧张，一直可以完全破裂。但是，假如一方松动一下，逼得对方也不得不松动，假如对方不松动就会被动，这样争议又可以缩小，友好关系又可能逐步争取恢复。
>
> 看来，有进、有退、有攻、有守、有争、有让、有拖、有解，好像这些都是对外斗争中必不可少的手法。是不是这样？③

关于对民族解放运动，王稼祥提出两个重要的基本主张，一是不要

---

① 《王稼祥选集》，人民出版社1989年版，第450页。

② 同上书，第449、454—455页。

③ 《王稼祥、刘宁一、伍修全给周恩来、邓小平、陈毅的信》（1961年2月17日），转引自《王稼祥传》，当代中国出版社2006年版，第369—370页。该信至今尚没有公开。

离开和平的目标与和平运动来认识民族解放运动，更"不要把民族解放运动讲得超过了和平运动"①。二是根据国内经济情况，王稼祥提出在对外援助中应该实事求是，量力而行，"特别是在我国目前处在非常时期的条件下，更要谨慎从事，不要说过头，做过头，不要过分突出，不要乱开支票，开出的支票要留有余地，不要满打满算。"②

上述王稼祥关于中国外交中一系列问题的新认识，其实是在"大跃进"失败后的特殊环境下对外交领域中的反帝反修、四面出击等一些"左"的国际政治观念和外交政策的批评，也是中国外交转型的一次尝试。但这次尝试没有成功，后来被毛泽东概括为"三和一少"，即对帝国主义要和，对修正主义要和，对印度和各国反动派要和，对支持民族解放运动要少③。历史已经证明，所谓"三和一少"，其实是对国际政治和中国外交的一个正确认识，在中国共产党外交思想史上具有十分重要的意义。

"三和一少"虽然是王稼祥提出并明确阐述的，但是这其实并非仅仅是其一个人的认识。王稼祥这些主张的形成，与刘少奇有重要的关联。根据《王稼祥传》编写组援引的时任中联部副部长王力的材料，王稼祥在动笔撰写上述建议和文件前接受了王力的建议："我建议稼祥同志先向少奇同志深谈一次，然后再作道理。稼祥同志和少奇同志长谈后，才找我和李启新同志起草一封给总理、小平和陈毅同志的信。"④ 虽然目前还没有直接的文献说明"稼祥同志和少奇同志长谈"的具体内容，但这个材料至少表明，刘少奇是支持王稼祥的这些认识和主张的。如果联系"七千人大会"前后刘少奇对国际政治和中

---

①　《王稼祥选集》，人民出版社 1989 年版，第 458 页。

②　同上书，第 445 页。

③　"三和一少"的讲法最初是在 1962 年 9 月中共八届十中全会上华东组的讨论发言中提出来的，毛泽东在对华东组简报的批示中说："可看，很好。"（《建国以来毛泽东文稿》第 10 册，中央文献出版社 1996 年版，第 188—189 页）。1963 年和 1964 年毛泽东本人在接见国外共产党领导人时，多次提到修正主义的国际纲领就是"三和一少"。参见朱良《无私无畏追求真理的王稼祥》，《炎黄春秋》2006 年第 8 期。

④　《王稼祥传》，当代中国出版社 2006 年版，第 364—365 页。著名刘少奇研究专家黄峥认为，对于王稼祥的这些想法和主张，刘少奇"事先并不知道"（黄峥：《刘少奇研究》，中央文献出版社 2008 年版，第 200 页）。国内许多党史和外交史的著作也认为，"三和一少"是强加给刘少奇的。但从《王稼祥传》编写组的这个材料来看，刘少奇至少是支持"三和一少"的。

国外交的思考来看，特别是如同本书前面部分所研究的 1960 年莫斯科会议期间刘少奇的认识来看，可以推断刘少奇与王稼祥的认识是具有一致性的，也就是说，王稼祥的认识中也包含着刘少奇对中国外交的新思考和新认识。也正是在这个意义上说，"三和一少"也可以被看作是刘少奇对被毛泽东误判的国际政治形势和中国外交在认识上的纠正。

第二节　刘少奇的时代主题观与中国共产党对中国和世界关系的认识

马克思恩格斯曾指出，无产阶级及其共产主义事业，只有在世界历史上才能存在。这一观点深刻表明了社会主义和共产主义事业的世界历史特征。中国是在一个落后的社会经济基础上进入社会主义并建设社会主义的，但这绝不是说，中国可以在一个被马克思所批判的"地域性"的基础上搞社会主义。因此，对于中国这样的落后的东方国家，在建立起了社会主义基本制度后，如何正确地认识和把握中国和世界的关系，关系到执政的中国共产党如何判断时代发展的走向，如何判断自身的时代方位，关系到中国共产党如何确定中国自身的社会主义发展战略和发展道路。

中国共产党对中国和世界关系的认识，实质上也是一个对世界政治发展和时代主题的认识。新中国成立以来，从主导性的观念形态来看，中国共产党对世界政治和时代主题的认识经历了从革命与战争向和平与发展的变迁过程，这一过程是中国共产党领导中国人民不断重新认识世界、走向世界和立足于中国自身的历史境遇认识和把握中国与世界的关系的过程，也是中国共产党从对外部世界的刚性单一认识向富有弹性的多样性认识转变的过程。其中，最关键的问题就是如何认识和平、能否把和平作为时代发展的主题这一问题。刘少奇外交思想的一个重要价值，就是在当时的历史条件下，已经包含着把和平作为时代判断的重要认识，从而也意味着对中国与世界关系的重构。

具体地说，刘少奇外交思想在中国共产党对中国与世界关系的认识中的意义，主要集中于以下两个方面：

一、非常突出强调了和平的重要性以及和平作为中国外交基点的根本性

从新中国成立后的历史来看，国际政治环境比较宽松的是1953年朝鲜战争停战后，特别是日内瓦会议实现印度支那停火后到1956年苏共二十大之前这一时期。在这一时期刘少奇对和平问题的认识集中体现在本书第四章所分析的刘少奇在1955年3月党的全国代表会议上的发言中。问题的关键是，不仅是在这一时期，即便是在20世纪60年代中国对世界持一种刚性认识的时期，刘少奇对和平问题的强调也没有中断。1960年7月2日，刘少奇在接见匈牙利社会主义工人党代表团谈话时说：

> 搞大建设是需要相当的条件的，打起世界大战来，这一切都谈不上了。因此我们迫切地要求和平，因为和平对我们是有利的。我们这个大方针和你们和苏联是一致的。问题在于如何去争取到这个相当长时期的和平。
>
> 我们要争取一个较长时期的和平，需要几个条件，首先是社会主义国家的力量迅速增长，是社会主义阵营的强大，其次是亚洲、非洲、拉丁美洲国家民族独立运动的广泛开展，这些国家是资本主义的后方，这些国家民族独立的开展会使帝国主义难以进攻苏联、中国等社会主义国家。第三是资本主义国家的群众运动和和平运动的发展，第四是揭露帝国主义反对和平要战争的真面貌。在这些条件下，帝国主义就可能不敢发动战争，就可能有长时期的和平。[1]

在刘少奇看来，国际政治发展中存在着战争与和平两种可能性，既有避免战争的可能性，又还存在另一种可能性，即战争的可能性，一旦爆发世界大战，我们必须要有充分的准备。中国外交的根本任务在于争取和平，避免战争。

---

[1]　《刘少奇同志接见匈牙利社会主义工人党工作人员代表团谈话记录》（1960年7月2日），中国外交部档案，102－00036－12（1），第37、52—54页。

二、高度凸显了在中国与世界关系的良性互动中认识中国社会主义建设的思维特征，即立足于国内发展观察世界、着眼于世界发展观察国内建设

1961 年 9 月 18 日，刘少奇在接受瑞典王国新任驻华大使切尔·厄贝尔递交国书时的谈话中说：

> 我们希望进一步增进与瑞典人民和政府的友好关系。事实上，我们不仅希望与瑞典人民和政府发展友好关系，而且希望与世界上其他国家的人民和政府发展友好关系。你们国家很幸运，未卷入两次世界大战。我们国家被卷入了两次世界大战，还有连续不断的国内战争，打了几十年。你们是一个发达的国家；我们虽然是一个大国，但是是一个落后的国家，原因就在这里。我们需要一个和平的国际环境，需要几十年，或几个世纪的和平，有更长期的和平，那就更好了。①

在中国国家安全形势非常紧张以及中国外交"革命化"程度非常高的时期，刘少奇非但没有放弃对世界和平发展以及中国社会主义建设需要一个稳定的世界和平环境这一思想，反而更加突出了这一点。1963 年 2 月 28 日，刘少奇在会见瑞典新任驻华大使伦纳特·佩特里时提出了中国至少需 50 年和平的重要论断：

> 我国经历了几十年的战争。战争一直没有停止过。直到我们取得政权后，内战才停下来。但是，我们刚取得政权，美国人就打到鸭绿江边，对我们威胁很大。我们不得不派志愿军把他们打回去。一打就打了三年。所以中国现在还有许多落后的东西，经济文化都还很落后，新的东西还不多。要改变这种落后的局面，需要几十年。因此我们需要有几十年的和平时间。如果世界局势紧张了，或者发生了战争，就会牵连到我们，我们的建设就要停下来，因此我

① 《刘少奇年谱》下卷，中央文献出版社 1996 年版，第 539 页。

们希望和平。这是我们真正的心里话。我们希望长时期的和平，譬如说至少五十年。①

1963 年 11 月 22 日，刘少奇在会见阿富汗内务大臣阿布杜·卡尤姆博士时进一步重申了上述认识：

> 我们要进行经济和文化建设，我们希望有一个和平的国际环境。没有一个和平的国际环境，建设是搞不成的。中国要改变经济上和文化上的落后状态需要几十年的时间，我们不愿同其他国家发生什么战争。②

对世界和平发展趋势的强调，反映了中国社会主义建设对外部稳定的国际环境的需求，也反映出中国共产党不断摆脱刚性的国际政治思维，而以一种弹性的理念来认识世界发展以及重构中国与世界的关系。"我们正在建设我们的国家，有许多事情要做。我们希望同四周邻国以及世界各国搞好关系，这对我们的建设是必要的。"③ 在刘少奇的这一认识中，一方面已经包含了把和平上升为时代主题来加以认识和把握的思想因素，从而为改革开放后党把和平与发展一起作为时代的主题这一认识的形成提供了理论基础，另一方面也包含着中国共产党开始逐渐认识到中国的建设和发展离不开世界的思想因素，标志着中国共产党对中国与世界关系的认识体系已经开始发生了重大变化，试图以现实主义的政治姿态把过度"革命化"的中国重新融入世界。

十一届三中全会后，邓小平在重新反思中国共产党对中国与世界关系认识的基础上明确地把和平作为时代发展的主题提了出来，指出："以前总是担心打仗，每年总是要说一次。现在看，担心过分了。""在较长时间内不发生大规模的世界战争是有可能的，维护世界和平是有希望的。"④ 在这一为中国特色社会主义的形成和发展奠定了重要的时代

---

① 《刘少奇年谱》下卷，中央文献出版社 1996 年版，第 572 页。
② 同上书，第 585 页。
③ 同上书，第 527—528 页。
④ 《邓小平文选》第 3 卷，人民出版社 1993 年版，第 25、127 页。

观基础的认识中，包含着对刘少奇外交思想时代价值的深刻汲取、合理继承和发展。党的十七大指出："当代中国同世界的关系发生了历史性变化，中国的前途命运日益紧密地同世界的前途命运联系在一起。"① 从一定意义上说，这一可贵的认识也是刘少奇外交思想的时代价值在当代中国的延伸和发展。

第三节　刘少奇的和平外交思想与当代 中国的和平发展道路

　　和平发展是当代中国的时代强音，也是中国对世界庄严而郑重的承诺。2011 年 6 月，胡锦涛在接受哈萨克斯坦、俄罗斯媒体书面采访时指出："坚持走和平发展道路，是中国政府和人民向国际社会作出的郑重承诺，是我们长期坚持的方针。中国将继续高举和平、发展、合作旗帜，始终坚持独立自主的和平外交政策，在和平共处五项原则的基础上同世界各国发展友好合作。倡导互信、互利、平等、协作的新安全观，奉行防御性的国防政策，不搞军备竞赛，不对任何国家构成军事威胁，坚持用和平方式解决国际争端和地区热点问题，反对任意使用武力或以武力相威胁。中国永远不称霸，永远不搞扩张。"② 在纪念中国共产党建党 90 周年大会上的讲话中，胡锦涛则进一步指出："中国外交政策的宗旨是维护世界和平、促进共同发展。我们将继续坚持独立自主的和平外交政策，始终不渝走和平发展道路，始终不渝奉行互利共赢的开放战略，在和平共处五项原则的基础上同所有国家发展友好合作，维护发展中国家正当要求和共同利益，积极参与多边事务，推动国际政治经济秩序朝着更加公正合理的方向发展。"③ 从和平发展这一时代视角反观中国共产党的外交思想史，不难发现刘少奇外交思想中所蕴含的关于和平发展的重要思想因素。

---

　　① 胡锦涛：《高举中国特色社会主义伟大旗帜　为夺取全面建设小康社会新胜利而奋斗》，人民出版社 2007 年版，第 47 页。

　　② 《胡锦涛接受哈萨克斯坦、俄罗斯媒体书面采访》，《人民日报》2011 年 6 月 12 日。

　　③ 胡锦涛：《在庆祝中国共产党成立 90 周年大会上的讲话》，《人民日报》2011 年 7 月 2 日。

1949—1966 年这一时期刘少奇的外交理论和实践，始终坚持独立和平的外交政策，彰显出中国坚持走和平发展道路的世界政治形象。

一、刘少奇充分论述了中国绝不搞扩张主义和霸权主义的外交政策和发展取向

1961 年 6 月 30 日，刘少奇在与尼泊尔王国新任驻华大使凯·巴哈杜尔的谈话中说：

> 我们认为不论大国小国，不论大民族小民族，都应一律平等，互相尊重，互相帮助，而不要互相损害。这是中国的既定政策，是经得起考验的。我们相信这个道理：侵略别的国家，最终是要失败的。每个国家都要发展。有些国家的发展受到外来的阻难，但这种阻难最终是要被冲破的。中国也是冲破阻难而发展起来的。中国有个成语：朋友不怕多，敌人不怕少，国家与国家之间应互相帮助，而不要互相损害。互相帮助总比互相损害好。这是我们对于国际关系的观念形态。我们根据这一观念形态而制定的政策是坚定不移的。我们同其他国家没有利害冲突。①

1961 年 2 月 12 日，刘少奇在会见中国尼泊尔边界联合委员会尼泊尔代表团首席代表帕德马·巴哈杜尔·卡特里少将时也明确地说：

> 别人说，中国几千年的历史中，是有大国主义、扩张主义的。我看这话也不是完全没有道理，是有的。自从我们取得政权以后，决心永远地、彻底地去除大国主义。一有这类现象冒头，马上加以反对。这一条是可以等待考验的，如你不信，可以看个几十年。②

---

① 《刘少奇年谱》下卷，中央文献出版社 1996 年版，第 528 页。谈话全文可参见《刘少奇主席接见尼泊尔新任驻华大使巴哈杜尔的谈话记录》（1962 年 6 月 30 日），中国外交部档案：105 - 01063 - 08。

② 《刘少奇主席接见中尼边界联合委员会尼泊尔代表团谈话记录》（1961 年 2 月 12 日），中国外交部档案馆：105 - 01063 - 05，第 7 页。

社会主义中国不会搞扩张主义，不会走上霸权主义道路，这一点并不是策略性的权宜之计，而是由中国共产党的性质以及社会主义制度的性质在根本上决定的发展战略和发展道路：

> 我们同情世界上弱小的、受压迫的民族，中国自己永远不去压迫或欺侮弱小的国家或民族。这种政策是我们国家的性质、党的性质所决定的。我们是共产党，是社会主义国家，决不允许侵略、压迫其他国家或民族。如果共产党领导的国家、社会主义国家去侵略、压迫其他国家或民族，那就不是共产党，不是社会主义国家。这是可以经过历史的考验的。①

在论述中国和平发展意愿的同时，刘少奇反驳了西方攻击中国"好战"的谬论。1964 年 6 月 2 日，刘少奇在会见阿拉伯也门共和国总统阿卜杜拉·萨拉勒元帅时说：

> 西方国家的通讯社放肆地诽谤和污蔑我们，说我们是"好战分子"，在世界各国从事颠覆活动，要控制别的国家、民族……让全世界人民来看，全世界人民可以观察我们的实际行动，让他们通过对我们的行动和政策的实际观察，得到真实的了解和正确的结论。②

刘少奇关于中国不会搞扩张主义的认识，其实是在当时的条件下对中国走和平发展道路的有力阐述。

二、刘少奇充分论述了在和平共处原则基础上中国与世界各国平等和平相处的外交政策和政治主张

中国要走和平发展的道路，必须奉行独立与和平的外交政策，在和平共处的基础上发展与世界各国的关系。1964 年 10 月 31 日，刘少奇

---

① 《刘少奇年谱》下卷，中央文献出版社 1996 年版，第 507 页。
② 同上书，第 593 页。

在与阿富汗国王查希尔会谈时指出：

> 我们是在互相平等对待、互相尊重和互利的基础上发展友好关
> 系的；我们无意损害你们，我相信你们也无意损害我们；对我们双
> 方有利的事情，我们就做，有害的事情，我们就不做。无论是大国
> 小国，大小民族，都要一律平等。我们无意比你们高一头，也不相
> 信你们要比我们高一头。①

这一点既体现在新中国与发展中国家的交往上，也体现在与发
达国家的交往上。"不论大国小国，社会主义国家还是非社会主义
国家都应一律平等，不能拿一方意见强加于另一方。"② 就整体来
说，改革开放前中国共产党对国际政治的认识和中国的外交战略发
生过重大的变化，但无论是在哪一个历史阶段上，以独立、平等、
和平为基本点的外交理念并没有发生变化。刘少奇对中国与世界各
国平等和平相处的思考，在逻辑上也包含了世界各国在平等基础上
合作发展这一重要思想。

三、刘少奇充分论述了中国作为一个负责任的大国的世界义务

中国走和平发展的道路，并不是说与世界无关，脱离世界事务，离
群索居。相反，中国作为一个负责任的大国，必须要坚持积极的国际责
任观念，扶持和帮助落后和弱小国家的发展。这也是中国共产党关于和
平发展和合作发展思想中的重要内涵。在改革开放以前，这样一种国际
责任的观念主要是通过没有任何政治附加条件的对外经济援助的方式来
体现的，这也是刘少奇一直致力于强调的。

1964 年 12 月 21 日，刘少奇在会见阿拉伯联合共和国以副总理阿齐
兹·西德基为团长的工业经济代表团时，在谈到我国对外援助问题

---

① 《阿富汗国王查希尔访华：刘少奇主席同查希尔国王会谈记录》（1964 年 10 月 31
日），中国外交部档案，204 - 01527 - 02，第 8 页。
② 《刘少奇委员长接见苏联青年代表团谈话记录》（1956 年 6 月 19 日），中国外交
部档案，109 - 00743 - 05，第 3 页。

时说：

> 现在我们国家还不富足，经济上还落后，我们援助别国的能力还不大。我们在能力许可范围内尽力帮助一些。但我们可以说，我们的帮助是诚意的。我们的帮助一定要对你们有用，使受援的亚非国家能够自力更生，而不是使它们依赖中国，要使它们既不依赖中国也不依赖欧洲国家，走上经济独立的道路。①

1966 年 4 月 5 日，刘少奇在同查希尔·沙阿国王和穆·哈·迈万德瓦尔首相会谈时，针对中国的对外经济援助问题指出：

> 我们是真心诚意帮助亚非国家发展民族经济和民族文化的。我们在给援助时，没有任何政治或经济的要求。但因为中国基本上仍是一个落后国家，力量有限，不能完全满足要求。现已有三十五个亚非国家接受我们的援助，对我们来说，需要相当一部分支出，但分给三十五个国家，每个国家只能得到很小一部分。希望亚非国家了解我们这种实际情况。②

中国的对外援助，体现出了中国作为大国在国际政治中积极的责任意识和责任观念。从 1950 年到 1965 年，15 年间中国先后向 35 个国家提供了经济援助，协议规定的援款为 126.5 亿，交付的款项总额为 77.5 亿。从占国家财政支出的总额来看，"一五"时期占到了 1.5%，"二五"时期占到了 1%，"三五"时期则占到了 4.3%③。这里确实存在一个对外经济援助中的过度问题，但是，在这种对外经济援助中同样体现着中国作为一个大国所承担的国际义务，并包含着中国对一种新的国际政治秩序的重构。这种没有任何政治附加条件的对外经济援助，至今仍然是中国对外经济活动中的重要内容。到 2009 年，中国已经累计

---

① 《刘少奇年谱》下卷，中央文献出版社 1996 年版，第 611 页。
② 同上书，第 635 页。
③ 薛琳：《周恩来对外援助思想研究》，南开大学博士学位论文，2011 年，第 176、177 页。

向 161 个国家、30 多个国际和区域组织提供了 2563 亿元人民币的援助，减免了 50 个重债穷国和最不发达国家债务 380 笔，为发展中国家培训人员 12 万人次，累计派出 2.1 万名援外医疗队员和近 1 万名援外教师①。与西方国家试图通过对外援助来干涉、控制别国内政不一样，中国作为社会主义国家，在对外援助中没有任何附带政治条件，展现出了一种大小平等、以大帮小、以强扶弱的新型国际政治观念和国际政治秩序。正是在这个意义上，党的十八大指出："中国将坚持把中国人民利益同各国人民共同利益结合起来，以更加积极的姿态参与国际事务，发挥负责任大国作用，共同应对全球性挑战。"②

第四节 刘少奇的周边外交思想
与当代中国的周边外交

新中国成立后，复杂的周边国家环境决定了周边外交在新中国外交领域中的重要地位及其在整个中国共产党外交思想中的重要地位。

从新中国成立初期的外交战略及其政策来看，确实存在一种所谓的"外张力"，即对中国境外的革命运动的关注和支持，并渴望中国革命的胜利在全世界、至少也要在中国的周边地区产生巨大的影响③。新中国早期外交中的这种"外张力"的特点在新中国成立初期刘少奇关于"亚洲革命"的设想中有比较明显的体现。但 20 世纪 50 年代中期后，刘少奇关于新中国周边外交的思想认识出现了重大的变化，认为"印度、缅甸、印度尼西亚等国，它们倾向和平，在两个阵营之间采取和平中立政策"，这种中立主义"在今天对于我们和世界和平还是有利的，这是主导的一面"④。刘少奇对周边国家奉行的"中立主义"政治立场和外交战略的这一正面的积极肯定，具有非常突出的重要意义，意味着

---

① 中华人民共和国国务院新闻办公室：《中国的和平发展》，人民出版社 2011 年版，第8 页。
② 胡锦涛：《坚定不移沿着中国特色社会主义道路前进 为全面建成小康社会而奋斗》，《人民日报》2012 年 11 月 18 日。
③ 牛军：《新中国外交的形成及主要特征》，《历史研究》1999 年第 5 期。
④ 《建国以来刘少奇文稿》第 7 册，中央文献出版社 2008 年版，第 127、129—130 页。

刘少奇周边外交思想的重要转向。

刘少奇关于新中国周边外交的思想主要包括：第一，向周边国家郑重承诺中国永不称霸，不对外扩张。第二，在和平共处原则的基础上平等地解决与周边国家历史和现实中存在的问题，求同存异。第三，在周边外交中，特别是在处理与周边国家非执政的共产党和其他革命党的政党关系时，要正确认识和处理意识形态利益与国家利益的关系。第四，促进与周边国家共同发展，"我们希望自己生活得好，也希望别人生活得好。"① 刘少奇周边外交思想的上述基本内容，建立在两个基点之上，一是地缘政治所决定的对国家安全的战略考虑，二是睦邻和平的周边外交战略，而且体现出"富邻"的认识倾向。从这两个基点来看，刘少奇关于周边国家外交的思想鲜明地体现出"对中国古代务实王道睦邻外交传统的批判继承与创造发展"，"在重视国家实力、追求国家利益的同时不违背仁义道德的要求，以及反对外来侵略与帮助弱小国家"②。

刘少奇在国家安全、相互平等和共同发展基础上形成的周边外交思想，在深层次上包含着新中国安全观念和周边外交战略转型的思想性因素，这些因素对于改革开放后中国新型的周边外交战略的形成具有重要的理论价值。改革开放以来，中国依据不断变化的时代条件和周边国家的实际，不断完善周边外交战略，从"睦邻"转向"睦邻、安邻、富邻"③，并确定起了"与邻为善、以邻为伴"的周边外交战略。党的十七大指出："我们将继续贯彻与邻为善、以邻为伴的周边外交方针，加强同周边国家的睦邻友好和务实合作，积极开展区域合作，共同营造和

---

① 《刘少奇年谱》下卷，中央文献出版社 1996 年版，第 542 页。

② 陈向阳：《中国睦邻外交》，时事出版社 2004 年版，第 210 页。

③ 2003 年 10 月 7 日温家宝总理在东盟商业与投资峰会上第一次提出了"睦邻、安邻、富邻"的周边外交政策，指出："睦邻、安邻和富邻是中国实现自身发展战略的重要组成部分。""'睦邻'就是继承和发扬中华民族亲仁善邻、以和为贵的哲学思想。在与周边国家和睦相处的原则下，共筑本地区稳定、和谐的国家关系的结构。'安邻'，就是积极维护本地区的和平与稳定，坚持通过对话增进互信，通过和平谈判解决分歧，为亚洲的发展营造和平安定的地区环境。'富邻'，就是加强与邻国的互利合作，深化区域和次区域合作，积极推进地区经济一体化，与亚洲各国实现共同发展。"参见温家宝《中国的发展与亚洲的振兴》，http：//id.china—embassy. org/chn/JRZG/t86916. htm。从"睦邻"向"睦邻、安邻和富邻"的转变，标志着当代中国周边外交战略目标从着眼于与周边国家平等相处转向了与周边国家共同安全和共同繁荣。关于这一问题可参见王光厚《从"睦邻"到"睦邻、安邻和富邻"——试析中国周边外交政策的转变》，《外交评论》2007 年第 3 期。

平稳定、平等互信、合作共赢的地区环境。"① 党的十八大也指出，"我们将坚持与邻为善、以邻为伴，巩固睦邻友好，深化互利合作，努力使自身发展更好惠及周边国家。"② 从思想的逻辑来看，这是对新中国成立后中国共产党周边外交思想的继承和发展，同样也是对刘少奇周边外交思想的继承和发展。

第五节 刘少奇的政党外交思想与当代中国共产党的政党外交

刘少奇对新中国外交的一个重大贡献就是开创并卓有成效地领导了新中国成立后中国共产党的政党外交工作。1949 年 6 月刘少奇代表中共中央秘密访问苏联，访苏期间刘少奇与斯大林就国际形势、亚洲社会主义发展、中苏关系中的重大问题、如何对待马克思列宁主义等问题进行了广泛的讨论，这为毛泽东在新中国成立后访问苏联、进而确立起中苏国家同盟关系奠定了重要的政治基础。从政党外交的层面来看，这实际上成为了"中共政党外交工作的起源"③。1951 年初，中共中央联络部成立，专门进行党的外交工作，标志着中国共产党政党外交工作的正式起步④。刘少奇在给首任中联部部长王稼祥的信中明确提出中联部的主要任务在于"与各国兄弟党联络"，特别是要与"东方各国兄弟党联络并帮助他们"。此后，刘少奇在从事和领导新中国外交事业的过程中，高度重视政党外交的作用，并运用政党外交的方式来参与区域性和国际性重大活动。尽管在改革开放之前中国共产党的外交理论中并没有"政党外交"这个概念，但刘少奇在他所从事的政党外交实践中蕴含了丰富的政党外交的思想。

刘少奇的政党外交思想，归结起来，主要有四个方面的内容：第一，积极利用政党外交来推动国家外交的发展。第二，坚决反对大党主

---

① 胡锦涛：《高举中国特色社会主义伟大旗帜 为夺取全面建设小康社会新胜利而奋斗》，人民出版社 2007 年版，第 48 页。

② 胡锦涛：《坚定不移沿着中国特色社会主义道路前进 为全面建成小康社会而奋斗》，《人民日报》2012 年 11 月 8 日。

③ 陶德言、邓亚君：《"中国成就越大，对各国共产党的影响就会更大"——专访著名国际共运史学家高放》，《国际先驱导报》2011 年 6 月 21 日。

④ 赵可金：《政党外交及其机制》，《当代世界》2011 年第 11 期。

义，主张在独立平等的基础上进行政党交往，协商解决争论和分歧问题，"这是我党与各国党交往的一个原则"①。第三，把政党关系与国家关系相对区别，不要因为政党关系影响国家关系。这主要有两个方面的内涵，一是不要因为与其他非执政的共产党的交往而影响了与非执政的共产党所在国家的关系，二是不要因为与执政的共产党的争论和分歧而影响到了两国关系的发展。第四，坚持无产阶级国际主义原则，但不应以意识形态为界。在政党和政治性团体的交往中更应该注重共同的利益。1955 年 10 月，刘少奇在欢送新中国成立后第一次访问中国的日本议员访华团时指出："我们愿意同我们的邻国日本早日建立正常关系，我们愿意在这样的基础上，实行互相尊重领土主权，互不侵犯，互不干涉内政，平等互利，和平共处的五项原则，以巩固和发展我们相互间的友好关系。"② 虽然这是针对中日国家关系而言的，但也意味着刘少奇力图将和平共处五项原则确立为政党和其他政治团体交往中的基本原则。

刘少奇的政党外交思想，作为中国共产党政党外交思想的重要组成部分，是改革开放后中国共产党政党外交发展的重要思想来源。在对包括刘少奇在内的老一辈党和国家领导人政党外交思想以及新中国成立后中国共产党政党外交实践经验总结的基础上，1982 年党的十二大正式确定了中国共产党政党交往的四项基本原则，指出："我们党坚持在马克思主义的基础上，按照独立自主、完全平等、互相尊重、互不干涉内部事务的原则，发展同各国共产党和其他工人阶级政党的关系。"③ 在十二大确立的这一基础上，中国共产党不断扩大政党外交的范围。1987 年党的十三大将政党外交的对象扩展为"外国共产党和其他政党"，并将"发展同外国共产党和其他政党的关系的观点"视为中国特色社会主义理论的重要内容。1992 年党的十四大则提出要"同各国政党建立和发展友好关系"。用"各国政党"取代"外国共产党和其他政党"意味着中国共产党政党交往对象进一步扩大。2007 年党的十七大则提出要发展"同各国政党和政治组织的交流合作"，这里，不仅将政党，而

---

① 《刘少奇年谱》下卷，中央文献出版社 1996 年版，第 454 页。
② 《刘少奇委员长的讲话》，《人民日报》1955 年 10 月 17 日。
③ 《十二大以来重要文献选编》上，中央文献出版社 1986 年版，第 45 页。

且将政治组织确立为中国共产党政党交往的对象，标志着在新世纪中国共产党对外交往范围进一步扩大。到 2007 年底，中国共产党同世界上 160 多个国家和地区的 520 多个政党和政治组织建立了联系①，政党外交在当代中国总体外交中的地位和作用也不断提升。

从改革开放新时期以来中国共产党政党外交发展的历程来看，刘少奇政党外交思想的上述基本内容已经得到了充分的体现。新时期中国共产党政党外交的基本原则及其丰富的理论内涵，包含着对中国共产党政党外交历史经验的深刻总结，同时也包含着对刘少奇政党外交思想的继承和发展。

① 赵可金：《政党外交及其机制》，《当代世界》2011 年第 11 期。

结　　论

本书在现有研究资料和研究成果的基础上，比较深入、系统和全面地研究了 1949—1966 年这 17 年间刘少奇的外交思想和实践。这一研究比较深入地分析了刘少奇在新中国外交决策中的地位和作用，比较系统地研究了新中国成立后刘少奇对和平外交的理论思考，比较全面地从中苏国家同盟的确立、周边外交以及政党外交的层面研究了刘少奇的重大外交实践活动。这一研究客观上表明了刘少奇在中国共产党外交思想史和新中国外交史上的历史地位，以及刘少奇作为伟大的马克思主义理论家和政治家对新中国外交的独特思考。

任何一个理论的形成，都需要一个不断丰富和发展的过程。从这个意义上说，当代中国特色社会主义外交理论的形成，离不开对新中国成立后中国共产党外交理论和实践经验的总结。刘少奇的外交思想和实践则是中国共产党宝贵精神财富的重要组成部分。在新的历史条件下，站在中国特色社会主义的时代高度不断研究刘少奇的外交思想，不断挖掘其时代价值，对于继承老一辈马克思主义理论家和政治家的思想遗产，对于正确认识和把握中国与世界的关系、推动当代中国的和平发展以及推进当代中国的周边外交和中国共产党的政党外交有着非常重要的时代价值和现实意义。

从改革开放以来刘少奇研究的进程来看，刘少奇研究的不断深入是与刘少奇研究资料的不断丰富密切关联在一起的。展望未来，随着刘少奇研究方面的文献资料不断丰富，在刘少奇外交思想和实践的研究方面，还有许多值得进一步深入挖掘的问题，主要是：

第一，关于刘少奇在抗美援朝战争决策中的作用。目前关于刘少奇在抗美援朝战争决策过程中的具体思考和活动，在文献上基本属于空白，因此本书在研究中没有涉及这一问题。但这一问题，对于研究20世纪50年代初刘少奇对国际政治形势和新中国安全战略的具体认识是非常重要的。

第二，关于20世纪60年代初期刘少奇对国际政治形势的判断和中国外交的整体性思考。"七千人大会"上刘少奇所作的报告中有一个关于"国际形势"的部分，但这一部分的内容至今尚没有公开，这就使本书在研究20世纪60年代刘少奇对国际形势和中国外交的整体性理论思考这一问题时，所依据的材料并不十分充分。"七千人大会"是影响中国社会主义建设走向的一次重要会议，刘少奇的大会报告也是研究20世纪60年代刘少奇思想整体发展趋向的一个极其关键的文献。而且由于这次会议的报告起草与以往不同，在整个报告形成过程中毛泽东并没有提出明确的意见，报告形成后毛泽东也没有审阅，中央政治局也没有讨论，就直接印发给与会代表进行讨论①。从这个方面看，刘少奇在报告中体现出来的对国内外形势的个人认识和看法应该是更强一些，因此对于研究刘少奇外交思想和实践来说，也应该是更为重要。这一文献的公开将对于刘少奇外交思想的研究以及20世纪60年代中国外交战略调整的研究具有重要的文献价值。

第三，关于刘少奇与新中国的人民外交问题。人民外交，即在正式的国家外交和政党外交这些政治层面的外交形式之外，通过推动不同国家的人民间的友好往来以巩固国家关系的稳定的外交形式。但目前关于刘少奇人民外交思想的研究，在文献上还有不少的困难，特别是由于《建国以来刘少奇文稿》2008年出版到第7册（时间截止到1955年）后，至今6年多来一直没有再出版新的"刘文稿"，这给比较系统地研究刘少奇的人民外交思想带来难度，因此本书也没有涉及这一问题。但人民外交作为一个具体问题，应该说在新中国外交史研究以及刘少奇外交思想和实践研究中有比较重要的地位。随着刘少奇研究文献的不断丰富，这一问题也将成为刘少奇外交思想和实践研究中的一个重要问题。

---

① 关于毛泽东与"七千人大会"报告的起草这一问题，可参见张素华《变局："七千人大会"始末》，中国青年出版社2006年版，第54—60页。

参 考 文 献①

一、经典著作和领导人著作

《马克思恩格斯选集》第 1—4 卷，人民出版社 1995 年版。

《列宁选集》第 1—4 卷，人民出版社 1995 年版。

《毛泽东选集》，人民出版社 1991 年版。

《毛泽东外交文选》，中央文献出版社、世界知识出版社 1994 年版。

《毛泽东传（1949—1976）》，中央文献出版社 2003 年版。

《毛泽东文集》第 3—5 卷，人民出版社 1996 年版。

《毛泽东文集》第 7 卷，人民出版社 1999 年版。

《建国以来毛泽东文稿》第 1 册，中央文献出版社 1987 年版。

《建国以来毛泽东文稿》第 7 册，中央文献出版社 1992 年版。

《建国以来毛泽东文稿》第 10 册，中央文献出版社 1996 年版。

《周恩来外交文选》，中央文献出版社 1990 年版。

《刘少奇选集》上卷，人民出版社 1981 年版。

《刘少奇选集》下卷，人民出版社 1985 年版。

《刘少奇年谱》（上、下卷），中央文献出版社 1996 年版。

《刘少奇传》（上、下），中央文献出版社 1998 年版。

《建国以来刘少奇文稿》1—4 册，中央文献出版社 2005 年版。

《建国以来刘少奇文稿》5—7 册，中央文献出版社 2008 年版。

《刘少奇论党的建设》，中央文献出版社 1991 年版。

---

① 本书的主要参考文献主要是按照文献的类别和出版发表的时间顺序进行排列。

刘少奇：《马克思列宁主义在中国的胜利》，人民出版社 1959 年版。

《邓小平文选》第 3 卷，人民出版社 1993 年版。

江泽民：《在刘少奇同志诞辰一百周年纪念大会上的讲话》，《人民日报》1998 年 11 月 20 日。

胡锦涛：《在纪念刘少奇同志诞辰 110 周年座谈会上的讲话》，《人民日报》2008 年 11 月 12 日。

胡锦涛：《高举中国特色社会主义伟大旗帜　为夺取全面建设小康社会新胜利而斗争》，人民出版社 2007 年版。

胡锦涛：《在庆祝中国共产党成立 90 周年大会上的讲话》，《人民日报》2011 年 7 月 2 日。

胡锦涛：《坚定不移沿着中国特色社会主义道路前进　为全面建成小康社会而奋斗》，《人民日报》2012 年 11 月 18 日。

《王稼祥选集》，人民出版社 1989 年版。

《胡志明选集》第 2 卷，人民出版社 1964 年版。

二、文件档案汇编

解放社编：《国际主义与民族主义》，东北新华书店 1949 年版。

《共产党情报局会议文件集》，人民出版社 1954 年版。

《中国共产党第八次全国代表大会文献》，人民出版社 1956 年版。

《苏联共产党第二十次代表大会文件汇编》上，人民出版社 1956 年版。

《关于匈牙利事件》，世界知识出版社 1957 年版。

《刘少奇主席和胡志明主席联合声明》，人民出版社 1963 年版。

《刘少奇主席访问朝鲜》，人民出版社 1963 年版。

《和平外交和睦邻政策的典范——刘少奇主席访问印度尼西亚、缅甸、柬埔寨、越南》，人民出版社 1963 年版。

《团结反帝，保卫和平——刘少奇主席访问巴基斯坦、阿富汗、缅甸文件集》，人民出版社 1966 年版。

《三中全会以来重要文献选编》上，人民出版社 1982 年版。

《十二大以来重要文献选编》上，人民出版社 1986 年版。

《中共中央文件选集》第 11、12 册，中共中央党校出版社 1986

年版。

齐世荣：《当代世界史资料选辑》第一分册，北京师范学院出版社1990年版。

《建国以来重要文献选编》第1册，中央文献出版社1992年版。

《中国共产党组织史资料（中央卷)》第九卷，中共党史出版社2000年版。

《苏联历史档案选编》第27卷，社会科学文献出版社2003年版。

沈志华、杨奎松：《美国对华情报解密档案（1948—1976)》三，东方出版中心2009年版。

沈志华、杨奎松：《美国对华情报解密档案（1948—1976)》六，东方出版中心2009年版。

《建党以来重要文献选编》第1、11、12、20、26册，中央文献出版社2011年版。

三、报刊文献

《在亚澳工会代表会议上赛扬的闭幕词》，《人民日报》1949年12月3日。

《蔡畅在亚洲妇女代表会议上的开幕词》，《人民日报》1949年12月11日。

《庆祝亚洲妇女代表会议的成功》，《人民日报》1949年12月19日。

《胡志明向全世界申明愿与各国建立邦交　宣布越南民主共和国政府是越南全体人民唯一的合法政府》，《人民日报》1950年1月18日。

《关于继续加强与发展中苏友好协会工作的决定》，《人民日报》1950年11月17日。

《中苏友好协会去年工作获成绩　全国会员达三百三十一万》，《人民日报》1951年1月18日。

《中苏友好协会会员已增至一千五百万人》，《人民日报》1951年9月22日。

钱俊瑞：《两年来中苏友好协会做了些什么》，《人民日报》1951年10月5日。

《迎接苏联十月革命三十四周年纪念　中苏友好协会等展开庆祝活动》，《人民日报》1951 年 11 月 6 日。

《苏联对外文化协会理事会主席安德列·捷尼索夫电刘少奇会长贺中苏友协成立二周年》，《人民日报》1951 年 10 月 7 日。

《进一步发展和巩固中苏人民伟大友谊》，《人民日报》1951 年 10 月 15 日。

《中苏友好协会总会关于庆祝十月革命三十四周年纪念办法的通知》，《人民日报》1951 年 10 月 27 日。

《中苏友好协会总会关于"中苏友好月"的口号》、《"中苏友好月"宣传要点》，《人民日报》1952 年 10 月 29 日。

《中苏友好协会总会会长刘少奇的唁电》，《人民日报》1953 年 3 月 07 日。

《中苏友协总会刘少奇会长的讲话》，《人民日报》1952 年 2 月 15 日。

《中共中央派出代表团参加联共代表大会》，《人民日报》1952 年 10 月 11 日。

《在"中苏友好月"中中苏友好协会有很大发展》，《人民日报》1952 年 12 月 10 日。

《在中央人民政府委员会第三十三次会议上周恩来总理兼外长的外交报告》，《人民日报》1954 年 8 月 14 日。

《在中苏友好协会第二次全国代表会议上的发言》，《人民日报》1954 年 12 月 30 日。

《刘少奇委员长的讲话》，《人民日报》1955 年 10 月 17 日。

《苏共第二十次代表大会胜利闭幕》，《人民日报》1956 年 2 月 28 日。

《苏联政府关于发展和进一步加强苏联同其他社会主义国家的友谊和合作的基础的宣言》，《人民日报》1956 年 11 月 1 日。

《为第二个十年的更伟大的胜利而奋斗》，《人民日报》1959 年 10 月 1 日。

刘少奇：《团结就是生命，团结就是力量，团结就是胜利》，《人民日报》1960 年 12 月 9 日。

《最亲密的兄弟　最伟大的友谊》，《人民日报》1960 年 12 月 10 日。

《欢迎刘少奇主席访问归来》，《人民日报》1963 年 5 月 23 日。

《全世界人民动员起来，援助南越人民，打败美国侵略者》，《人民日报》1965 年 3 月 25 日。

《中华人民共和国政府声明》，《人民日报》1969 年 5 月 25 日。

《陈毅副总理兼外长举行中外记者招待会发表重要谈话》，《人民日报》1965 年 10 月 7 日。

《我国和平外交政策的重大胜利——欢迎刘少奇主席出国访问归来》，《人民日报》1966 年 4 月 21 日。

《越南抗法、抗美斗争时期的中越关系——二评越南外交部关于越中关系的白皮书》，《人民日报》1979 年 11 月 21 日。

安子文：《把我们的党建设好——纪念刘少奇同志》，《人民日报》1980 年 5 月 8 日。

戴秉国：《刘少奇的党际关系思想和实践》，《光明日报》1999 年 1 月 15 日。

陶德言、邓亚君：《"中国成就越大，对各国共产党的影响就会更大"——专访著名国际共运史学家高放》，《国际先驱导报》2011 年 6 月 21 日。

李捷：《正确理解"三个世界划分"理论的历史内涵》，《中国社会科学报》2012 年 2 月 29 日。

四、档案资料

《刘少奇主席接见中尼边界联合委员会尼泊尔代表团谈话纪要》，中国外交部档案，105 - 01063 - 05。

《刘少奇委员长接见苏联青年代表团谈话记录》（1956 年 6 月 19 日），中国外交部档案，109 - 00743 - 05。

《刘少奇主席接见丹麦驻华大使巴特森谈话记录》（1959 年 9 月 22 日），中国外交部档案，110 - 00352 - 03。

《刘少奇同志接见匈牙利社会主义工人党工作人员代表团谈话记录》（1960 年 7 月 2 日），中国外交部档案，102 - 00036 - 12（1）。

《刘主席会见锡兰驻华大使佩雷拉谈话记录》(1961 年 8 月 13 日)，中国外交部档案：105 – 01778 – 02。

《刘少奇主席接见中尼边界联合委员会尼泊尔代表团谈话记录》(1961 年 2 月 12 日)，中国外交部档案：105 – 01063 – 05。

《刘少奇主席接见尼泊尔新任驻华大使巴哈杜尔的谈话记录》(1962 年 6 月 30 日)，中国外交部档案：105 – 01063 – 08。

《阿富汗国王查希尔访华：刘少奇主席同查希尔国王会谈记录》(1964 年 10 月 31 日)，中国外交部档案，204 – 01527 – 02。

《刘少奇主席和中央领导谈国际共运问题、德国统一以及美国与苏联关系问题》(1964 年 2 月 11 日—1964 年 7 月 8 日)，中国外交部档案：109 – 03473 – 01。

《刘少奇主席、邓小平总书记与拟离任的苏联大使契尔沃年科的谈话记录》(1965 年 4 月 21 日)，中国外交部档案，09 – 03974 – 07。

《刘少奇、周恩来等国家领导人与日本共产党总书记宫本显治的会谈记录及其摘要》，中国外交部档案：105 – 00667 – 02 (1)。

五、回忆文献和传记

伍修权：《在外交部八年的经历》，世界知识出版社 1983 年版。

金城：《延安交际处回忆录》，中国青年出版社 1985 年版。

《缅怀刘少奇》，中央文献出版社 1988 年版。

［越］黄文欢：《越中情义深》，人民出版社 1990 年版。

《刘少奇和他的事业》，中央文献出版社 1991 年版。

师哲：《在历史巨人身边》，中央文献出版社 1991 年版。

《缅怀毛泽东》，中央文献出版社 1993 年版。

《叶剑英传》，当代中国出版社 1995 年版。

刘晓：《出使苏联八年》，中共党史出版社 1998 年版。

吴冷西：《十年论战（上、下册）》，中央文献出版社 1998 年版。

杨泓光：《援越抗法亲历记》，文史天地（贵州）1998（5）。

《杨尚昆回忆录》，中央文献出版社 2001 年版。

《王稼祥传》，当代中国出版社 2006 年版。

凌青：《从延安到联合国：凌青外交生涯》，福建人民出版社 2008

年版。

中共中央文献研究室科研部图书馆：《刘少奇人生纪实》，凤凰出版社 2008 年版。

李新：《流逝的岁月——李新回忆录》，山西人民出版社 2008 年版。

刘爱琴：《我的父亲刘少奇》，人民出版社 2009 年版。

六、研究著作

王堃：《我国的和平外交政策》，通俗读物出版社 1955 年版。

谢益显：《中国外交史：中华人民共和国时期（1949—1979）》，河南人民出版社 1988 年版。

牛军：《从延安走向世界——中国共产党对外关系的起源》，福建人民出版社 1992 年版。

张小明：《冷战及其遗产》，上海人民出版社 1998 年版。

孙耀文：《共产党情报局：一个特殊的国际机构》，社会科学文献出版社 2000 年版。

张文和：《走出国门的刘少奇》，河北人民出版社 2001 年版。

李丹慧：《北京与莫斯科：从联盟走向对抗》，广西师范大学出版社 2002 年版。

沈志华：《苏联专家在中国（1949—1960）》，中国国际广播出版社 2003 年版。

许月梅：《建国以来中国共产党政党外交理论研究》，中国社会科学出版社 2003 年版。

陈向阳：《中国睦邻外交》，时事出版社 2004 年版。

孔寒冰：《中苏关系及其对中国社会发展的影响》，中国国际广播出版社 2004 年版。

黄宗良、孔寒冰：《世界社会主义史论》，北京大学出版社 2004 年版。

宗道一、傅铮铮：《从延安窑洞到北京外交部街》，中国财政经济出版社 2004 年版。

徐绍利等：《越南》，社会科学文献出版社 2005 年版。

王健英：《中共中央机关历史演变考实》，中共党史出版社 2005

年版。

　　杨奎松：《冷战时期的中国对外关系》，北京大学出版社 2006 年版。

　　饶银华：《新中国外交思想概论》，中央文献出版社 2006 年版。

　　张素华：《变局："七千人大会"始末》，中国青年出版社 2006 年版。

　　仲廉言：《中国共产党的国际交往》，五洲传播出版社 2007 年版。

　　沈志华：《毛泽东、斯大林与朝鲜战争》，广东人民出版社 2007 年版。

　　黄峥：《刘少奇研究》，中央文献出版 2008 年版。

　　楚树龙、金威：《中国外交战略和政策》，时事出版社 2008 年版。

　　李慎明等：《马克思主义国际问题基本原理》，社会科学文献出版社 2008 年版。

　　陈丽凤：《中国共产党领导体制的历史考察》，上海人民出版社 2008 年版。

　　郭德宏、王海光、韩钢：《中华人民共和国专题史稿（1956—1966）》，四川人民出版社 2009 年版。

　　曹泳鑫：《马克思主义国际关系理论研究》，上海人民出版社 2009 年版。

　　齐鹏飞：《中国共产党与当代中国外交》，中共党史出版社 2010 年版。

　　齐建华：《影响中国外交的五大因素》，中央编译出版社 2010 年版。

　　庞松：《中华人民共和国史 1949—1956》，人民出版社 2010 年版。

　　杨奎松：《"中间地带"的革命》，山西人民出版社 2010 年版。

　　陈敦德：《新中国外交部组建始末》，中国青年出版社 2011 年版。

　　郭洁：《匈牙利事件：美国的政策与反应》，上海人民出版社 2011 年版。

　　杨洁勉等：《中国共产党和中国特色外交理论与实践》，东方出版中心 2011 年版。

　　张仲云、林德山、赵绪生：《马克思主义国际政治理论发展史研究》，重庆出版社 2011 年版。

　　中共中央党史研究室：《中国共产党历史》第二卷，中共党史出版社 2011 年版。

中华人民共和国国务院新闻办公室：《中国的和平发展》，人民出版社 2011 年版。

任晓伟：《"欧洲共产党情报局"与中国共产党的关系研究》，陕西人民出版社 2012 年版。

［美］费正清、［英］罗德里克·麦克法夸尔：《剑桥中华人民共和国史（1949—1965）》，李向前等译，上海人民出版社 1990 年版。

［英］罗德里克·麦克法夸尔：《文化大革命的起源》（一）（二），《文化大革命的起源》翻译组译，河北人民出版社 1989 年版。

［美］洛厄尔·迪特默：《刘少奇传》，萧耀先译，华夏出版社 1989 年版。

［英］本·福凯斯：《东欧共产主义的兴衰》，张金鉴译，中央编译出版社 1998 年版。

［美］亨利·基辛格：《大外交》，顾淑馨、林添贵译，海南出版社 1999 年版。

［英］艾瑞克·霍布斯鲍姆：《极端的年代》上，郑明萱译，江苏人民出版社 1999 年版。

［德］迪特·海茵茨希：《中苏走向联盟的艰难历程》，张文武、李丹琳译，新华出版社 2001 年版。

［俄］A. M. 列多夫斯基：《斯大林与中国》，陈春华、刘存宽等译，新华出版社 2001 年版。

［美］卡萝尔·卡特：《延安使命：1944—1947 美国观察组延安 963 天》，陈发兵译，世界知识出版社 2004 年版。

［美］杰夫·贝里奇：《外交理论与实践》，庞中英译，北京大学出版社，2005 年版。

七、期刊文献

翊赞：《中共的幕后首脑——刘少奇》，《新闻杂志》1949 年第 1 期。

黄峥、周志兴：《刘少奇同志的读书生活》，《社会科学战线》，1983 年第 2 期。

李丹慧：《毛泽东"三个世界划分"战略和策略思想的历史考察》，《世界历史》1994 年第 1 期。

师哲回忆、李海文整理：《波匈事件与刘少奇访苏》，《百年潮》1997 年第 2 期。

陈宇、王家宠、钱大东：《刘少奇对国际工运和中国工会国际活动的历史性贡献》，《中国工运》1998 年第 12 期。

肖自力：《刘少奇与中国传统文化》，《华南师范大学学报》1998 年第 6 期。

马宏骄：《援越抗法秘闻——陈赓将军在越南》，《文史天地》（贵州）1998 年第 5 期。

龙剑宇：《刘少奇的性格形成之探讨》，《毛泽东思想研究》1998 年第 5 期。

卓爱平、韩永要：《刘少奇决策中国援越抗法》，《党史天地》1998 年第 11 期。

戴秉国：《试论刘少奇党际关系思想与实践》，《高校理论战线》1999 年第 1 期。

张飞虹：《刘少奇 1949 年秘密访苏与中苏结盟》，《苏州大学学报》1999 年第 1 期。

杨奎松：《新中国从援越抗法到争取印度支那和平解放的政策转变》，《中国社会科学》2001 年第 1 期。

戴秉国：《发挥政党外交优势，服务全党全国工作大局》，《当代世界》2001 年第 2 期。

沈志华：《共产党情报局的建立及其目标》，《中国社会科学》2002 年第 3 期。

戴秉国：《开创有时代特征和中国特色的政党外交新局面》，《求是》2002 年第 19 期。

沈志华：《一九五六年十月危机：中国的角色与影响》，《历史研究》2005 年第 2 期。

朱良：《无私无畏追求真理的王稼祥》，《炎黄春秋》2006 年第 8 期。

王光厚：《从"睦邻"到"睦邻、安邻和富邻"——试析中国周边外交政策的转变》，《外交评论》2007 年第 3 期。

　　张萍：《中苏友好协会的组织结构及其变迁》，《当代世界与社会主义》2008 年第 1 期。

　　何立波：《援越工作中的刘少奇》，《党史博览》2008 年第 11 期。

　　张再：《我所知道的"中苏友好协会"始末》，《中共党史资料》2008 年第 4 期。

　　沈志华：《求之不易的会面：中苏两党领导人之间的会谈与沟通》，《华东师范大学学报》2009 年第 1 期。

　　沈志华：《从西柏坡到莫斯科：毛泽东宣布向苏联"一边倒"》，《中共党史研究》2009 年第 4 期。

　　宫力等：《中国外交决策机制变迁研究（1949—2009）》，《世界经济与政治》2009 年第 11 期。

　　朱立群：《中国外交的"中庸"特色》，《外交评论》2009 年第 3 期。

　　章百家：《刘少奇与新中国外交事业》，《刘少奇与中国共产党的建设论文集》，中央文献出版社，2010 年版。

　　周万：《与中苏争夺第三世界：1958—1959 年铁托的亚非之行》，华东师范大学国际冷战研究中心：《冷战国际史研究》第 9 辑，世界知识出版社 2010 年版。

　　赵可金：《政党外交及其机制》，《当代世界》2011 年第 11 期。

　　张飞虹：《刘少奇外交活动与思想研究述评》，《党的文献》2011 年第 1 期。

　　范文杰、李明堂：《中央外事组在柏里》，《档案天地》2011 年第 4 期。

八、博士学位论文

　　潘鹏：《中苏友好协会的缘起、历程及终结》，中共中央党校博士学位论文，2008。

　　薛琳：《周恩来对外援助思想研究》，南开大学博士学位论文，2011。

九、外文资料

Office of Current Intelligence. *Current Intelligence Studies*, *The Chinese Communist Leadership*, 1958—1961, 28 November 1961.

Task Force Southeast Asia Department of State. *Status Report of Counter-insurgency Project in Thailand*, *Vietnam and Cambodia*, May 1963.

Peking Continues Efforts to Woo Afghanistan, Central Intelligence Agency Directorate of Intelligence, 2 June 1966.

后　记

　　本书是在我的博士论文的基础上修改而成。毕业一年多来，我继续深化和扩展对原初论文中一些重大问题的研究，特别是加大了刘少奇对新中国外交理论和实践贡献的研究，并补充了许多新的文献资料，提炼出了一些新的观点，这就使得对新中国成立以来刘少奇外交思想和实践的研究更加系统和完善。在本书付梓之际，自然有许多人要感谢。

　　首先要感谢的是我的博士生导师马启民教授。我其实是一个天资不聪不明之人，虽然自从硕士毕业后在专业学习上还算勤勉，但始终难登学术大雅之堂，感谢马老师能以包容的心接纳我作他的博士研究生，这使我的人生从此进入了一个全新的阶段。

　　本书的形成和修改无不凝聚着马老师的辛勤指导和帮助。最初，我准备研究刘少奇在马克思主义中国化进程中的作用及其贡献这一问题，但面对现有的研究成果，在思考和初步研究中发现要写出新意，确实不易，遂放弃。后来，我又拟研究新中国成立后刘少奇的农业合作化思想，但在研究中面对诸多的文献资料，特别是农业经济方面的文献，产生了畏惧心，恐难驾驭，又放弃了这个选题。稍后，才确定了刘少奇的外交思想和实践这一选题。每一次更换题目，马老师都能以包容的心态容忍我的朝令夕改，耐心细致地为我分析不同选题的研究现状、难度、可使用的材料、研究方法以及需要着力下功夫之处。进入论文写作之后，马老师要求严格，要我定期汇报论文进展并定期检查论文的进度。在论文草成时，先生从框架到观点，提出了许多重要和宝贵的意见，特别是在理论提升和概括方面。论文虽然是我署名的，但论文中的许多重要观点其实都是马老师修改时留下的"原话"。可以说，论文中的任何一点可取之处，都包含着马老师的辛勤和心血。马老师不仅在学习和研究方面促进了我的进步，而且在为人处世方面也促使我成长，使得以前只关心自己小家庭的我渐渐体会到：一个人要想在人生的道路上不断成长，就得关注"家事、国事、天下事"，洞悉"风声、雨声、读书声"。这是学习研究的一种境界，也是人生的一种境界。

感谢陕西师范大学政治经济学院、马克思主义学院的阎树群教授、王继教授、陈答才教授、王晓荣教授。他们在本书形成的过程中提出过许多重要的意见和建议。此外，他们在我学习和生活上给予了莫大的关心和帮助，使我在极度焦虑之时，狼狈不堪之际，能够重新树立自信，能够平静下来。

感谢我的丈夫和孩子，他们让我在任何时候，即便是在最艰难的时期，都未曾想过放弃。

感谢中国社会科学出版社的宫京蕾女士，她为本书的出版和修改付出了巨大的辛劳。

肖　娴

2013 年 6 月 28 日

修改定稿于陕西师范大学长安校区